前言

PREFACE

"功以才成，业由才广"，培养造就大批德才兼备的高素质人才，是国家和民族长远发展大计。党的二十大报告中提出要坚持以推动高质量发展为主题，加快建设现代化经济体系，建设网络强国、数字强国，这为新时代中国电子商务的发展擘画了深远蓝图。电子商务坚持创新驱动，不断加快数字产业化和产业数字化步伐，成为构建以国内大循环为主体、国内国际双循环相互促进的新发展格局的重要引擎，也是推进供给侧结构性改革、传统行业转型升级、乡村振兴等的重要手段。电子商务与实体经济的深度融合，产生了大量的人才需求，数字经济产业发展需要大量能适应新技术、新业态、新模式，且在专业技能和品德素养上"双过硬"的高素质技术技能人才。

本教材以习近平新时代中国特色社会主义思想为指导，贯彻党的二十大"加快构建新发展格局，着力推动高质量发展""实施科教兴国战略，强化现代化建设人才支撑"等精神，坚持《中华人民共和国国民经济和社会发展第十四个五年规划和2035年远景目标纲要》中提出的"坚持创新驱动发展 全面塑造发展新优势""加快数字化发展 建设数字中国"等方针政策，遵循职业教育教学规律和人才成长规律，对接电子商务行业前沿技术，对标电子商务岗位职业能力，设计了电子商务概述、电子商务支撑体系、电子商务安全、电子商务支付、电子商务物流、电子商务模式、网络营销、电子商务热点应用八个项目。项目融入了行业发展的新趋势、新业态、新技术、新模式，从理论、案例、实操、拓展学习等多维度帮助学生更好地理解和掌握电子商务的知识和技能，培养电子商务的实际分析与应用能力，树立正确的电子商务商业伦理观等。本教材既可以作为高等职业院校相关专业的教学用书，也可作为社会各界人士自学电子商务知识和技能的参考资料。本教材的特色如下：

1. 坚持价值引导，遵循岗位需求，校校企共建

本教材坚持正确的政治方向和价值引导，教材内容结合电子商务职业素养要求，对标职业岗位能力，进行模块化、项目化设计，由校校企共建教材及配套教学资源。每个项目均由项目框架图、任务前导学习单、任务知识充电站、任务工单、考核评价、知识巩固与技能提升等部分组成，有助于学生理论联系实际，加强对学生电商知识、技能的掌握和职业素养的培养。

2. 创新课程结构，融合思政元素，教学做一体

本教材是教育部课程思政示范课的建设成果，按照“整体规划、自然渗透”原则，将爱国精神、社会主义核心价值观、守正创新、工匠精神、安全意识、法律意识等思政元素与知识点、技能点、实践任务、任务评价有机融合。本教材为融媒体新形态教材，结构设计突出实践性，注重创新性，融入新技术、新规范、新模式等。本教材采用项目任务导向，设有课堂讨论、实例分享、知识链接、边学边做、学有所思等栏目，形成“教、学、做、思、创”的闭环，有助于学生在学中做、做中学，实现“教学做”一体化教学。

3. 配套数字资源，贯通线上线下，强化互动教学

本教材为福建省职业教育在线精品课程配套教材，配有微课、视频、动画、虚拟仿真、学生自制游戏等丰富多样的数字化资源。课程在“学银在线”建有完整的线上精品课（https://www.xueyinonline.com/detail/232563161），供各院校师生使用。本教材还配套了课程标准、教案、教学课件、教学案例及参考答案等教学资源，可在中国人民大学出版社官网上获取。本教材采用二维码连通线上线下资源，实现线上线下混合式互动教学。

本教材由厦门城市职业学院的教育部课程思政教学名师赖玲玲、何晓峰、黄春松担任主编，厦门华夏学院林薇、浙江经济职业技术学院李囡囡、厦门知游信息科技有限公司唐许帅担任副主编。全书的体系策划和设计由全体主编和企业专家共同完成，统稿工作由主编完成，行业案例等资源由企业专家唐许帅提供。具体编写分工如下：项目一和项目八由赖玲玲负责；项目二和项目三由林薇负责；项目四和项目五由李囡囡负责；项目六和项目七由何晓峰负责。活页练习册由黄春松负责。

在本教材编写过程中，编者整合了自用教学资料，也参考了相关的专业研究报告、网站资料和教材资料，在此向有关作者表示崇高的敬意和衷心的感谢。由于编者的水平有限，书中若有疏漏和不足之处，恳请读者批评指正，也恳请各院校师生在教学过程中提供反馈意见（电子邮箱：2276202554@qq.com），编者将不断地对本教材及其配套资源进行更新和完善。

编　者

2023 年 3 月

教育部课程思政示范课程配套教材
职 业 教 育 新 形 态 教 材

新编21世纪高等职业教育精品教材 · 电子商务类

电子商务基础与实务

（含活页练习册）

主　编 / 赖玲玲　何晓峰　黄春松
副主编 / 林　薇　李囡囡　唐许帅

立德树人　案例生动　内容丰富　资源立体

中国人民大学出版社
· 北京 ·

图书在版编目（CIP）数据

电子商务基础与实务：含活页练习册 / 赖玲玲，何晓峰，黄春松主编 .-- 北京 ：中国人民大学出版社，2022.5

新编 21 世纪高等职业教育精品教材．电子商务类

ISBN 978-7-300-31610-9

Ⅰ.①电… Ⅱ.①赖… ②何… ③黄… Ⅲ.①电子商务－高等职业教育－教材 Ⅳ.① F713.36

中国国家版本馆 CIP 数据核字（2023）第 070462 号

新编 21 世纪高等职业教育精品教材·电子商务类

教育部课程思政示范课程配套教材

职业教育新形态教材

电子商务基础与实务（含活页练习册）

主　编　赖玲玲　何晓峰　黄春松

副主编　林　薇　李囡囡　唐许帅

Dianzi Shangwu Jichu yu Shiwu

出版发行	中国人民大学出版社		
社　　址	北京中关村大街 31 号	邮政编码	100080
电　　话	010－62511242（总编室）		010－62511770（质管部）
	010－82501766（邮购部）		010－62514148（门市部）
	010－62515195（发行公司）		010－62515275（盗版举报）
网　　址	http://www.crup.com.cn		
经　　销	新华书店		
印　　刷	中煤（北京）印务有限公司		
开　　本	787 mm × 1092 mm　1/16	版　　次	2023 年 5 月第 1 版
印　　张	21.5	印　　次	2025 年 8 月第 2 次印刷
字　　数	465 000	定　　价	58.00 元

教材使用说明

INSTRUCTION

本教材分为两部分：第一部分为主教材，涵盖了电子商务概述、电子商务支撑体系、电子商务安全、电子商务支付、电子商务物流、电子商务模式、网络营销、电子商务热点应用八个项目。每个项目设有项目框架图、任务前导学习单、任务知识充电站、知识巩固与技能提升。第二部分为活页练习册，对标主教材每个任务内容，设有任务工单、考核评价。学生应将活页练习册对标主教材的学习任务，根据学习需求进行组合练习。

本教材的使用方法如下：

第一步，根据教材中的“任务前导学习单”进行课前准备。学生根据“任务前导学习单”中的“任务目标”明确三维目标，通过“任务导入”查看“任务知识充电站”相关知识内容，并依据“任务准备”查阅相关资料。通过本步骤的学习，激发学生学习的主动性和积极性。

第二步，利用教材中的“任务知识充电站”和在线课程资源进行深入学习探讨。学生可以通过“任务知识充电站”的“课堂讨论”拓展思维；通过扫描二维码查看知识点对应的微课、拓展学习等资料；通过丰富的“实例分享”掌握行业动态，培养正确商业伦理观、职业情怀和职业精神等；通过“学有所思”进一步启发思考。通过本步骤的学习，实现“任务目标”中的“知识目标”“素养目标”。

第三步，利用活页练习册的“任务工单”进行实操训练。“任务工单”分为个人任务与小组任务，在提升个人能力的同时兼顾培养团队合作和创新精神。学生通过“任务工单”中的“任务目的”“任务内容”明确任务要点，并通过“任务实操”分解任务过程。通过本步骤的训练，实现“任务目标”中的“技能目标”“素养目标”。

第四步，通过在线课程资源及主教材中“知识巩固与技能提升”巩固提升学习效果。在线课程资源设有每个任务的知识与技能练习，主教材的每个项目结束设有“知识巩固与技能提升”。通过本步骤的练习，可检验学生的知识、技能和素养目标的达成情况。

第五步，通过活页练习册的“考核评价”进行学习效果评价。考核评价包括“自我评价”“小组评价”“教师评价”等部分。通过本步骤，可以实现学生多维度、多角度综合考评，实现增值性评价。

目录

CONTENTS

项目四

电子商务支付

项目五

电子商务物流

项目六

电子商务模式

01

项目一

电子商务概述

- 任务一 电子商务认知
- 任务二 电子商务的发展探究
- 任务三 电子商务的类型解析
- 任务四 中国电子商务的应用和影响分析
- 任务五 电子商务职业认识

项目框架图

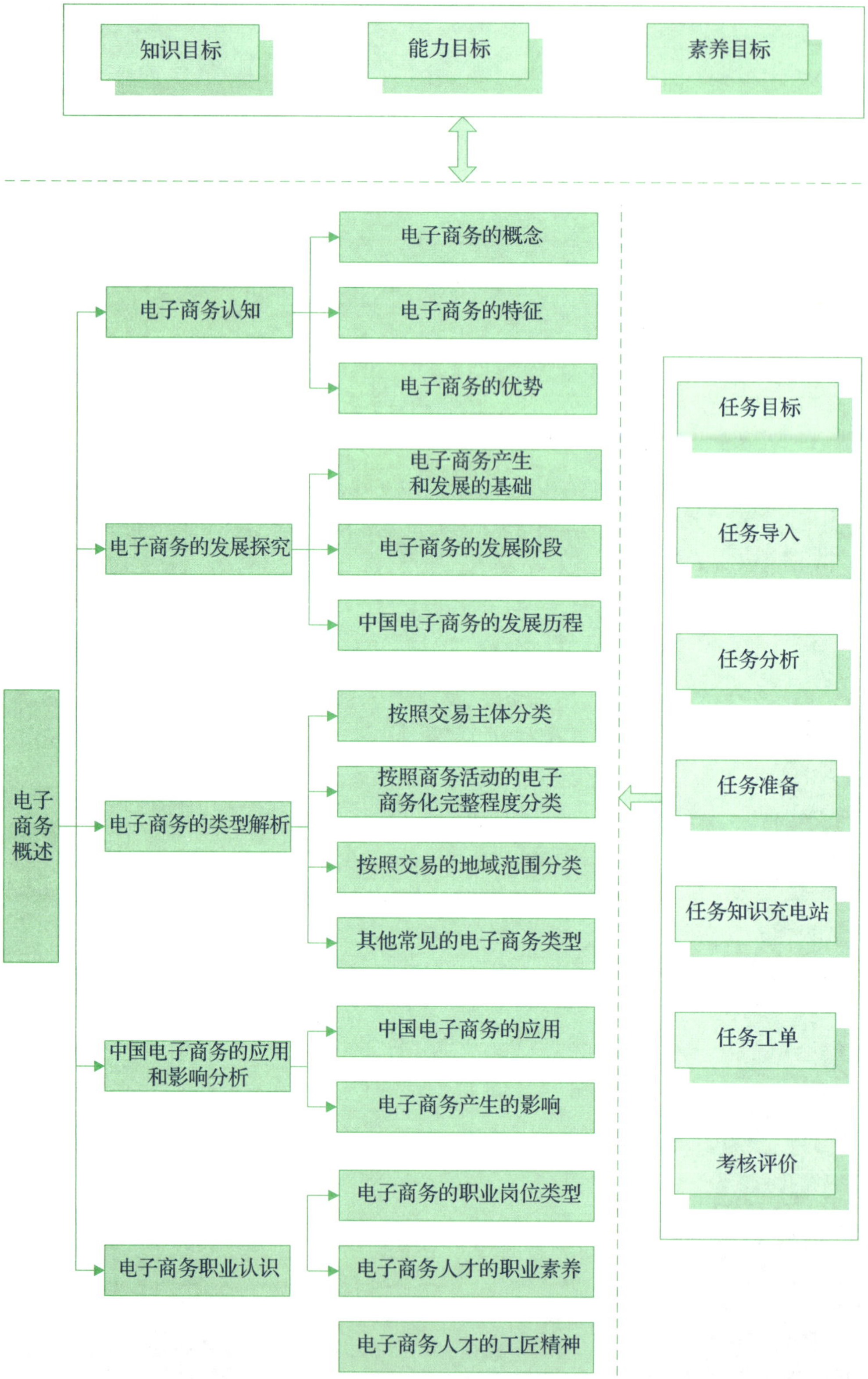
知识目标
能力目标
素养目标
电子商务概述
电子商务认知
电子商务的概念
电子商务的特征
电子商务的优势
电子商务的发展探究
电子商务产生和发展的基础
电子商务的发展阶段
中国电子商务的发展历程
电子商务的类型解析
按照交易主体分类
按照商务活动的电子商务化完整程度分类
按照交易的地域范围分类
其他常见的电子商务类型
中国电子商务的应用和影响分析
中国电子商务的应用
电子商务产生的影响
电子商务职业认识
电子商务的职业岗位类型
电子商务人才的职业素养
电子商务人才的工匠精神
任务目标
任务导入
任务分析
任务准备
任务知识充电站
任务工单
考核评价

任务一

电子商务认知

配套微课

任务前导学习单

<table>
<tr><th>项目名称</th><th>电子商务概述</th><th>任务名称</th><th>电子商务认知</th></tr>
<tr><td rowspan="3">任务目标</td><td>知识目标</td><td colspan="2">• 掌握电子商务的概念。
• 熟悉电子商务的特征。
• 了解电子商务的优势。</td></tr>
<tr><td>能力目标</td><td colspan="2">• 能够判断电子商务的范畴。
• 能够分析对比传统商务与电子商务。</td></tr>
<tr><td>素养目标</td><td colspan="2">• 关注新业态、新技术、新产业的应用，培养开放、共享、发展的职业精神。
• 熟悉电子商务的优势及在抗击疫情中的作用，培养专业自信和责任担当意识。</td></tr>
<tr><td>任务导入</td><td colspan="3">电子商务已经渗透到各行各业，也改变了我们的生活方式，网上订票、网络订餐、移动支付、微信交流、网络娱乐、在线办公等，让人们足不出户便可以解决很多问题，电子商务将人们过去很多美好的憧憬都变成了现实。那么，究竟什么是电子商务？和传统商务相比较，电子商务有哪些特点？又有什么优势？</td></tr>
<tr><td>任务分析</td><td colspan="3">与传统商务相比，电子商务有很多新的特征，运用了新的技术，运作流程也发生了变化。对于电子商务的概念，需要从电子和商务两个角度去理解，也要注意狭义概念和广义概念的区别。另外，电子商务具有传统商务所没有的优势，可以解决传统商务效率低、易出错等问题，传统商务的功能在电子商务中都可以实现。</td></tr>
<tr><td>任务准备</td><td colspan="3">• 观察自己身边有哪些应用属于电子商务范畴。
• 对比传统商务和电子商务的流程。</td></tr>
</table>

任务知识充电站

一、电子商务的概念

信息技术的发展和社会经济需求的增长，促进了电子商务的快速发展，现如今电子商务已经对社会发展和人民生活的方方面面产生了重要影响。国家高度重视电子商务的发展，随着国家各种支持政策的出台和实施，电子商务迎来了新一轮的发展机遇，成为推动社会经济发展的重要驱动力。那电子商务到底是什么呢？有人会说电子商务就是淘宝、京东、拼多多，在上面开店或者购物。事实上，电子商务的范畴不仅局限于此。

知识链接

内联网、外联网、互联网的含义

（一）什么是电子商务

关于电子商务的定义，很多组织、政府和学者从不同的角度给出了不同的阐释。综合多种定义的说法后，对于电子商务可以从狭义和广义两个角度去理解。狭义的电子商务，也称为电子交易（electronic commerce，简称 E-commerce），主要包括利用计算机网络进行的交易和与交易有关的活动，比如网上购物、网络营销、电子支付等。广义的电子商务（electronic business，简称 E-business）是指利用各种信息技术手段进行的全部商业经营及管理活动，包括利用互联网、内联网和外联网所开展的各种商务活动，除了网络营销等面向外部的业务，还包括企业资源计划、管理信息系统、供应链管理、客户关系管理等管理业务。前者集中于基于互联网的电子交易，强调企业利用互联网与外部发生交易与合作；而后者的涵盖范围扩大了很多，指企业使用各种电子工具从事的商务活动。

知识链接

企业资源计划、管理信息系统、供应链管理、客户关系管理的含义

课堂讨论

表 1－1 中哪些属于电子商务？请在你认为属于电子商务范畴的选项后打钩。

表 1－1　电子商务范畴判断

业务	是否属于电子商务	业务	是否属于电子商务
企业通过网站宣传企业形象		在实体店购物，通过支付宝支付	
业务员使用电话推销产品		通过个人所得税 App 进行报税	
企业开展办公自动化		给合作伙伴发送电子邮件	

（二）电子商务的概念模型

电子商务的概念模型是对电子商务活动的抽象描述，包括电子商务实体、交易事务、电子市场三个主体，以及信息流、资金流、商流、物流四个流，见图 1－1。

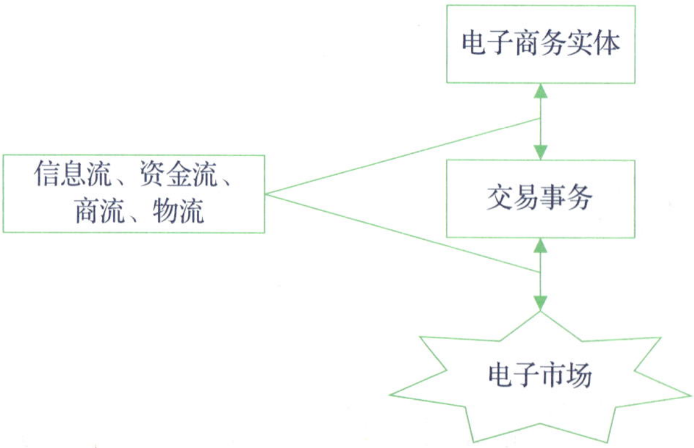

图 1－1　电子商务的概念模型

1. 电子商务实体

电子商务实体是指开展电子商务活动的客观对象，如企业、金融机构、代理人、政府机构、咨询公司、消费者等。

2. 交易事务

交易事务是指电子商务实体之间进行的商务活动，如产品宣传、网络交易、商务磋商、交易支付等。

3. 电子市场

电子市场是指电子商务实体从事电子商务交易和电子商务活动的场所。

4. 电子商务“四流”

电子商务交易活动离不开“四流”。信息流贯穿于整个电子商务交易活动中，包括商品信息的提供、促销活动、网络营销、技术支持、售后服务等内容，也包括询价单、报价单、付款通知单、转账通知单等商业贸易凭证，还包括交易方的支付能力、支付信誉、中介信誉等信息。资金流是指资金的转移过程，包括付款、转账、兑换等。商流是指商品在销售者、购买者之间进行交易和商品所有权转移的过程。物流指交易的商品或服务的流动过程，包括运输、储存、配送、装卸、包装、保管、物流信息管理等活动。“四流”在电子商务活动中的功能如下：信息流是电子商务活动开展的枢纽；资金流实现了商品的价值；物流实现了商品的使用价值；商流实现了商品所有权从卖方到买方的转移。

二、电子商务的特征

相比于传统商务，电子商务有一些鲜明的特征，主要包括开放性和共享性、高效性和服务性、数字化和智能化。

（一）开放性和共享性

基于互联网全球信息传播与覆盖的特点，电子商务拥有更加广阔的空间，并能突破时空的限制，其巨大的信息存储空间可以使信息被便捷地检索和迅速地传输，因而使不同地域的经济联系更加便利。基于网络的电子商务具有特有的信息交流开放性和自由性，解决了信息不对称的问题，极大地便利了各参与主体对信息的读取和交流，成为中国经济现代化的强大杠杆。

（二）高效性和服务性

传统商务方式使用信件、电话和传真等工具传递信息，各个环节都必须有人的参与，效率低，有时会因延误时间而失去商机。而电子商务可以通过网络快速完成数据的传递与处理，弥补了传统商务费用高、容易出错、处理速度慢等缺点，极大地提高了商务运作的效率。电子商务作为一种新的交易方式，提供了高效率的服务方式，提升了企业的服务能力，使企业可以为客户提供更完善的服务，如通过提供全天候的服务来提高顾客的满意度。

（三）数字化和智能化

电子商务基于网络和信息技术，能够为企业提供更加智能化的经营方式，降低企业的经营风险；能为消费者提供更加便利的信息获取途径，使消费者足不出户就获取各种信息并完成商务活动。随着信息科技的不断发展，知识和信息变得尤为可贵，各种智能技术和工具的推广与普及，使电子商务不断向智能化的方向发展。

实例分享

数字化和智能化催生服务新业态，促进我国数字经济发展

高灯科技联合创始人张民遐曾有过一段不愉快的经历：开车出停车场时，因为付账不顺利，堵在后面的车主一直按喇叭催促。为此，张民遐和他的团队开始做一件事：用车载 ETC 扣款，去掉停车场的出入杆。这一扣款方式，目前已经在全国 20 多个大型购物广场推广使用。智能化停车扣款的实现得益于我国通信设备大范围覆盖、移动支付的普及以及 ETC 天线、视觉识别等技术的快速应用。2019 年 11 月，在深圳市交通运输局、深圳市税务局的指导下，由张民遐联合创立的高灯科技与腾讯微信支付共同打造的全国首创“出租车 ETC”方案落地深圳，进一步延伸了“深圳出租车智慧出行平台”的服务能力。

我国良好的信息化基础设施建设以及丰富的应用场景，催生了数字化和智能化新业态，促进了产业数字化转型升级，应用场景的实践积累也促进了相关技术的优化和改进。未来，随着中国数字基建提速，更多潜在应用场景将会大量涌现。应发挥好市场体量大、应用场景丰富的优势，加速新技术、新业态、新产业落地，保持我国在数字经济领域的先发优势。

资料来源：佚名．服务智能化，便捷又高效．人民日报，2020-07-06.

思考讨论：

除了案例中的应用，还有哪些数字化和智能化的新应用场景？

扫描二维码，了解更多案例信息。

三、电子商务的优势

（一）降低运营成本

通过网络开展商务活动，信息成本低；无须面对面进行交易，可节省交通费用；买卖双方通过网络开展交易活动，减少交易环节，降低交易成本；实行无纸贸易，可节省文件处理费用；互联网有利于买卖双方及时沟通信息，使低库存生产和销售成为可能，从而大大降低库存成本。

（二）解决信息不对称问题

电子商务中交易透明化，买卖双方都可以通过网络检索信息，获得更多有效资源，交易双方从洽谈签约到支付货款、交货等整个交易过程都可以在电子商务系统上显示。信息透明化能有效解决信息不对称问题，为各种社会经济要素的重新组合提供了更多的可能，能有效促进社会经济的发展。

（三）突破时空限制

电子商务可以覆盖全球市场，增加更多商机。卖方通过互联网可以方便地在世界各地寻找市场机会，增加商品的销售；买方也有了更多的选择，可以找到更

多的供应商和商务伙伴。同时，电子商务可以提供24小时在线服务，为消费者提供便利的服务，提升交易效果。

（四）提供更全面的服务

电子商务的功能齐全，服务周到，可以支持不同类型的用户实现不同层次的商务目标，如发布商务信息、在线谈判、建立虚拟市场等。电子商务还可以根据不同用户的个性化需求，为用户提供个性化的服务，提高用户的满意度。

（五）增加公平发展的机会

电子商务使企业可以用相近的成本进入全球电子化市场，使得中小企业有可能拥有和大企业一样的信息资源，提高了中小企业的竞争能力，增加了公平发展的机会，从而在一定程度上改变了整个社会经济运行的方式。

（六）提供无接触服务

电子商务充分发挥无接触经济优势，通过在线购买生活所需物资、在线教学、在线办公、在线医疗、数据监测等各方面助力抗击疫情。此外，电子商务也深刻地影响了企业的管理思想、管理方式和管理手段，从而极大地推动了信息流、资金流和物流的改善与发展，催生了一批新的商品流通模式。

实例分享

盒马鲜生助力抗击新冠疫情

盒马鲜生是对线下超市进行重构的新零售业态，在盒马App下单，门店附近3千米范围内可30分钟送货上门。在新冠疫情期间，全国各家门店坚持全天营业，积极承担社会责任，坚持不涨价、不打烊、不断供。同时为武汉医护人员提供生活保障，全力配合武汉盒马鲜生的物资需求，以武汉盒马为第一优先，与武汉一同共渡难关，与广大群众一同抗击疫情。

在新冠疫情期间，国内很多电商企业都积极参与到了抗击疫情中，在抗疫阻击战中贡献企业的一分力量。

思考讨论：

与盒马鲜生类似的新零售电子商务企业代表还有哪些？

学有所思

电商企业该如何在危机中寻求创新，做到社会责任与商业效益共赢？

配套微课

任务二 电子商务的发展探究

任务前导学习单

项目名称	电子商务概述	任务名称	电子商务的发展探究
任务目标	知识目标	• 了解电子商务产生和发展的条件。 • 熟悉电子商务的发展阶段。 • 掌握我国电子商务的发展历程。	
	能力目标	• 能够进行电子商务发展新业态的拓展学习。 • 能够分析电子商务发展状况。	
	素养目标	• 认识到满足人民群众对美好生活的需求与电子商务有密切关系，培养职业责任感。 • 关注新业态、新技术、新产业的应用，培养创新、共享、发展的职业精神。 • 树立专业自信，培养爱国主义情怀。	
任务导入	随着电子商务的发展，网络经济、共享经济、信息经济等正在被人们熟悉和认同。每一种新经济模式的产生都需要一定的基础和条件，需要经历不同的发展阶段。那么，电子商务的发展基础是什么？电子商务经历了哪几个发展阶段？我国电子商务又经历了怎样的发展历程？		
任务分析	一种经济模式的出现和发展一般是基于技术的进步、社会经济的发展以及政策的推动，电子商务也不例外。从产生到发展需要经历技术的更新、理念的更新、模式的更新，发展过程中会有成长，也会有困难，只要符合社会发展需求，符合国家发展战略，能给广大人民群众带来便利，就能朝着向上的方向发展。		
任务准备	• 通过网络查找电子商务新发展、新业态的信息。 • 在中国互联网络信息中心、中国电子商务研究中心查找我国电子商务发展状况的相关报告和数据。		

任务知识充电站

一、电子商务产生和发展的基础

电子商务产生和发展以信息技术的发展、社会经济发展的需求、政府的支持和推动三个方面为基础。

（一）信息技术的发展

1. 计算机的广泛应用

20 世纪 90 年代后，计算机的运算速度越来越快，处理能力越来越强，价格越来越低，应用越来越广泛，这为电子商务的产生和发展提供了非常好的基础。

2. 网络的普及和成熟

由于互联网逐渐成为全球通信与交易的媒体，全球互联网用户数量快速增长，互联网快捷、开放、低成本等特点为电子商务的产生和发展提供了应用的条件。

3. 信息技术和数字的融合

信息技术和数字的融合，加快了电子商务的发展。一方面，商务信息通过信息技术转变为数字形式，加快了其传输的速度；另一方面，信息技术和数字的融合对企业的重新定位产生影响，即如何利用电子商务拓展新机会和为现存产品开发新市场。

（二）社会经济发展的需求

1. 人民群众对美好生活的需求

随着社会经济的发展，人民群众对美好生活的需要不断提高，电子商务能有效满足人民群众日益增长的个性化、多层次的产品和服务需求，让更多成果惠及百姓、造福社会，这是电子商务能可持续发展的条件。

2. 商务经济发展的需求

随着社会经济的发展，很多商品出现供大于求的现象，需要通过新的商务模式来提高企业竞争力，更好地匹配供需关系。另外，社会网络化、竞争全球化、贸易自由化、经济数字化的发展，使电子商务应运而生。

（三）政府的支持和推动

电子商务作为传统商务的升级，受到国家的高度重视。近年来，国家出台了很多政策来优化电商发展环境，如《国务院办公厅关于加快电子商务发展的若干意见》《国务院关于大力发展电子商务加快培育经济新动力的意见》《国务院关于积极推进“互联网 +”行动的指导意见》《国务院办公厅关于深入实施“互联网 + 流通”行动计划的意见》《国务院办公厅关于推进电子商务与快递物流协同发展的意见》等。此外，国家还在全国范围建设“国家电子商务示范城市”“国家电子商务示范基地”“跨境电子商务综合试验区”“电子商务进农村综合示范县”等，大力推动电子商务的发展。

课堂讨论

除了上述政策，请同学们上网检索国家关于促进电子商务发展的政策，并填写在表 1－2 中。

表 1－2　国家关于促进电子商务发展的政策

政策名称	颁发部门	主要侧重点

二、电子商务的发展阶段

依据电子商务发展使用的网络，可以将其分为三个阶段：基于电子数据交换网络的电子商务、基于互联网的电子商务、基于移动通信网络的电子商务。

（一）第一阶段：基于电子数据交换网络的电子商务

20 世纪 70 年代末开始，基于电子数据交换（electronic data interchange，简称 EDI）网络的电子商务开始发展。EDI 是将商务或者行政事务按照一个公认的标准，形成结构化的事务处理或者信息数据格式，从计算机到计算机的数据传输方法。利用电子数据交换网络可以将标准的、规范的信息通过电子数据网络，在贸易伙伴企业的计算机系统之间进行自动交换和处理，也被称为“无纸贸易”。EDI 是企业之间电子商务发展的基础。

（二）第二阶段：基于互联网的电子商务

20 世纪 90 年代初，基于互联网的电子商务开始发展。基于互联网的电子商务是以遍及全球的互联网为架构，以交易双方为主体，以网上支付和结算为手段，以信息数据库为依托的一种商务模式。

（三）第三阶段：基于移动通信网络的电子商务

伴随着移动通信技术的发展，基于移动通信网络的电子商务逐渐发展。在 3G 和 4G 时代，智能手机、平板电脑的普及使得移动商务迅速发展。2018 年，我国开始 5G 网络建设。在 5G 时代，基于移动通信网络的电子商务会有更深层次的应用。

三、中国电子商务的发展历程

中国电子商务的发展经过了从萌芽走向成熟的发展历程，具体包括以下八个阶段。

（一）第一阶段：EDI 电子商务推广阶段（1990—1992 年）

中国在外贸等行业开始推广 EDI 电子商务应用，国家计委、科委将 EDI 列入“八五”国家科技攻关项目。1991 年 9 月，由国务院电子信息系统推广应用办公室牵头会同国家八个部委局发起成立“中国促进 EDI 应用协调小组”，同年 10 月成立“中国 EDIFACT”委员会，EDI 在国内外贸易、交通、银行等部门得到了应用。

（二）第二阶段：政府开展“三金工程”阶段（1993—1995 年）

政府开展“三金工程”，进行电子商务所必需的信息化基础建设。1993 年，国家成立了国民经济信息化办公室，相继组织了金桥工程、金卡工程和金关工程，并取得了重大进展，为电子商务的发展打下了基础。1994 年，电子商务的概念开始在我国传播。1995 年，中国互联网开始商业化，互联网公司崛起。

（三）第三阶段：萌芽阶段（1996—1999 年）

1996 年国家信息化工作领导小组成立，意味着我国电子商务时代正式开启。1997 年各省成立信息化小组，中国化工网成立。1998 年腾讯成立，中国第一笔互联网交易完成。1999 年 9 月阿里巴巴成立，11 月当当网上线。

（四）第四阶段：冰冻与调整阶段（2000—2002 年）

这个阶段，全球互联网泡沫破灭，中国电子商务也受到严重影响，很多互联网公司倒闭，以“8848 网上超市”为代表的企业在互联网寒潮中逝去。也有新的电子商务公司开始发展，2000 年 4 月慧聪网成立，2000 年 5 月卓越网成立，标志着 B2C 电子商务拉开了序幕。

（五）第五阶段：复苏阶段（2003—2005 年）

2003 年突如其来的“非典”疫情改变了消费者的行为习惯，电子商务进入了快速回暖阶段。2003 年 5 月，淘宝网成立，标志着我国 C2C 模式的开展；2003 年 10 月，阿里巴巴推出支付宝，正式进军电子支付领域；2005 年 8 月，阿里巴巴收购雅虎，同年 9 月腾讯推出拍拍网。

（六）第六阶段：高速发展阶段（2006—2010 年）

大量网民接受了网络购物的消费方式，物流、支付、经营诚信等问题也基本得到了解决，积累了运营经验的电子商务企业迅速成长。2008 年，淘宝商城成立；2008 年以后，苏宁、国美等传统企业纷纷进入电子商务领域；2009 年“双十一”网络促销活动出现；2010 年各大电子商务巨头开始竞争。

（七）第七阶段：整合发展阶段（2011—2014 年）

2011 年，腾讯推出微信，中国互联网大企业纷纷宣布开放平台战略，改变了企业间原有的产业运营模式与竞争格局，竞争格局向竞合格局转变；2012 年 1 月，淘宝商城宣布更名为天猫，加强其品牌的定位；2013 年余额宝、菜鸟网络诞生；2014 年，4G 加速电商驶入快车道，O2O 电商模式开始推广。

（八）第八阶段：全面发展阶段（2015 年至今）

2015 年政府工作报告中提出了制订“互联网 +”行动计划，电子商务是“互联网 +”行动计划的核心内容，O2O、新零售、互联网金融、智能制造、智慧城市等细分领域的创新应用和实践得到大力推广。移动互联网、云计算、大数据、物联网、人工智能、区块链等新兴技术与现代制造业结合，促进了电子商务、工业互联网和互联网金融的快速发展。电子商务企业从纯电子商务领域扩展至跨越行业界限的技术平台，推动电子商务进入全面发展阶段。此外，农村电子商务、移动电子商务、跨境电子商务也得到了国家的大力支持，获得了快速发展。

学有所思

请同学们用开放、发展、创新的职业思维，思考中国电子商务未来的发展趋势是什么。

配套微课

任务三

电子商务的类型解析

任务前导学习单

项目名称	电子商务概述	任务名称	电子商务的类型解析
任务目标	知识目标	• 掌握按照交易主体的分类。 • 熟悉按照商务活动的电子商务化完整度的分类。 • 了解按照开展交易地域范围的分类。 • 熟悉其他常见的电子商务类型。	
	能力目标	• 能够判断电子商务的类型。 • 能够进行电子商务类型应用分析。	
	素养目标	• 培养爱国、诚信的社会主义核心价值观，了解国家战略，培养责任担当的意识。 • 培养正确的商业伦理观。 • 关注新业态、新制造的应用，培养开放、共享、发展的职业精神。	
任务导入	随着各种新技术、新业态、新产业的出现，电子商务衍生出多种类型和模式，如 O2O、B2B、B2C 等。电子商务从业者需要深入了解电子商务的类型，才能更好地参与电子商务活动。那么，电子商务都有哪些类型？这些类型的电子商务有哪些典型的应用呢？		
任务分析	电子商务有多种分类方法，根据不同的分类方式得到不同的分类结果。比如可以按交易的对象、参与的主体、应用的平台、交易的范围、商务活动的内容等来进行分类，并根据这些分类来判断和对比常见电子商务类型的应用。		
任务准备	• 了解自己经常使用的购物平台，初步判断其属于哪种电子商务类型。 • 上网查找资料，关注新出现的电子商务类型。		

任务知识充电站

电子商务从不同的角度可以有不同的分类，我们将从交易主体、商务活动的电子商务化完整程度以及交易的地域范围等角度分别来探讨电子商务的分类。

一、按照交易主体分类

参与电子商务活动的主体主要包括企业、消费者、政府三类，根据三类主体的交易活动，可以将电子商务分为以下类型。

（一）企业和企业之间的电子商务

企业和企业之间的电子商务（business to business，简称 B2B），是指企业之间通过网络进行的各种商务活动，如产品、服务及信息的交换，以及商务谈判、网上签约、订单执行等。B2B 是电子商务交易的主流类型。参与交易的企业包括生产型企业、贸易型企业、中介型企业等。B2B 电子商务的典型代表有 1688 批发采购平台、慧聪网、敦煌网、中国制造网等。

实例分享

敦煌网——助力中国中小企业走向全球市场

敦煌网是全球领先的在线外贸交易平台，致力于帮助中国中小企业通过跨境电子商务平台走向全球市场，开辟一条全新的国际贸易通道，让在线交易变得更加简单、更加安全、更加高效，秉持“成就客户、团队合作、持续创新、快乐成长、正直诚信、把事做成”的价值理念，为中国的中小企业提供服务。

思考讨论：

1. 敦煌网和 1688 批发采购平台的主要区别是什么？
2. 敦煌网的卖家主要是哪个国家的？

（二）企业和消费者之间的电子商务

企业和消费者之间的电子商务（business to consumer，简称 B2C），是指企业直接面向消费者销售产品和服务的商业零售模式，如综合商城、垂直商城等。近年来，B2C 取得了快速的发展，也是网络零售中最活跃的部分。B2C 电子商务的典型代表有天猫、京东商城、唯品会、当当网、苏宁易购等。

实例分享

天猫——主张信誉购物、安全购物和品质购物

天猫是阿里巴巴旗下的综合性购物网站，它依托于庞大的用户群，通过独特、创新的理念，迅速成为享有国际声誉的电子商务网站。天猫不仅有各大品牌的旗舰店，还有刚刚起步的新品牌，这些品牌都是经过商业注册的正式品牌，这也使得天猫在电子商务网站中树立起了信誉购物、安全购物和品质购物的标杆。

思考讨论：

1. 天猫为消费者提供了什么样的商品和服务？
2. 个人可以在天猫上注册开店吗？

（三）消费者个人之间的电子商务

消费者个人之间的电子商务（consumer to consumer，简称 C2C），是指通过互联网实现个人财物的买卖活动，可以让个人消费者出售所持有的商品或者闲置物

品。C2C 在电子商务早期发展较好，随着市场规范化发展，C2C 的业务逐渐减弱。C2C 电子商务的典型代表主要有淘宝网的 C2C 业务、转转网的 C2C 业务等。

实例分享

转转网——设立规范和标准确保安全交易

转转网是一个二手交易平台，其 C2C 模式是卖家可以在网站上登出其想出售商品的信息，买家可以从中选择并购买自己需要的物品，主要针对个人交易。转转网为 C2C 的中间环节添加了专业的质检服务，让交易环节更加安全。转转网针对二手手机首创了平台验机体系，设置了 66 项验机标准，为行业设立了规范和标准，在转转网上成功交易的二手手机数量在业界保持领先。

思考讨论：

1. 转转网提供了哪些服务？
2. 转转网的安全交易保障措施有哪些？

（四）个人消费者和企业之间的电子商务

个人消费者和企业之间的电子商务（consumer to business，简称 C2B），是由消费者提出需求，由生产商或者贸易商按照需求组织生产和提供货源的一种电子商务方式。主要包括两种模式：一种是团购模式的 C2B，客户端聚合消费者个人的需求，将零散的消费者及其购买需求聚合起来，形成大批量的购买订单，从而可以获得更优惠的价格，商家也可以从大批量的订单中享受到薄利多销的益处，实现消费者和商家的共赢，是价值共创的一种体现。另一种是定制模式的 C2B，消费者能参与商品定制的流程，满足消费者的个性化需求，比如在服装、鞋、家具、首饰等行业都存在 C2B 定制的应用。

实例分享

淘工厂——C2B 新制造推动供给侧改革

阿里巴巴推出了淘工厂，将淘宝商家的生产需求如订单件数、工期等，与工厂有能力接单的产品类型、剩余产量等信息同时发布在网络平台上，供需双方可双向选择。把零售端数据和生产端数据打通，通过互联网平台整合分散的资源，经过资源的重新配置产生新产品，进而刺激新的消费需求，在改变生产方式的同时为经济发展输入新活力，推动供给侧改革。

资料来源：佚名．新制造将倒逼社会改革，未来的制造是 C2B，不是 B2C．浙商网，2017-09-13.

思考讨论：

淘工厂是如何开展 C2B 业务的？

扫描二维码，了解更多案例信息。

（五）企业和政府之间的电子商务

企业和政府机构之间的电子商务（business to government，简称 B2G），涵盖了企业与政府间的各项事务，包括在网上进行的政府采购、电子报关、电子报税、商检、行政事务管理和管理条例发布等。一方面，政府可以作为采购方通过互联网发布自己的采购清单，公开、高效、廉洁地完成政府采购；另一方面，通过电子商务方式，可以更好地发挥政府对企业的规范指导和监督管理等职能。所以，在 B2G 中政府既是电子商务的使用者，也是电子商务的管理者。

（六）个人和政府之间的电子商务

个人和政府之间的电子商务（consumer to government，简称 C2G），是指政府通过网络开展向个人发放社会福利金、接收个人的网上报税、网上缴纳保险费用等活动，通过开展在线业务办理，提高行政办事效率，也为人民群众提供便利高效的政务服务。

二、按照商务活动的电子商务化完整程度分类

（一）完全电子商务

完全电子商务是指可以通过电子商务方式实现和完成完整交易的交易行为和过程，也就是完整过程都是在网络上实现的，交易过程中的信息流、资金流、商流、物流四个流都能够在网上完成。如数码音乐、电子图书等数字产品的电子商务。

（二）不完全电子商务

不完全电子商务是指不能完全依靠电子商务方式实现和完成完整交易的交易行为和过程。它还要依靠外部因素，如配送系统等，才能完成交易过程。比如实体物品的电子商务需要借助物流实现货品的交割。

课堂讨论

判断表 1－3 中的业务哪些属于完全电子商务，请在你认为属于完全电子商务的业务后打钩。

表 1－3　判断是否属于完全电子商务

业务	是否属于完全电子商务	业务	是否属于完全电子商务
音乐播放 App 销售音乐专辑		在线课程教学	
在线问诊		网上手机话费充值	
网络超市销售家居用品		电商平台销售手机	

三、按照交易的地域范围分类

（一）本地电子商务

本地电子商务是指在本地区范围内实现的电子商务活动，交易范围小，物流

配送快，比如外卖服务。本地电子商务利用互联网、内联网或专用网络，将用于商务活动的系统连接在一起，解决支付配送和售后服务等问题。

（二）国内电子商务

国内电子商务是指在本国范围内进行的电子交易活动，其覆盖的地域范围较广，对软硬件和技术要求较高，要求在全国范围内实现商业电子化和自动化，实现金融电子化，要求交易各方具备一定的电子商务能力、经营能力、技术能力和管理能力等。

（三）全球电子商务

全球电子商务指在全世界范围内进行的电子交易活动，涉及金融机构、进出口公司、海关、税务等业务系统，如跨境电子商务。这种电子商务业务内容繁杂，数据来往频繁，要求电子商务系统严格准确、安全可靠，须制定全球统一的电子商务标准和电子商务贸易协议。

四、其他常见的电子商务类型

（一）O2O 电子商务

O2O（online to offline）是指线上线下相结合的电子商务模式，线上订购，线下消费，有利于消除消费者对网络的不信任，它的核心是在线支付，具有购买方便、优惠等优势。在 O2O 模式中，整个消费过程由线上和线下两部分构成，线上平台为消费者提供消费指南、优惠信息、便利服务（预订、在线支付、地图导航等）和分享平台，而线下商户则专注于提供服务。O2O 电子商务的典型应用有打车、网上订购电影票、旅游等。

实例分享

海尔集团的平台支撑模式——O2O 促进中国制造的发展

《中国制造 2025》是我国实施制造强国战略第一个十年的行动纲领。“互联网 +”是对“中国制造 2025”的重要支撑。随着“互联网 +”的快速发展，O2O 已成为企业转型升级的法宝，也是“两化融合”发挥效率的优势途径之一。海尔采用 O2O 模式，建设“海立方”在线平台，实现线上产品的定制与预售，打造个性化定制的品牌库、完整的产品线、灵敏的设计制造能力、详细完备的信息收集平台、灵活方便的供应链系统和强有力的物流配送体系，同时优化线下体验与配送效率。

资料来源：朱耿，朱占峰，王云云．O2O 电商典型模式及管理态势剖析［J］．吉林省经济管理干部学院学报，2016（1）：37.

思考讨论：

1. 查找资料，讨论《中国制造 2025》的发展重点。
2. O2O 如何促进中国制造的发展？

（二）垂直电子商务

垂直电子商务，是指某一个行业或细分市场深度运营的电子商务模式，开展同一类型产品经营的电子商务业务，它的优势在于专业，能够满足特定人群对产品或服务的需求，容易形成独特的品牌价值。随着行业的深耕细作，垂直化的电子商务越来越受到重视。典型代表如中国化工网、携程网等。

拓展学习

扫描二维码，了解其他电子商务类型。

学有所思

请同学们用创新、开放、发展的思维，思考还有什么类型的电子商务。

配套微课

任务四

中国电子商务的应用和影响分析

任务前导学习单

<table>
<tr><td>项目名称</td><td>电子商务概述</td><td>任务名称</td><td>中国电子商务的应用和影响分析</td></tr>
<tr><td rowspan="3">任务目标</td><td>知识目标</td><td colspan="2">• 掌握中国电子商务的应用情况。
• 熟悉电子商务产生的影响。</td></tr>
<tr><td>能力目标</td><td colspan="2">• 能够进行电子商务应用的分析。
• 能够分析电子商务给社会经济和人民生活带来的影响。</td></tr>
<tr><td>素养目标</td><td colspan="2">• 树立专业自信，培养责任担当意识。
• 认识和分析电子商务对国家发展的影响，培养爱国主义情怀。</td></tr>
<tr><td>任务导入</td><td colspan="3">“学习强国”上的文章《“双 11”11 年：中国迈向消费大国的鲜明印记》描述了电子商务的发展带来购物之变，消费升级映射百姓美好生活；交易之变，效率提升让消费体验更舒心；理念之变，尽显中国市场“磁石”吸引力。中国电子商务的应用和发展促进了社会经济的发展，给人民的生活、企业的发展等都产生了深远的影响。那么，中国电子商务的应用状况如何？又会带来什么影响呢？</td></tr>
<tr><td>任务分析</td><td colspan="3">2015 年后中国的电子商务进入全面发展阶段，在移动电商、跨境电商、农村电商等领域应用广泛，在传统企业的改造升级、带动就业等方面起到了积极推动的作用，给社会经济、产业结构、企业经营、人民生活等方面都带来了很大的影响和变化。</td></tr>
<tr><td>任务准备</td><td colspan="3">• 上网查找资料，了解中国电子商务的应用情况。
• 阅读“学习强国”上的文章《“双 11”11 年：中国迈向消费大国的鲜明印记》。</td></tr>
</table>

任务知识充电站

一、中国电子商务的应用

党的二十大报告中提出，“加快发展数字经济，促进数字经济和实体经济深度融合，打造具有国际竞争力的数字产业集群”，赋予了经济社会发展新动能。电子商务作为现代服务业中的重要产业，已成为数字经济中发展规模大、覆盖范围广、创新创业活跃的重要组成部分，在中国的工业、农业、商贸流通、交通运输、金融、旅游和城乡消费等各个领域的应用不断得到拓展，形成与实体经济深入融合的发展态势。2021 年，商务部会同有关部门联合发布《“十四五”电子商务发展规划》，形成电子商务服务构建新发展格局的战略框架。

（一）电子商务应用保持良好态势

国家统计局数据显示，2011—2022 年全国电子商务交易额从 6.09 万亿元增长到 43.83 万亿元。截至 2022 年 12 月，中国网民规模达 10.67 亿，连续多年保持全球规模最大、最具活力的网络零售市场。根据《中国电子商务报告（2021）》，2021 年全国电子商务服务业营收规模达到 6.40 万亿元，同比增长 17.42%，其中电子商务交易平台服务营收 1.39 万亿元，同比增长 20.84%；电子支付、电子商务物流和信息技术服务等支撑服务领域的市场营收规模为 2.41 万亿元，同比增长 15.29%；电子商务代运营等衍生服务领域营业规模达 2.60 万亿元，同比增长 17.65%。

电子商务通过业务和模式的不断创新，保持持续性增长。短视频、直播电商成为电商营销主流渠道，直播电商呈现品牌化和专业化趋势，满足消费者多层次需求。小程序助力企业品牌数字化转型，越来越多企业通过小程序和微信搭建有效私域，和客户建立有温度的关系。此外，电子商务在市场保供、疫情防控、促进消费等方面也做出了突出贡献，为经济增长注入强劲动力，充分体现了电子商务应用的社会效益。所以，中国电子商务正在从高速发展向高质量发展转变，新技术应用日益深入，新模式、新业态层出不穷，已经成为经济增长的新亮点和支柱产业。

（二）电子商务稳外贸助力“品牌出海”

跨境电子商务的蓬勃发展，成为外贸新的增长点和发展的重要驱动力。近几年，跨境网络零售出口快速发展，已成为国际贸易的新方式和新手段，对于外贸行业扩大海外营销渠道、提升品牌竞争力、实现转型升级有重要而深远的意义。在新冠疫情和国际经济贸易形势严峻双重因素影响下，跨境电商交易额稳步增长，成为稳外贸的重要力量。跨境电商网络零售增长迅速，根据海关总署的数据，2022 年我国跨境电子商务进出口额达 2.11 万亿元，同比增长 9.8%。海外仓总面积超过 1 600 万平方米，数量超过 2 000 个。

电子商务是“品牌出海”的润滑剂和加速器，电子商务深刻变革了外贸运行方式，通过信息流的提速扩量，加快了物流和资金流的流程运行，打通了生产、流通、消费等循环的各环节。跨境电子商务正成为企业品牌国际突围的主阵地，跨境原生品牌、新消费品牌和传统品牌都开始全球化布局，中国企业正逐步实现从产品出口到“品牌出海”的跨越，品牌价值成为联结“中国制造”和海外消费者的纽带，“中国制造”越来越得到海外的认可。

（三）农产品电商和农村电商应用成效显著

电子商务能带动农村产业融合，形成新型经营模式，推广农产品特色品牌，推动农产品上行，增加农民收入，对于建设现代农业具有重要的牵引和驱动作用。农村电商仍处于高速增长期。商务大数据显示，2022 年全国农村网络零售额达 2.17 万亿元，同比增长 3.6%。其中，农村实物商品网络零售额 1.99 万亿元。

电子商务促进农产品标准化和品牌化。各地积极发挥政府、企业、协会等协同效应，以电商销售带动区域产业规模效益全面提升，进一步促进农业标准化、农产品品牌化发展。中国电商扶贫联盟在商务部电商司的指导下，积极培育农产品品牌，如湖北小龙虾、陕西柞水木耳、广西杧果等，大力发挥电商平台的销售推广作用，打造地区特色农品品牌。

电商助力农村数字经济发展。电子商务促使农村资源优化配置，促进信息、人才、资金、物资向农村流动，推动农业供给侧改革。2021 年，商务部推出“数商兴农”行动计划，运用数字化手段，打造农产品网络品牌，培育直播新农人，越开越多农户通过直播宣传推广自家的农产品。近年来，有关部门围绕农商协作、农产品电商、农村物流配送等领域出台一系列政策措施，有效助力乡村振兴。电子商务加速赋能农业产业化、数字化发展，有利于带动乡村产业全面发展。

（四）电子商务带动就业明显

电子商务可以极大地拉动就业。电子商务支持中小企业的发展，对整个社会就业状况的改善具有重要作用。电子商务已成为创新创业的重要选择，为农村剩余劳动力、返乡创业青年、退伍军人、城乡残疾人开辟了就业新途径。电子商务与实体经济的融合发展，带动了更多人从事电子商务行业，根据电子商务交易技术国家工程实验室，中央财经大学中国互联网经济研究院测算，2021 年全国电子商务从业人员达 6 727.8 万人，同比增长 11.8%。

以电子商务为代表的数字经济，成为加速中国经济发展、推动传统行业转型升级的新动能。电子商务成为中国对外开放合作的重要抓手，在开放发展的主基调下，中国跨境电商迅猛发展。电子商务各种新技术、新模式、新业态的应用，使新的就业形态层出不穷，这对就业能产生积极的拉动作用。

（五）电子商务与实体经济融合发展应用

电子商务的高速发展，为实体经济提供了巨大的想象空间。电子商务利用互联网天然优势，在优化产业结构、提高社会效率等方面赋能增效，激发传统行业的无限活力。电子商务与实体经济的融合发展，能够将电子商务与传统企业紧密结合，以电子商务的优势促进实体经济的健康发展。

近年来，在技术创新和消费升级的双重作用下，中国电子商务加速创新迭代，与实体经济深度融合，通过线上线下相结合的方式，带动了流通业、农业、制造业、教育、医疗等的数字化升级，提升了生活服务业智能化和便利化的水平，电子商务已经成为实体经济不可或缺的组成部分。大数据、云计算、人工智能、虚拟现实等先进技术在电子商务中的应用，重构创新实体经济的经营服务模式，进一步释放消费潜力。融合化、智能化是电子商务的发展趋势，电子商务和实体经济的深度融合将进一步促进要素优化配置，推动供给侧改革，不断提升服务民生能力。

课堂讨论

通过网络检索相关材料，关注国家发展战略，分析当前我国电子商务发展的机遇和挑战有哪些。

二、电子商务产生的影响

（一）电子商务对社会经济的影响

1. 电子商务助推数字经济的发展

加快数字化发展，建设数字中国，打造数字经济新优势已成为中国社会经济发展的重点。电子商务是数字经济的重要组成部分，也是数字经济最活跃、最集中的表现形式，它以在线化、数字化和智能化为主要特征，具有开放、低成本和高效率等优势，代表着新的生产力和发展方向，带动了中国经济供给侧结构性改革和消费升级，为经济贸易注入新动能。另外，电子商务从流通末端切入，以消费拉动为出发点，商品与服务并举，沿着供应链上溯，极大地推动传统产业的数字化转型。借助数字化转型，农业、制造业、商业和服务业等传统行业将向全产业链渗透，依托电商平台优势，驱动产业链数字化生态协同发展。

2. 电子商务催生新业态、新模式

数字技术驱动电子商务产业创新，不断催生新业态、新模式。大数据、人工智能、云计算、虚拟现实等数字技术为电子商务创造了丰富的应用场景，正在启动新一轮电子商务产业的创新。借助互联网、大数据和云计算等现代技术与流通产业深度融合，线上平台与各类线下实体合作，各类线下资源纷纷搭载平台上线，在电商平台的基础上又出现平台百货、平台专门店等形式，催生出许多跨界经营新业态。在新冠疫情期间，网络教育、网络娱乐、网络医疗等线上服务快速壮大，网红直播、社交电商、无人商铺等消费模式已成为居民的新消费习惯。

（二）电子商务对企业的影响

1. 电子商务有助于改善企业经营管理模式

电子商务以创新理念改善企业经营管理模式。电子商务的网络交易方式增强了企业间贸易合作的开放性，降低了产品成本。通过电子服务方式进行洽谈，提高了工作效率。电子商务以其开放性、全球性、低成本、高效率的优势，逐渐取代传统贸易。面对这一重大变革，企业作为直接参与者，在管理上也发生了翻天覆地的变化，如组织机构的扁平化、企业运作的虚拟化、企业管理的信息化、降低库存生产、数字化定制生产等。

2. 电子商务有助于加强企业营销活动效果

在电子商务发展环境下，企业可以借助各类第三方平台进行直面消费者的营销，也可以利用自建平台或网站进行销售，通过在网页上进行产品介绍，不仅实现了销售产品的目的，还能扩大产品信息的受众范围，发挥产品宣传作用，节省中间环节复杂费用，对产品销售更加有利。同时，借助网络平台实时互动的特点，可以实现与消费者直接互动交流，发挥市场调查作用，更加全面地了解客户对产品的体验，获取各类客户对产品和企业发展的意见，使产品的目标人群和企业自身定位更加精准。通过互动交流，体现了企业对客户的重视，能够构建起良好的客户关系，可以及时把握行业或产业的发展趋势和市场机遇，有利于企业为不同类型客户打造不同定位的产品，使企业在激烈的市场竞争中脱颖而出。

3. 电子商务有助于优化企业流程

在电子商务环境下，通过计算机技术和内部网络将企业生产经营管理中的各环节、各职能进行整合，有利于解决不同环节和职能部门之间的矛盾，及时沟通协调解决工作流程中各类问题，特别是可以将研发设计、咨询服务、财务管理、营销宣传和企业管理等不同职能部门的人员联系在一起，依靠“跨职能”团队进行管理，降低生产经营和管理运营成本，提升企业经营效益。

（三）电子商务对消费者的影响

1. 信息获取方式的改变

电子商务给人们带来全新的信息获取渠道，人们除了从电视、广播、书籍、报纸、杂志等传统媒体中获取信息以外，还可以从全新的媒体网络获取所需的信息。网络真正实现了大众传媒的作用，它比任何一种方式都能更快、更直观、更有效地对信息或思想进行传播。网络信息传播有着双向性的特点，没有时间、地域的限制。通过网络可以得到双向的信息服务，如通过黄页可以找到商业机会，通过招聘站点可以寻找工作等。

2. 购物方式的改变

电子商务的推广使得消费者只要打开手机或电脑，就能进入网上商店，查看成千上万的商品目录，搜索功能可以方便消费者货比三家，从中挑选自己想要的商品。随着新技术的应用，消费者还可以感受现实虚拟购物。网上购物为消费者节省了大量的购物时间，提高了消费者对服务的满意度。移动支付改变了传统支付方式，渗透到消费者购物、出行、就餐等应用场景，给消费者带来极大的便利。

3. 生活方式的改变

电子商务对人们的生活方式也带来了改变，人们足不出户就可以通过网络丰富自己的生活。网上娱乐和休闲的内容日益丰富，消费者可以自由地选择购买音乐、电影、游戏等娱乐内容，从而大大提高人们的生活质量。开发适合消费者需求的项目，不仅会改变消费者的购物方式，也会改变消费者的生活方式。

拓展学习

扫描二维码，学习《中华人民共和国国民经济和社会发展第十四个五年规划和2035年远景目标纲要》，了解社会经济的发展方向和重点。

学有所思

通过学习《中华人民共和国国民经济和社会发展第十四个五年规划和2035年远景目标纲要》，总结电子商务在“十四五”期间的应用重点。

任务五

电子商务职业认识

配套微课

任务前导学习单

项目名称	电子商务概述	任务名称	电子商务职业认识
任务目标	知识目标	• 熟悉电子商务职业岗位的类型及技能要求。 • 掌握电子商务人才的职业素养。 • 掌握电子商务人才的工匠精神。	
	能力目标	• 能够判断自身职业能力和素养。 • 能够进行自身电商职业的规划。	
	素养目标	• 培养职业理想、职业道德和职业情商。 • 培养创新、专注、坚守、敬业、精益求精、追求极致的职业精神。	
任务导入	随着电子商务的迅速发展和全面应用，行业对专业人才的需求也逐渐增加，大量电子商务企业存在人才缺口。然而，在“用工荒”的同时也存在“就业难”的问题，主要是企业对专业人才的需求和人才职业能力及职业素养之间存在着矛盾。那么，电子商务企业需要什么样的职业人才？电子商务职业人才应该具备什么样的职业技能、职业素养和职业精神？		
任务分析	每个行业的职业能力都包括了职业知识、职业技能、职业素养和职业精神。不同的职业岗位对职业知识和职业技能的要求侧重点有所不同，职业知识和职业技能是职业智商的体现，而职业素养和职业精神是从业人员应该具备的职业情商。电子商务职业人才不仅要具备电商运营、营销推广、客户服务、美工设计、数据分析等专业知识和技能，还应有职业理想、职业道德、职业精神和职业尊严。		
任务准备	• 通过网络检索电子商务企业招聘的职业岗位有哪些，有什么要求。 • 根据自己的特质，初步判断自己的职业兴趣和职业理想。		

任务知识充电站

一、电子商务的职业岗位类型

随着数字经济与实体经济融合，线上线下融合发展加速，电子商务全面发展，对从业人员的需求逐渐增加，电子商务企业根据经营业务和发展需要设定职业岗位需求。当前的主流职业岗位群主要包括运营管理类职业岗位群、营销推广类职业岗位群、客户运营类职业岗位群和美工设计类职业岗位群。

（一）运营管理类职业岗位群

运营管理类岗位主要包括网站运营、网店运营、产品运营、内容运营、用户运营、活动运营和数据运营。网站运营的工作内容主要包括拓展渠道、优化渠道等，核心技能需要具备网站规划能力、市场洞察能力等；网店运营的工作内容主要包括网店的运营管理、网店的流量提升，核心技能需要具备运营管理能力、市场洞察能力等；产品运营的主要工作内容包括产品开发、产品运营规划，核心技能需要具备数据的采集能力和分析能力；内容运营的主要工作内容主要包括编辑排版、文案策划、产品内容设计，核心技能需要有策划设计能力、文字表达能力、创新创意能力等；用户运营的主要工作内容包括用户信息搜集与分析、用户推广、吸引新用户，核心技能需要具备需求理解能力、信息采集与分析能力等；活动运营的主要工作内容包括制定活动策划方案、组织线上线下活动，核心技能需要具备活动策划能力、项目协调能力等；数据运营的主要工作内容包括电子商务各类运营业务数据的挖掘、整理统计和分析，核心技能需要具备数据收集能力、数据分析能力和办公软件应用能力。

（二）营销推广类职业岗位群

营销推广类岗位包括营销策划、网络推广、新媒体营销、文案策划、海外市场推广、品牌运维、渠道推广、商务数据分析等。营销策划的主要工作内容包括网络市场调查与分析、策划定位，核心技能需要具备办公软件运用能力、策划能力、数据分析与预测工具运用能力等；网络推广的主要工作内容包括互联网平台选择和营销推广工具运用，核心技能需要具备优化推广能力、商业模式设计能力、创新创意能力等；新媒体营销的主要工作内容包括新媒体计划制订、平台识别与选择、推广方案设计，核心技能需要具备文案设计能力、图形图像视频软件操作能力等；文案策划的主要工作内容包括明确用户特征和选择合适平台，核心技能需要有文字表达能力、办公软件使用能力；海外市场推广的主要工作内容包括海外消费者需求分析、竞品分析、海外市场选品等，核心技能需要具备外语听说能力、沟通能力、数据分析能力等；品牌运维的主要工作内容包括品牌定位和品牌细分，核心技能需要具备办公软件应用能力、社交平台分析能力；渠道推广的主要工作内容包括互联网平台的推广运营、渠道数据分析等，核心技能需要具备办公软件应用能力、图形图像处理能力；商务数据分析的工作内容主要包括数据模型建立、商务数据采集与分析，核心技能需要具备办公软件应用能力、数据分析工具应用能力等。

（三）客户运营类职业岗位群

客户运营类岗位主要包括网络客服和客户关系管理。网络客服的工作内容主要包括通过网络平台沟通工具解答客户异议，核心技能需要具备情绪控制能力、文字编辑能力、沟通能力等；客户关系管理的工作内容主要包括开发客户、维系客户转换，核心技能需要具备会员管理能力、市场感知能力和人际交往能力等。

（四）美工设计类职业岗位群

美工设计类岗位主要包括形象设计、网页设计、App设计和网店美工。形象设计主要工作内容包括公司形象和品牌形象设计，核心技能需要具备设计软件应用能力、创新创意能力；网页设计的主要工作内容包括网站整体设计、视觉设计，核心技能需要具备设计软件应用能力、创新创意能力等；App 设计工作内容主要包括 App 产品界面设计、编辑和美化等，核心技能需要具备设计软件应用能力、用户调研分析能力；网店美工的工作内容主要包括网店装修、产品图片处理，核心技能需要具备设计软件应用能力、色彩构图能力等。

课堂讨论

判断表 1－4 中的核心技能分别属于哪个职业岗位群，在合适的框内打钩。

表 1－4 电子商务职业岗位群所需核心技能的判断

核心技能	运营管理类职业岗位群	营销推广类职业岗位群	客户运营类职业岗位群	美工设计类职业岗位群
数据分析能力				
设计软件应用能力				
会员管理能力				
创新创意能力				
策划能力				
情绪控制能力				

二、电子商务人才的职业素养

党的二十大报告明确提到，“德才兼备的高素质人才，是国家和民族长远发展大计”，这要求电商人才不仅需具备专业知识技能，更应具备职业素养，主要包括以下几方面。

（一）职业道德

电商专业人才应该具备电商人的职业道德，爱岗敬业，忠于职守；诚信经营，公平公正；知法守法，注重安全；弘扬正能量，营造良好网络环境。快速发展的电子商务行业和复杂的网络环境，需要电商从业人员的坚守，践行社会主义核心价值观、树立正确的商业伦理观是电商专业人才发展的精神引领。

（二）职业理想

职业理想是人们对职业活动和职业成就的超前反映，与人的价值观、职业期待、职业目标密切相关，是人们实现个人生活理想、道德理想和社会理想的手段，并受社会理想的制约。在电子商务工作中，每一个电商专业人才都应该对自己的职业前途抱有理想，拥有职业理想的电商专业人才会对自己的事业有所期待，才会更愿意在电商领域中做一个幸福的奋斗者。

（三）职业尊严

电子商务开放、创新、互联、共享等特点使其具有独特的职业尊严，比如电子商务让许多残疾人也可以有工作和收入，让残疾人能够平等、体面地实现就业，获得尊严。电子商务把农民带入互联网的世界，让农民田间地头的生产劳作多了一份保障、一份希望，从物质和精神上让农民更有尊严。职业尊严让人们对电子商务行业保持足够的理解和尊重，也因为有了职业尊严，电子商务职业人能保持积极的职业进取心。

实例分享

电子商务让残疾人获得职业尊严

孙炳良，河南省炳良电子商务有限公司总经理，从小因患骨髓炎导致下肢残疾，靠着一股自强不息的奋斗精神成了人生的“巨人”。孙炳良2011年第一次接触电商，发现这个行业非常适合行动不便的残疾人。2013年他创办残疾人电子商务培训中心，截至2021年6月，已有6 800多名残疾人参加过他的电商培训并实现就业，还有56人在他的指导下开设了自己的电子商务公司。电商成就了孙炳良，他也因此帮助了很多弱势群体。如今，他的公司与字节跳动、京东、淘宝等知名公司建立了业务指导和商品销售合作关系，正积极利用“电商＋直播”的新型营销模式助残。

资料来源：翟濯. “电商达人”孙炳良：让残疾人活得更有尊严. 百家号，2021-06-09.

思考讨论：

为什么电子商务非常适合助残？类似的案例有哪些？

（四）职业规划

1. 了解自己，找准职业定位

明确自己的性格、兴趣及胜任能力，并树立职业兴趣、职业个性和正确的职场价值观。

2. 清楚目标，明确梦想

根据成长环境、职业兴趣和个人特点，最终成为电商行业某个领域的研究或者管理人员。

3. 制定行动方案，规划发展通道

目标需要通过计划来实现，具体的且具有可行性的行动方案会帮助你一步一步走向成功，实现目标。

4. 职业规划的优化和修正

职业规划不可随心所欲，理想需要坚持，不惧失败，坚持学习，不断提升，当积累达到一定程度，理想自然会实现。学会审时度势，当规划遇到问题时要懂得分析原因，对原有的规划做出符合实际情况的必要调整。

（五）职业精神

电子商务从业人员需要有求真务实、创新合作的职业精神。电子商务的工作性质决定了从业人员不仅要有扎实的理论基础，还要有实干精神，能够脚踏实地。电子商务行业是一个快速发展和变化的行业，从业者需要有创新、开放、发展的精神，才能跟上行业的发展。团队合作也是一个优秀电商从业者的基本素养。

三、电子商务人才的工匠精神

（一）电子商务人才工匠精神的内涵

工匠精神意味着“德艺双馨”的职业信仰，即在力求技艺水平提高的同时，提升自身的思想道德水平，爱岗敬业、持续专注、开拓进取、精益求精、追求极致。电子商务人才的工匠精神，是指在电子商务职业领域内，专注于自身的工作与责任，不断雕琢与创新，精益求精，具备良好职业道德，做好电商行业引领，提供优质的电子商务服务。具体包括：对于经营的产品或服务品质一丝不苟，具有清晰的市场定位，不断提高用户体验，拥有行业创新能力；认真从事电子商务的操作层工作，专注于每一个细节，坚持不懈地做好电商行业的各个领域；秉承客户至上的理念，坚持对美的追求，对产品、网页、品牌形象等进行视觉设计和艺术氛围引导；既要有职业规划，又要遵从职业规范，注重自我修养和积累，熟悉电商行业发展规律，在电商职业生涯中追求卓越。

（二）电子商务人才工匠精神的培养方式

注重职业能力和职业素养的融合培养，鼓励学生积极参与专业技能竞赛，学习创新类课程，通过课赛结合重点培养创新能力和精益求精的职业精神。突出专业的实践教学，将电商企业文化引入课堂，在学生岗位实习前培养职业忠诚度和职业操守。设置专业素质拓展能力课程，侧重注意力、专注力的培养，增强学生的职业专注力。引导学生积极参与艺术类、鉴赏类选修课程，通过美育，重点培养学生的审美意识和美的创造能力。鼓励学生参加高品质学生社团，通过社团活动和竞争合作氛围，重点培养学生的团队合作精神。观看大国工匠相关视频，烘托工匠精神氛围，重点培养学生的坚守意识和追求卓越的精神。

实例分享

“互联网 +”时代更需要大国“工匠精神”

在消费升级的大潮下，曾经以低价占据零售生态的电商，正逐渐向“品质电商”转型。和传统制造业一样，电商行业也在呼唤“工匠精神”。年少的储诚长曾挑着自家炒好的茶叶去安庆市区卖，因为没有正规的包装，只能把茶叶装在几个塑料袋里，看起来乱七八糟的。这个大别山区长大的孩子暗自发誓，以后一定要卖包装好、质量好的茶叶。若干年后，储诚长利用电子商务平台销售高性价比的茶叶，还开发出与茶叶有关的游戏产品。人们可以通过“虚拟种茶”的形式了解茶文化，从而培养茶叶的消费习惯。为了确保产品质量，公司出售的每一盒茶叶都标有自己的“身份证”——质量追踪卡，消费者可以看到茶叶出自哪座山峰，由谁管理，采摘、制作、包装是如何完成的。尽管公司创新营销手段，拉动市场销售，但储诚长花精力最多的还是质量控制。在他看来，如果茶叶质量上不去，再花哨的营销都是空，如何让茶叶饮用起来更健康、安全，这本身就是一种创新。

资料来源：王磊. “互联网 +”时代更需要大国“工匠精神”. 中国青年报，2015-08-05.

思考讨论：

储诚长的身上体现了什么样的工匠精神？

学有所思

请同学们根据自身的特点和对电子商务职业的认识，思考自己感兴趣或适合的电商职业岗位有哪些，已具备哪些职业素养和职业精神，还有哪些方面有待提高。

知识巩固与技能提升

一、单项选择题

1. 电子数据交换的英文简称是（　　）。

A. EFT　　B. EDI　　C. NET　　D. EC

2. 客户关系管理系统的英文简称是（　　）。

A. ERP　　B. CRM　　C. SCM　　D. MIS

3. 下列关于电子商务与传统商务的描述，不正确的是（　　）。

A. 电子商务的物流配送方式和传统商务的物流配送方式有所不同

B. 电子商务必须签订书面合同，并开具机打发票，否则无效

C. 电子商务活动可以不受时间、空间的限制，而传统商务做不到这一点

D. 电子商务可以更方便地实现客户的个性差别分类，并有针对性地投放广告

4. 中国互联网电子商务的萌芽阶段是什么时候？（　　）

A. 1990—1992 年　B. 1993—1995 年　C. 1996—1999 年　D. 2003—2005 年

5. 很多新开的淘宝店喜欢提供手机话费充值业务，来为店铺积累信用度。手机话费充值业务属于（　　）。

A. 本地电子商务　　B. 间接电子商务

C. 非完全电子商务　　D. 完全电子商务

6. 三联家电公司通过互联网向海尔购买一批电器，属于（　　）。

A. B2B　　B. B2C　　C. C2C　　D. B2G

7. 涉及进出口公司、海关、银行等系统的业务类型，属于（　　）。

A. 本地电子商务　B. 国内电子商务　C. 完全电子商务　D. 全球电子商务

8. 像小米商城这种提供自己生产的产品或服务，保障产品品质和售后服务质量的网站，属于下面哪种电商模式？（　　）

A. G2G　　B. M2C　　C. I2C　　D. G2B

9. 下面关于电子商务产生的基础叙述不正确的是（　　）。

A. 人民对美好生活的需求　　B. 政府的支持与推动

C. 信息技术和网络技术的发展　　D. 快递服务业的发展

10. 以下哪个不属于电子商务的特征？（　　）

A. 开放性和共享性　　B. 高效性和服务性

C. 封闭性和保守性　　D. 数字化和智能化

11. 认真从事电子商务的操作层工作，专注于每一个细节，坚持不懈地做好电商行业的各个领域，主要体现了什么样的工匠精神？（　　）

A. 创新　　B. 持续专注　　C. 开拓进取　　D. 对美的追求

二、多项选择题

1. 下列属于电子商务活动的有（　　）。

A. 花花上网购买网易云音乐会员服务

B. 某公司在阿里巴巴英文站开通网上旺铺，并进行宣传与推广

C. 小李在中国建设银行办了一张银行卡

D. 张先生在京东上为在外地的女朋友订了一束花

2. 以下活动属于电子商务的有（　　）。

A. 小明为自己做的手工钥匙扣做了漂亮的海报，贴在学校内的报栏中，感兴趣的同学可以打海报上小明的电话进行咨询

B. 小明将自己做的手工钥匙扣照片发在 QQ 群中，想买的人给她 QQ 发红包，并私聊留下收货地址、电话等

C. 小明将自己做的手工钥匙扣放在学校食堂门口进行售卖，没带钱的同学现场用支付宝转账给她

D. 小明在淘宝开店买自己做的手工钥匙扣，好的创意为小明带来了很多订单，现在的她每天忙着手工制作和发货

3. 以下属于电子商务企业的有（　　）。

A. 电商平台　　B. 电商主管政府部门

C. 电商应用企业　　D. 电商服务商

4. 与传统商务相比，电子商务交易有哪些特点？（　　）

A. 交易效率高　　B. 交易虚拟化　　C. 交易成本高　　D. 交易透明化

5. 电子商务发展的重要阶段包括（　　）。

A. 基于外联网的电子商务　　B. 基于 EDI 的电子商务

C. 基于移动通信网络的电子商务　　D. 基于互联网的电子商务

6. 以下属于 B2B 电子商务模式的有（　　）。

A. 阿里巴巴　　B. 天猫网　　C. 慧聪网　　D. 京东

7. 以下商品交易不属于完全电子商务的是（　　）。

A. 鲜花　　B. 软件　　C. 图书　　D. 服装

8. 以下属于 I2C 电子商务模式的有（　　）。

A. 链家网　　B. 京东商城　　C. 美团网　　D. 蘑菇街

9. 以下属于电子商务人员职业道德的有哪些？（　　）

A. 诚信经营　　B. 公平公正　　C. 守法　　D. 忠于职守

三、简答题

1. 中国电子商务的应用状况如何？

2. 电子商务的优势有哪些？

3. 我国电子商务的发展经历了哪几个阶段？

4. 如何理解电子商务的概念？

5. 电子商务人才的工匠精神体现在哪些方面？

四、技能训练题

1. 通过相关媒体、研究机构、网站等，查阅最新电子商务行业资讯。

2. 根据电子商务的独特优势，分析电子商务在新冠疫情期间是如何发挥作用的，并通过案例来进行说明。

02

项目二

电子商务支撑体系

- 任务一　电子商务框架分析
- 任务二　电子商务的法律支撑
- 任务三　电子商务的新技术支撑

项目框架图

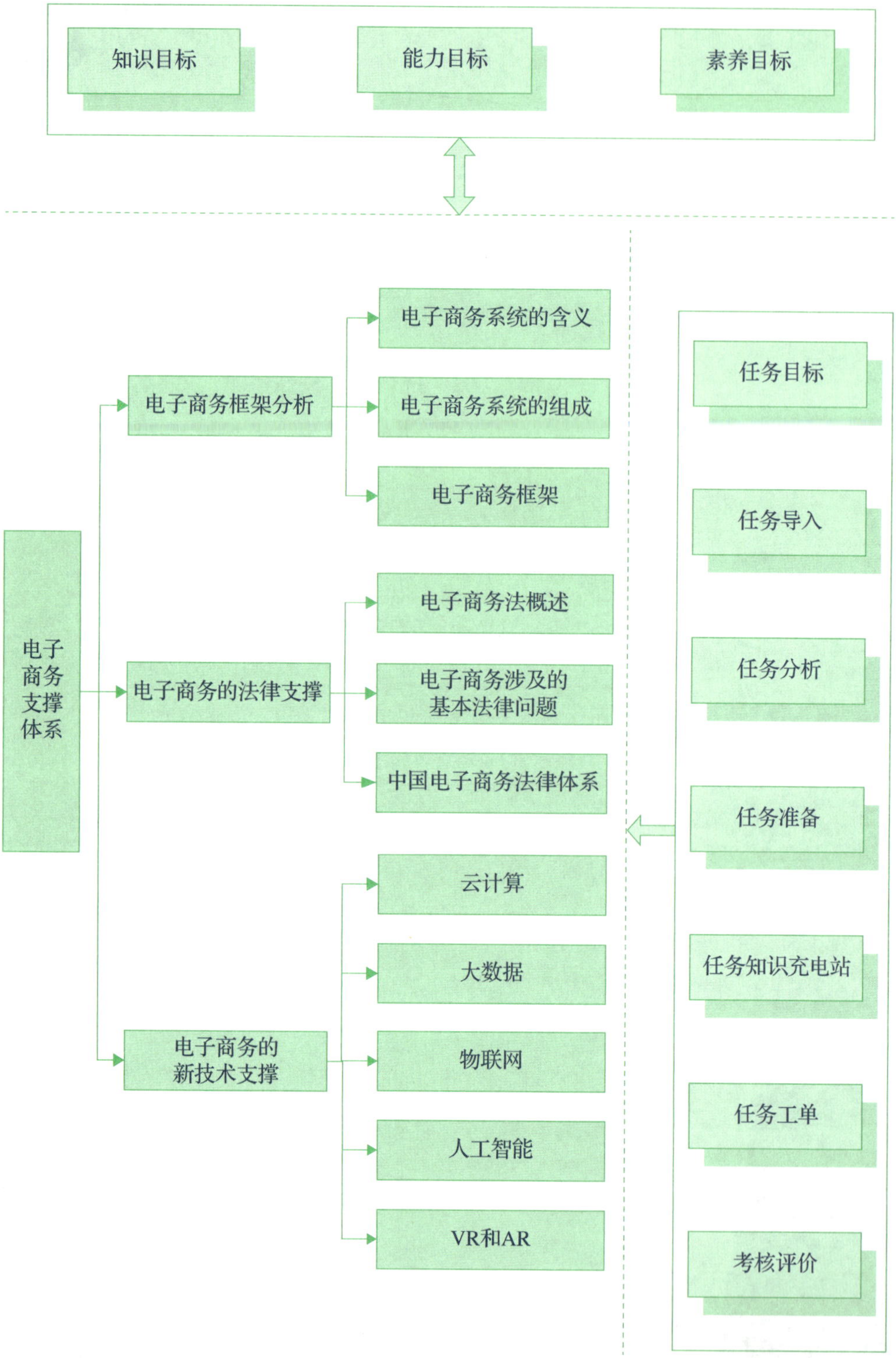
知识目标
能力目标
素养目标
电子商务支撑体系
电子商务框架分析
电子商务系统的含义
电子商务系统的组成
电子商务框架
电子商务的法律支撑
电子商务法概述
电子商务涉及的基本法律问题
中国电子商务法律体系
电子商务的新技术支撑
云计算
大数据
物联网
人工智能
VR和AR
任务目标
任务导入
任务分析
任务准备
任务知识充电站
任务工单
考核评价

任务一

电子商务框架分析

配套微课

任务前导学习单

项目名称	电子商务支撑体系	任务名称	电子商务框架分析
任务目标	知识目标	• 熟悉电子商务的基本要素。 • 掌握电子商务的框架结构。 • 了解电子商务的应用框架。	
	能力目标	• 能够识别案例中包含的电子商务基本要素。 • 能够分析案例中电子商务系统框架。	
	素养目标	• 关注电子商务新要素的现状与发展，培养开放、共享、发展的职业精神。 • 培养求真务实的职业精神。	
任务导入	党的二十大报告指出，“必须坚持系统观念。万事万物是相互联系、相互依存的。只有用普遍联系的、全面系统的、发展变化的观点观察事物，才能把握事物发展规律”。电子商务是基于互联网的商业活动，在电子商务市场中，商家和消费者之间的互动是通过电子商务系统来实现的，我们应该用系统的观念去了解电子商务系统，才能使电子商务持续发展，为消费者提供更好的服务与体验。		
任务分析	与传统商务相比，电子商务各环节存在新的形式，也组成了新的体系结构。那么，电子商务有哪些组成要素？实现电子商务应具备的技术保证是什么？电子商务的应用框架和未来的发展趋势是怎样的？		
任务准备	• 观察身边的电子商务交易过程中主要有哪些参与者。 • 思考电子商务和传统商务的组成要素与基本框架有什么不同。		

任务知识充电站

一、电子商务系统的含义

广义的电子商务系统是指支持电子商务活动的电子技术手段的集合，是利用计算机网络技术全面实现在线交易的全部过程。狭义的电子商务系统是指在计算机网络的基础上，以实现企业电子商务活动为目标，满足企业生产、销售、服务等生产和管理的需要，支持企业的对外业务协作，从运作、管理和决策等层次全面提高企业信息化水平，为企业提供商业智能的计算机系统。

二、电子商务系统的组成

一个电子商务系统一般涵盖五个基本要素，分别是网络、电子商务交易者、认证中心、网上银行、物流配送中心，如图 2-1 所示。

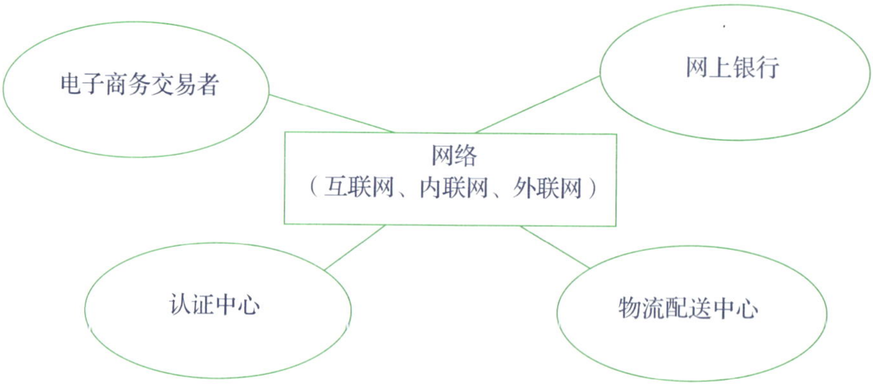

图 2-1　电子商务系统的组成要素

（一）网络

网络是信息传输、接收、共享的虚拟平台，利用网络传输介质和网络连接设备把服务器存储设备等硬件设施连接起来，从而实现资源的共享。电子商务网络包括互联网、企业内联网和企业外联网等。互联网是电子商务的基础，是商务信息传送的载体；内联网是企业内部商务活动的场所；外联网是企业与企业进行商务合作的纽带。内联网、外联网和互联网的关系如图 2-2 所示。

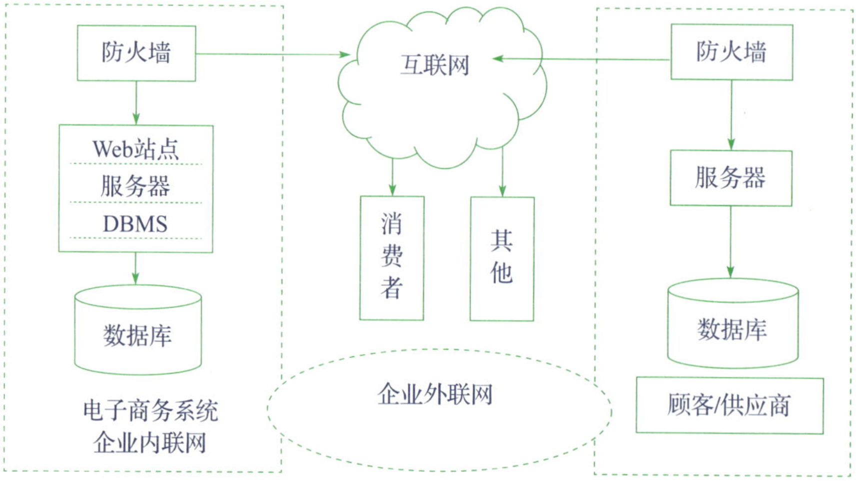

图 2-2　内联网、外联网和互联网的关系

（二）电子商务交易者

电子商务交易者可分为个人用户和企业商户。个人用户通过互联网访问网站，获取信息、购买商品。企业商户利用 Web 网站发布产品信息、接受订单、建立网

上商店。如需要在网上进行销售等商务活动，还要借助电子报关、电子报税、电子支付系统，与海关、税务局、银行等单位进行有关业务的处理。

（三）认证中心

认证中心是法律承认的电子商务管理与认证的权威机构，负责发放和管理数字证书，使网上交易的各方能互相确认身份。数字证书是一个包含证书持有人的个人信息、公开密钥、证书序列号、有效期、发证单位的数字签名等内容的数字文件。

（四）网上银行

网上银行可以在互联网上实现传统银行的业务，为用户提供 24 小时实时服务；与信用卡公司合作，发放电子钱包，提供网上支付手段，为电商交易中的用户和商家提供资金支付方面的服务。

（五）物流配送中心

物流配送中心是负责组织运送无法从网上直接得到的商品，按照供应者的送货要求运输货物，送到消费者手中，并实时跟踪商品的动态流向。

实例分享

京东的发展历程

2004 年京东涉足电子商务领域，京东多媒体网正式开通。2007 年 6 月，正式更名为京东商城，致力于建构以电商、物流业务、互联网金融、技术平台布局的新经济实体。2008 年京东完成了 3C 产品的全线搭建。2010 年实现从 3C 网络零售商向综合型网络零售商转型，之后进军奢侈品领域，并推出跨境电商平台。2019 年京东健康正式宣布独立运营，积极布局“互联网 + 医疗健康”生态。

京东拥有国内电商企业中最强大的自有仓储物流体系。2007 年，京东建成北京、上海、广州三大物流体系，形成了中小件物流网、大件物流网和冷链物流网的三张网布局，拥有 7 个智能物流中心、254 个大型仓库、550 万平方米的仓储设施、6 780 个配送站和自提点，完成了对全国 2 646 个区县的覆盖。

京东在支付领域持续发力，将金融业务作为新的增长点。2007 年 10 月，京东在北京、上海、广州三地启用移动 POS 上门刷卡服务。2012 年 10 月，京东完成了对第三方支付公司网银在线的完全收购，正式布局支付体系。目前京东金融在支付领域已经形成了“京东支付”“白条”“京东小金库”支付体系。

2019 年 8 月京东集团入选科技部国家人工智能开放创新平台名单，领衔新一代智能供应链人工智能开放创新平台建设，推进智能供应链战略发展。

思考讨论：

根据京东的发展历程，谈谈电子商务系统的组成要素有哪些作用。

扫描二维码，了解更多案例信息。

三、电子商务框架

电子商务框架是指实现电子商务的技术保证和电子商务应用所涉及的领域，

包括两个支柱和三个层次（见图 2－3）。从最基础的技术层次到电子商务的应用层次之间分成网络层、消息 / 信息发布层、一般业务服务层三个层次；两个支柱是各种技术标准及安全网络协议和相关的公共政策及法律，在此基础上开展各类电子商务活动。

知识链接

万维网 WWW

图 2－3　电子商务框架

知识链接

网络传输介质

（一）网络层

网络层是实现电子商务的最底层的网络基础设施，它是信息传输系统。网络的有线传输介质主要有光纤、双绞线、同轴电缆等；无线介质，如卫星、微波、无线电等。网络的连接设备主要有交换机、路由器、网关、防火墙等。电子商务的主要业务是基于互联网的，所以互联网是网络基础设施中最重要的部分。

（二）消息 / 信息发布层

消息 / 信息发布层主要解决如何在网络上传输信息和传输何种信息的问题。网上的信息传播工具主要提供非格式化数据和格式化数据通信，非格式化的数据主要用于用户之间的信息传输；格式化的数据传输主要是面向计算机系统的，信息的传递和处理都是可以实现自动化，无须人工干预，如电子数据交换（EDI）系统，适合于商贸活动中标准化程度较高的订单、发票等数据的传输。互联网的主要协议 HTTP（超文本传输协议），能以统一的显示方式，在多种环境下显示非格式化的多媒体信息。

（三）一般业务服务层

一般业务服务层主要是为了方便网上交易所提供的各种业务服务，是所有参与交易的企业和个人在网上进行交易时所需要用的各种基本服务。电子商务能通过一般业务服务层提供的基础服务，实现跨时空的电子商务交易。包括电子商务的交易平台服务、信息技术服务、物流服务、安全和认证服务等，以及营销服务、咨询服务等衍生服务。

（四）电子商务应用

电子商务的应用十分广泛，包括广告宣传、网络购物、网上银行、电子交易市场、网上娱乐、信息服务、供应链管理等。

（五）相关的公共政策及法律

公共政策涉及各种从事电子商务活动相关的税收制度、信息访问权、隐私保护等事务，法律法规维系着商务活动的正常运行，违规活动必须受到法律制裁。它们是保证电子商务活动健康、有序进行的制度性保障。

实例分享

苏宁易购“数字＋实体”新发展

作为国内领先的零售企业，苏宁易购自2021年以来进入新发展阶段，聚焦“为用户提供家庭场景解决方案的零售服务商”定位，持续深化商品组合、物流履约、细分场景运营三大能力，在家电家装等“家消费”领域构筑起领先行业的竞争优势。在消费升级和行业变革等新趋势下，苏宁易购深化区域布局、打磨门店场景，持续做长“实体长板”。

苏宁易购依托自身“数字＋实体”经营优势，持续深度参与全国各地促消费活动，与各方合作伙伴展开深层次合作，在补贴政策、产品出新、智能绿色家电、供应链升级、以旧换新、家电下乡等方面不断探索，切实让利消费者，共同为行业开拓创新，激发消费市场活力。

资料来源：佚名．连续七年位居连锁百强榜首，苏宁易购迎实体发展新机遇．百家号，2022-07-07.

思考讨论：

电子商务的应用对传统零售业有哪些影响？企业需要做好哪些准备？

扫描二维码，了解更多案例信息。

（六）各种技术标准及安全网络协议

各种技术标准及安全网络协议为电子商务活动营造了安全的网络环境。技术标准一般要定义用户接口、传输协议、信息发布标准和应用技术标准等。全球互联网和电子商务要求有统一的技术标准和安全网络协议，用于保证系统的兼容性和通用性。

学有所思

为了促进电子商务健康有序发展，我们应当从哪些方面来构建电子商务环境？作为消费者或从业者，你认为应如何更好地打造消费环境和营商环境？

配套微课

任务二 电子商务的法律支撑

任务前导学习单

项目名称	电子商务支撑体系	任务名称	电子商务的法律支撑
任务目标	知识目标	• 熟悉电子商务的法律需求。 • 掌握电子商务涉及的法律问题。 • 掌握电子商务的法律体系主要内容。	
	能力目标	• 能够识别案例中涉及的法律问题。 • 能够分析案例中适用的法律法规，能解决法律问题。	
	素养目标	• 培养公平公正、诚信、守法的职业道德。 • 培养思辨能力和责任担当意识。	
任务导入	习近平总书记在第二届世界互联网大会开幕式上指出，网络空间不是“法外之地”。网络空间是虚拟的，但运用网络空间的主体是现实的，大家都应遵守法律，明确各方权利义务。在电子商务飞速发展的过程中，出现了许多问题，为了规范电子商务市场，电子商务法应运而生。那么，电子商务法律法规的主要内容是什么？和传统商务相比，电子商务法律法规主要针对哪些问题？又需要哪些基础？		
任务分析	面对电子商务中虚假宣传、产品质量参差不齐、售后维权难、数据造假等问题，有关部门开始加强对电子商务的监管和约束，相关法律法规也不断完善，以规范电子商务的运营。		
任务准备	• 观察自己身边有哪些事件属于电子商务法律法规范畴。 • 思考电子商务法律法规的建设能解决哪些问题，又面临哪些挑战。		

任务知识充电站

一、电子商务法概述

（一）什么是电子商务法

电子商务法是调整通过互联网等电子信息技术手段，进行商品交易或者服务交易的经营活动的法律规范的总称。

电子商务的法律法规，包括各种法律、规则、标准、协议、示范、规定等，确定了电子商务活动中相关方的权利和义务，规范电子商务行为。电子商务法的定义有广义和狭义之别。广义的电子商务法，是指调整电子商务活动中所有关系的规范总称；狭义的电子商务法，是指调整电子交易关系的相关规范。

（二）电子商务法的作用

1. 为电子商务的健康、快速发展创造良好的法律环境

电子商务法是一个国家或地区法律建设的重要组成部分。电子商务是一种新的经济形式，其涉及的数据电文、电子交易、电子支付、电子认证、现代物流等新的形式和手段，需要有新的法律规范。因此，需要在法律上适时做出明确的规定，电子商务才能有法可依。

2. 保障网络交易安全

目前企业发展电子商务的顾虑之一是安全性问题，这也是当前发展电子商务最迫切需要解决的问题之一。因为电子商务的安全风险，容易让人们对电子商务产生怀疑，难以建立交易的信心，进而阻碍电子商务的普及与发展。电子商务立法，就是在法律方面对电子商务起到可靠的保障作用。

3. 有效遏制危害电子商务交易安全的行为

电子商务立法的主要宗旨在于营造公平的市场环境，规范电子商务行为，维护市场秩序，促进电子商务持续健康发展。

4. 促进现代信息技术的发展

信息技术是电子商务的基础，同时也是电子商务交易的技术支持。通过电子商务的立法来规范信息技术的相关内容，采用科学的技术和法律手段解决信息技术方面出现的新问题，有利于电子商务的顺利进行，同时也促进了信息技术的进步和发展。

实例分享

秒杀代拍猫腻多，侵害买卖双方权益

每年的“双十一”，在网上就会出现不少“代拍”“代秒”“代抢”的服务，称可以帮买家秒杀大额优惠券或抢购限量特价商品。代拍商家表示，抢券需要扫描他给出的二维码，由此登录买家的账号，并记录买家的登录及支付密码。

商家使用“秒杀器”的软件进行作弊“秒杀”。这款软件在提交抢拍数据时，会自动判读提交数据是否有效，如果无效可以瞬间再次自动提交，无须人工介入，其速度以毫秒为单位计算，人工提交的速度远不及其千分之一。除了有买家使用这种“秒杀器”作弊之外，还有卖家在自卖自买，恶意炒作，赚取一定的广告效应。

公安部门指出，秒杀代拍现象严重侵害了买家与卖家的合法权益，扰乱了互联网购物的正常秩序，破坏了网络购物的良性发展，在社会上产生了恶劣影响。一方面，消费者的电商账号都会与自己的支付账户相绑定，将自己的账号密码完全暴露给他人，很容易泄露个人隐私，存在很大的安全隐患，且由于是主动泄露，届时追责可能会存在举证方面的不利。另一方面，购买软件或插件服务则涉及不

公平竞争，这种交易方式侵害了其他消费者的合法权利。

资料来源：温婧. 双十一网购用“秒杀器”？警方提示：小心卡里的钱被盗. 新浪，2020-11-01.

思考讨论：

案例中提到的秒杀代拍现象，对消费者存在哪些危害？如何杜绝此现象？

二、电子商务涉及的基本法律问题

（一）电子商务交易中的信用保证

电子商务是利用互联网进行交易的特殊形式，信用制度是其生存和发展的根本基础。在交易主体无须面对面洽谈的电子商务交易中，信用保证显得尤为重要。构建电子商务良好市场环境应从信用开始，信用制度是发展电子商务的必要保证。

（二）电子合同订立的法律保护

电子合同是通过互联网和电子商务系统订立的，以数据电文的方式来生成、存储或传递贸易信息的新式协议，是一种现代贸易方式。以数据电文方式订立的电子合同是对传统合同法提出的一种挑战。比如在合同订立的要约与承诺、合同的书面形式要求、签字生效和纠纷举证等方面，这些问题都需要特定的法律法规来进行规范。

（三）电子商务交易中的消费者保护

在电子商务高速发展的商业环境下，消费者权益保护面临着如何应对网络经济、电子商务这些新的交易方式给消费方式带来的问题。电子商务具有虚拟性，交易双方非面对面交易，消费者不能感知或试用商品，信息发布者利用信息进行欺诈或以虚假不实的广告误导消费者，使得消费者面临更大的被侵权的风险。此外，商品在最终送达消费者之前，信息沟通、货款支付、货物配送等环节较多，也存在责任难以界定、难以追究等问题，使得消费者维护合法权益面临更大的困难。

（四）电子商务中的知识产权保护

在虚拟的电子商务世界中，传统的知识产权保护制度受到了新的挑战和冲击。如域名保护、域名权和商标权的冲突、域名抢注、网上著作权与邻接权保护、专利权保护等方面。知识产权是一种无形财产权，具有专有性、排他性、地域性的特点。但是在互联网上，知识产权保护的信息是公开、公知和公用的，所有权人很难加以控制。互联网上的信息传输是无国界的，对诉讼程序中的诉讼管辖也提出新的问题。电子商务中的知识产权保护成为世界各国都必须面对和解决的问题。

（五）电子商务的税收管理

电子商务相较于传统的贸易方式，在商业流通形式、劳务提供方式、财务管理方式等方面发生了重大变化。因此，在纳税环节、纳税地点、纳税方式和国际税收管辖权等方面都遇到新的问题。如纳税义务的确定出现了困难，纳税人的身份难以确定，计算机加密技术增加了税务机构获取信息的难度，国际税收管辖权制度面临新的挑战。

（六）电子商务的安全问题

安全问题是电子商务发展中的一个重要制约因素。随着信息技术的高速发展，许多信息安全问题纷纷出现，如系统瘫痪、黑客入侵、病毒感染、网页改写、信息泄露等，给企业甚至国家安全带来了威胁。只有更好地解决电子签名、安全认证和计算机犯罪等法律问题，才能保障互联网上的信息安全和电子商务的正常运作。

实例分享

价格标错，应由商家还是消费者买单？

2022年10月26日，有消息称，某淘宝店铺因后台设置错误，原价79元一箱的气泡水，购买3箱总花费却仅为10.55元，平均每箱约3.5元。错误的价格导致该款气泡水销量暴增30万单，据称店铺或损失200多万元。10月27日下午，涉事的淘宝店铺发布公告称，由于本店的一位运营操作时出现了失误，导致大量超低价订单远超店铺实际拥有的库存，由此造成的损失金额也远超其承受能力，希望下单的消费者能够伸出援手，在后台申请退款，帮助店铺渡过难关。

在这种情形下，一般商家应当为自己的"操作失误"买单，履行发货义务，自行承担经营风险。当然，如果商家确实损失惨重的话，也可以重大误解或者显失公平理由要求解除合同，但其理当就"操作失误"承担举证责任，提供充分的证据证实确实系工作人员操作失误而标出了错误价格，而不是刻意耍弄消费者，并且对消费者的损失承担相应的赔偿责任或补偿责任。这也警示商家，在开展促销活动时务必尽到审慎义务，避免因操作失误带来不必要的损失。特别是杜绝商家利用虚假广告的噱头吸引消费者。

资料来源：史洪举．商家标错价格后能否请求消费者退款．快资讯，2021-10-28．

思考讨论：

该案例涉及什么法律问题？还有哪些消费者可以合理维权的事件？

（七）电子商务的隐私保护问题

隐私权是指保证当事人按照个人意愿不受别人干扰，或者独立控制个人信息而不被他人随意查看的权利。这是保证人们生活免受不必要打扰的基本权利。在互联网时代，各大电子商务平台上存储了大量的用户个人信息和消费偏好，给用户带来隐私暴露的风险。由于电子商务包含支付环节，因此暴露隐私的同时可能还会造成消费者的经济损失。隐私问题已经成为数字经济时代互联网平台，特别是电商领域普遍关注和研究的热点。

课堂讨论

表2-1中哪些属于电子商务涉及的法律问题？请在你认为涉及电子商务法律问题的项目后打钩。

表 2－1　涉及电子商务法律问题判断

项目	是否涉及电子商务法律问题	项目	是否涉及电子商务法律问题
网购后，快递被他人冒领		直播中买到假货	
申请和知名网站很相似的域名		签订合同时当场撕毁	
网购的商品无故延迟发货		共享单车公司拒绝退还押金	

三、中国电子商务法律体系

电子商务法律体系由电子商务基本法、电子商务实体法和电子商务程序法三部分组成。电子商务基本法，是指一个国家或地区电子商务方面具有最高法律效力的法律，如《中华人民共和国电子商务法》。电子商务实体法，是指从实际内容上规定人们之间的权利与义务的本体及其产生、变更和失效的法律，如《中华人民共和国电子签名法》等。电子商务程序法，是指以保证权利和义务得以实施或履行，以程序为主的法律，如《中华人民共和国民事诉讼法》等。

电子商务体系的三部分内容相互联系、相互制约。电子商务基本法起统御作用，电子商务实体法构成电子商务的具体法律，电子商务程序法构成诉讼和司法内容，三者构成电子商务法律体系。

知识链接

《中华人民共和国电子商务法》

（一）《中华人民共和国电子商务法》

《中华人民共和国电子商务法》（以下简称《电子商务法》）是我国电子商务领域的基本法。2013 年 12 月 27 日，全国人民代表大会财政经济委员会召开电子商务法起草组成立暨第一次全体会议，标志着电子商务法立法工作的正式启动。历经全国人大常委会四次审议，2018 年 8 月 31 日，第十三届全国人民代表大会常务委员会第五次会议审议通过了《电子商务法》，自 2019 年 1 月 1 日起施行。

知识链接

《电子商务法》的八大亮点

《电子商务法》的立法目的是保障电子商务各方主体的合法权益，规范电子商务行为，维护市场秩序，促进电子商务持续健康发展。《电子商务法》分为七章，共八十九条，确立了电子商务经营者的相关责任义务，明确了电子合同的订立和履行，规范争议解决来保障消费者权益，促进引领全球电子商务发展，在责任条款的设置中力求体现罚当其则，妥善处理了保障权益、规范秩序和持续健康发展之间的关系。

（二）《中华人民共和国合同法》

1999 年的《中华人民共和国合同法》(以下简称《合同法》）将数据电文作为合同书面形式的一种，明确规定了电子合同与书面合同具有同等的法律效力，并对有关电子合同的订立过程及有关内容作了具体规定，这些规定有利于电子商务的实际操作。2021 年 1 月 1 日《中华人民共和国民法典》正式实施，《合同法》同时废止，相关内容见《民法典》第三编“合同”。

知识链接

《中华人民共和国电子签名法》

（三）《中华人民共和国电子签名法》

《中华人民共和国电子签名法》于 2004 年 8 月 28 日第十届全国人民代表大会常务委员会第十一次会议通过，自 2005 年 4 月 1 日起施行。此后，该法于 2015 年 4 月 24 日第十二届全国人民代表大会常务委员会第十四次会议第一次修正；于

2019年4月23日第十三届全国人民代表大会常务委员会第十次会议第二次修正。该法规范了电子签名行为，确立了电子签名的法律效力，是我国第一部真正意义上的电子商务法，是我国电子商务发展的里程碑。其颁布与实施对我国电子商务的发展有很大的推动和保障作用。

实例分享

某用户电子签名贷款抵赖，银行状告其如期还款

个体工商户邱某以电子签名的形式与上杭农商银行签订了“最高额借款合同”，申请支用3万元人民币，并约定了贷款利率。但一年后，邱某忽然停止支付利息，也没有归还本金。为此，上杭农商银行将邱某诉至法院。

北京数字认证股份有限公司为本案出具了电子签名验证报告，验证结果显示：数字证书颁发给了邱某，电子签名验证成功，电子协议在电子签名完成后没有发生改变。数字证书中记录的电子协议原文与用户ID数字摘要值，同所验证的电子协议原文与用户ID摘要值一致。邱某与上杭农商银行签订的合同中规定，借款人在本合同项下任何一笔贷款本金或利息逾期10日（含）以上，出借人有权解除合同。

法院经过调查后认为，邱某与上杭农商银行之间签订合同时，使用的电子签名为有效的签名，双方签订的合同成立。邱某逾期支付利息10日以上，上杭农商银行作为出借方有权解除合同，邱某应向上杭农商银行归还借款本金3万元并支付相应利息。

资料来源：佚名. 使用电子签名跟银行贷的款不作数？看完上杭这个案例你就明白了. 搜狐，2019-01-26.

思考讨论：

可靠的电子签名应该具备哪些条件？

（四）《中华人民共和国网络安全法》

《中华人民共和国网络安全法》（以下简称《网络安全法》）于2016年11月7日第十二届全国人民代表大会常务委员会第二十四次会议通过，自2017年6月1日起施行。该法是为了保障网络安全，维护网络空间主权和国家安全、社会公共利益，保护公民、法人和其他组织的合法权益，促进经济社会信息化健康发展而制定的。《网络安全法》适用于在中华人民共和国境内建设、运营、维护和使用网络的活动，以及对网络安全的监督管理，是保障电子商务安全的基本法。

（五）《中华人民共和国广告法》

《中华人民共和国广告法》（以下简称《广告法》）于1994年10月27日第八届全国人民代表大会常务委员会第十次会议通过，自1995年2月1日起施行。此后，该法于2015年4月24日第十二届全国人民代表大会常务委员会第十四次会议修订，自2015年9月1日施行。《广告法》旨在规范广告活动，保护消费者的合法权益，促进广告业的健康发展，维护社会经济秩序。广告不得含有虚假或者引人误解的内容，不得欺骗、误导消费者。

（六）《中华人民共和国消费者权益保护法》

《中华人民共和国消费者权益保护法》（以下简称《消费者权益保护法》）于1993年10月31日第八届全国人民代表大会常务委员会第四次会议通过，自1994年1月1日施行。2009年8月27日第十一届全国人民代表大会常务委员会第十次会议第一次修正；2013年10月25日第十二届全国人民代表大会常务委员会第五次会议第二次修正，自2014年3月15日施行。该法旨在保护消费者的合法权益，维护社会经济秩序，促进社会主义市场经济健康发展。该法调整的对象是为生活消费需要购买、使用商品或者接受服务的消费者和为消费者提供其生产、销售的商品或者提供服务的经营者之间的权利义务。

知识链接

网购的七天无理由退换货

（七）《中华人民共和国个人信息保护法》

《中华人民共和国个人信息保护法》（以下简称《个人信息保护法》）于2021年8月20日十三届全国人大常委会第三十次会议表决通过，自2021年11月1日起施行。《个人信息保护法》成为我国第一部专门规范个人信息保护的法律，对我国公民的个人信息权益保护以及各组织的数据隐私合规实践产生直接和深远的影响。各行业企业都应当梳理和审阅自身业务范围、网络和信息系统的安全、可处理数据的合法性、个人信息的隐私保护、组织结构的权限划分、管理制度是否合规等，逐步推进合规工作并适时落地。

（八）《电子认证服务管理办法》

为了规范电子认证服务行为，对电子认证服务提供者实施监督管理，中华人民共和国工业和信息化部制定了《电子认证服务管理办法》，于2009年2月18日公布。之后，根据2015年4月29日《工业和信息化部关于修改部分规章的决定》修订，自公布之日起施行。该办法旨在加强对认证活动的监管，防止虚假的认证活动对公众合法权益产生损害，导致社会信用危机。

（九）《非金融机构支付服务管理办法》

为促进支付服务市场健康发展，规范非金融机构支付服务行为，根据《中华人民共和国中国人民银行法》等法律法规，中国人民银行制定了《非金融机构支付服务管理办法》，于2010年6月14日公布，自2010年9月1日起施行，并于同年12月1日公布《非金融机构支付服务管理办法实施细则》。

（十）《网络交易管理办法》

2014年1月26日国家工商行政管理总局公布《网络交易管理办法》，自2014年3月15日起施行。该办法明确网络商品经营者和有关服务经营者的义务、网络商品交易及有关服务监督管理和法律责任，规范了网络商品交易及有关服务，保护消费者和经营者的合法权益。

（十一）《互联网信息服务管理办法》

《互联网信息服务管理办法》于2000年9月25日由国务院发布实施。为了规范互联网信息服务活动，该办法将互联网信息服务分为经营性和非经营性两类。从事经营性互联网信息服务，应当向省、自治区、直辖市电信管理机构或者国务院信息产业主管部门申请办理互联网信息服务增值电信业务经营许可证，即对经营性互联网信息服务采用许可制度；从事非经营性互联网信息服务，应当向省、自治区、直辖市电信管理机构或者国务院信息产业主管部门办理备案手续，即实行备案制。

知识链接

国外电子商务立法概况

实例分享

出售未成年人个人信息，侵害公共利益如何追究？

“我几乎每天都能接到陌生人的电话，全是推荐辅导班的……”小李是本案的未成年受害人，他的信息在网络上被泄露，纷至沓来的陌生电话让他不堪其扰。

2019年12月的一天，肖某在某网购平台购物时，被跳出的广告吸引：“邀请新用户得现金红包！”“秒注册，现金秒到账！”他以此为“商机”，利用黑网卡商提供的手机号注册未实名的新账号，在聊天软件中发布广告出售账号信息，赚取差价。为了拓宽销售渠道、扩大销售量，2020年3月，肖某跟朋友邓某共谋：肖某负责购买平台源码和他人个人信息，邓某负责注册成立网络工作室和建立网站，开设店铺售卖未实名的支付宝账户、他人姓名和身份证号等公民个人信息。不到半年时间，该平台出售公民个人信息96万余条，其中95万余条为未成年人个人信息，销售额高达47万余元。

个人信息的收集、使用和买卖已经形成黑灰产业链，严重侵扰公民生活安宁、破坏社会公共秩序、损害社会公共利益，成为电信网络诈骗、金融诈骗等多种犯罪的重要帮凶。2021年3月肖某被法院判处有期徒刑四年三个月，并处罚金11万元；邓某被判处有期徒刑四年，并处罚金6万元。该案除刑事犯罪外还可能危害不特定未成年人合法权益，要求二人承担赔偿损失、赔礼道歉的民事责任。

资料来源：佚名．建网站出售未成年人个人信息，半年卖了95万条！检方提起公益诉讼．快资讯，2022－02－17．

思考讨论：

我们应该如何提高网络安全意识，养成良好的网络安全习惯？

学有所思

电子商务技术的迅猛发展，电子商务模式的不断创新，给当今的法律体系带来新的挑战。我们应当如何建设合法的运营环境，维护电子商务的稳定发展？电商法律法规今后的发展方向是什么？

配套微课

任务三

电子商务的新技术支撑

任务前导学习单

<table>
<tr><td>项目名称</td><td>电子商务支撑体系</td><td>任务名称</td><td>电子商务的新技术支撑</td></tr>
<tr><td rowspan="3">任务目标</td><td>知识目标</td><td colspan="2">• 理解物联网、人工智能、大数据、云计算、VR 和 AR 新技术的概念。
• 掌握物联网、人工智能、大数据、云计算、VR 和 AR 等新技术在电子商务中的应用。</td></tr>
<tr><td>能力目标</td><td colspan="2">• 能够利用物联网等新技术解决电子商务发展中的问题。
• 能够设计电子商务发展新模式。</td></tr>
<tr><td>素质目标</td><td colspan="2">• 培养终身学习的意识、关注学科前沿的探索精神。
• 培养专业自信、创新思维和创造精神。</td></tr>
<tr><td>任务导入</td><td colspan="3">互联网的迅猛发展以及新兴技术的不断普及与应用，推动电子商务进一步发展。那么，新兴技术有哪些？它们是怎样与电子商务完美结合的？在新兴技术的支撑下，电子商务有哪些商业前景和发展方向？</td></tr>
<tr><td>任务分析</td><td colspan="3">新兴技术在电子商务中的应用，能够扩大电商的经济规模，发掘电子商务广阔的发展空间。我们需要了解物联网等新兴技术的主要概念和原理，探讨它们在电子商务领域中的应用和发展趋势。</td></tr>
<tr><td>任务准备</td><td colspan="3">• 收集身边发生的与新兴技术有关的资讯。
• 思考新兴技术对电子商务的发展有哪些作用。</td></tr>
</table>

任务知识充电站

“加快构建新发展格局，着力推动高质量发展”是全面建设社会主义现代化国家的首要任务，党的二十大报告中对此做了进一步阐述，认为新一代信息技术、人工智能等是推动高质量发展的一个增长引擎。为了推动电子商务高质量发展，优化电子商务活动，电子商务各环节也不断加强新兴技术、人工智能的应用。

一、云计算

（一）什么是云计算

云计算是分布式计算、并行计算、效用计算、网络存储、虚拟化、负载均衡和热备份冗余等传统计算机和网络技术发展融合的产物，是一种新兴的商业计算模型。云计算通过网络“云”将巨大的数据计算处理程序分解成无数个小程序，然后通过多部服务器组成的系统进行处理和分析这些小程序，得到结果并返回给用户。

云计算的系统可分为六个组成部分：基础设施、存储、平台、应用、服务和客户端。云计算是一种按使用量付费的模式。这种模式提供可用的、便捷的、按需的网络访问，进入可配置的计算资源共享池（资源包括网络、服务器、存储、应用软件、服务）。这些资源能够被快速提供，而用户只需投入很少的管理工作。

（二）云计算的服务形式

云计算的主要服务形式有基础设施即服务、平台即服务和软件即服务。

1. 基础设施即服务

基础设施即服务（infrastructure as a service，简称 IaaS）是把数据中心、基础设施等硬件资源通过 Web 分配给用户的商业模式。它将内存、I/O 设备、存储和计算能力整合成一个虚拟的资源池，为整个业界提供所需要的存储资源和虚拟化服务器等服务。IaaS 的优点是用户只需低成本硬件，按需租用相应计算能力和存储能力，大大降低了用户在硬件上的开销。提供 IaaS 的典型代表有阿里巴巴、腾讯、中国电信等。

2. 平台即服务

平台即服务（platform as a service，简称 PaaS）是指将软件研发的平台作为一种服务来提供给用户的商业模式。厂商提供开发环境、服务器平台、硬件资源等服务给客户，用户在其平台基础上定制开发自己的应用程序并通过其服务器和互联网传递给其他客户。PaaS 能够给企业或个人提供研发的中间件平台，提供应用程序开发、数据库、应用服务器、试验、托管及应用服务。PaaS 使得软件开发人员可以在不购买服务器等设备环境的情况下开发新的应用程序。提供 PaaS 的典型代表有新浪、百度、阿里云等。

3. 软件即服务

软件即服务（software as a service，简称 SaaS）是一种通过互联网提供软件的模式，用户无须购买软件，而是向提供商租用基于 Web 的软件的商业模式。SaaS 服务提供商将应用软件统一部署在自己的服务器上，用户根据需求通过互联网向厂商订购应用软件服务，服务提供商根据客户所定软件的数量、时间的长短等因素收费，并通过浏览器向客户提供软件。SaaS 模式大大降低了软件尤其是大型软件的使用成本，由于软件是托管在服务商的服务器上，因此减少了客户的管理维护成本，可靠性也更高。提供 SaaS 的典型代表有钉钉、用友和金蝶等。

实例分享

从去 IOE 到 CIPU，中国云计算要走出自己的路径

2022 年中，阿里云发布了自己的 CIPU。十年前的“去 IOE”和阿里云当下发布 CIPU 有很强的共同点：“因”是业务需求，“果”是实现技术突破，带动下一个技术阶段。去 IOE 是指阿里要用自研系统，替代 IBM、Oracle 和 EMC。去 IOE 并不是简单改变软件和硬件本身，而是用新的技术架构替代传统的 IT 技术和架构，这是一个自研架构体系的逐渐迭代。自研是一条“长征路”，因为创新没有参照。

但必须走这条路，因为能解决本质问题。

资料来源：宇婷. 从去IOE到CIPU，中国云计算要走出自己的路径. 观察者网，2022-07-20.

思考讨论：

为什么国家要大力倡导和要求自主研发？对此谈谈你的认识。

扫描二维码，了解更多案例信息。

二、大数据

（一）什么是大数据

大数据（big data或mega data）或称巨量数据、海量数据等，指的是所涉及的数据量规模巨大到无法在一定时间范围内用常规软件工具进行捕捉、管理和处理的数据集合，是需要新处理模式才能具有更强的决策力、洞察发现力和流程优化能力的海量、高增长率和多样化的信息资产。

（二）大数据的应用

大数据具有广阔的应用前景，涉及的行业很多，包括电商领域、金融领域、医疗领域、交通领域和安防领域等。大数据的应用是以大数据技术为基础，为各行各业或生产生活方面提供决策参考。电商领域是大数据应用最广泛的领域之一，大数据技术的应用，能实现电子商务的准确运营和管理活动，促进电子商务的可持续发展。

电子商务是一种与互联网紧密集成的商业模式，包含大量数据，如消费者个人消费数据、商业运营管理数据和商品数据。通过对消费者数据的统计、比较和分析，可以得出消费者的购买意向和消费习惯，构建用户画像，然后识别目标群体，预测消费者偏好，制订有针对性的营销计划。通过分析点击次数、转化率、回购率和产品评估，帮助商家分析和预测产品需求，识别客户和竞争者。运用大数据技术可以优化配送方案和分销模式，提高物流的及时性，提高购买者的满意度。

实例分享

运用大数据思维，高效应对疫情防控

在疫情防控工作中，厦门市思明区政府用高科技武装自己，将云服务、大数据等科学技术变为应对疫情的有力武器，在疫情追踪溯源、路径传播、发展模型预测、资源调配等领域加以广泛应用。

2020年1月下旬，区政府开发健康管理平台，进一步提高基层社区疫情防控工作效率。利用该平台，辖区内居民及返程人员都可进行个人健康申报，支持单账号为家庭成员登记信息。同时群众了解到周边疫情相关线索后，可针对身边可能存在的疫情隐患或违规行为联系社区街道上报，协助及时排查疫情隐患、遏制哄抬物价等违规行为。为了防止瞒报漏报以及基层工作人员的疏漏，健康平台在填报时需要获取手机的位置信息，并由基层人员拍照留存。同时，平台在信息采集端采用了大数据思维，填报信息严格采用省级统一表格，提高数据的标准度，以便支撑区域大数据平台。

资料来源：佚名. 让大数据为疫情预警，大数据在疾控应用中的方方面面. 健康界，2020-03-13.

思考讨论：

我们应该如何应对大数据技术涉及的个人隐私问题？

扫描二维码，了解更多案例信息。

三、物联网

（一）什么是物联网

物联网技术（internet of things）起源于传媒领域，是信息科技产业的第三次革命。物联网是指通过信息传感设备，按约定的协议，将任何物体与网络相连接，物体通过信息传播媒介进行信息交换和通信，以实现智能化识别、定位、跟踪、监管等功能。

简单来说，物联网技术就是把感应器嵌入和装备到各种物体中，然后将物联网与现有的互联网整合，实现人类社会与物理系统的整合。在这个整合的网络当中，存在能力超级强大的中心计算机群，能够对整合网络内的人员、机器、设备和基础设施进行实时的管理和控制。在此基础上，人类能够以更加精细和动态的方式管理生产和生活，达到“智慧”状态。通过物联网技术，提高资源利用率和生产力水平，改善人与自然间的关系。

（二）物联网的应用

物联网稳步发展，呈现出良好的发展态势。物联网应用主要包括智能家居、智能穿戴、智能交通、智能医疗和智慧城市等。在电子商务体系中，物联网的应用也非常广泛，包括产品的生产、仓储和物流配送等方面。

物联网技术能够完善产品的质量监控，根据产品 EPC 标签可以查询到产品从原材料到成品再到销售的整个过程，使得消费者对网络商品质量问题的疑虑得到有效解决。物联网技术可以改善供应链管理，企业可以对每一件产品在物流体系中进行实时监控，还可以对产品在供应链各阶段的信息进行分析和预测。物联网技术能提升物流服务质量，可以通过物品标识和定位技术，实现对包裹的实时跟踪，及时发现物流过程中出现的问题，切实提高消费者购物的满意度。

实例分享

物美超市的物联网“黑科技”

2022 年，物美投入使用“生鲜智能秤”，只要把商品放在称重台上，内置摄像头可自动识别商品，在屏幕上显示商品信息，并立刻打印出价签，称重速度比以前快了 2～3 倍。同样节省顾客时间的还有物美的“银线智能监测”系统，该系统可实时监测银线排队情况，当排队超时后，系统会自动推送报警信息给相关负责人，帮助门店快速缓解排队情况。该系统还能预测下一个小时门店的排队人数，及时通知门店增开银线，避免出现排队情况。此外，物美全新升级的二代智能购物车具备高度模块化、支持多点等多种支付方式、扫码识别精准快速等诸多优点，顾客可直接在购物车上的屏幕中领取并使用优惠券，实时结算，让顾客拥有高效便捷的购物体验。

物联网赋能实体经济数字化升级、智能化改造、包容性发展。推动物联网技术在零售行业的应用和普及，让决策更智能、流程更精简、场景更全面，让消费者真正感受到数智化带来的高效和便捷，真正做到民生为本、便民为民。

资料来源：佚名．您身边的物美，又有了这些物联网“黑科技”．凤凰网，2022-07-19.

思考讨论：

物联网技术在日常生活中能为我们提供哪些便利？

扫描二维码，了解更多案例信息。

四、人工智能

（一）什么是人工智能

人工智能（artificial intelligence，简称 AI）也称机器智能，是指由人制造出来的机器所表现出来的智能。它是研究、开发用于模拟、延伸和扩展人的智能的理论、方法、技术及应用系统的一门新的技术科学。该领域的研究包括机器人、语言识别、图像识别、自然语言处理和专家系统等。

（二）人工智能的应用

随着数字经济的蓬勃发展，人工智能已经越来越多地渗透到我们的工作和生活中。近年来，电子商务行业日新月异，人工智能的产生为电子商务进一步的发展开辟了新的思路和模式。目前人工智能在电子商务领域的应用主要体现在以下几个方面。

1. 智能客服机器人

智能客服机器人融合了机器学习、大数据、自然语言处理、语义分析和理解等人工智能技术，主要功能是对顾客发送的文本、图片、语音进行识别，能够对简单的语音指令进行响应。智能客服机器人可以有效减少人工成本的投入，替代人工客服回复重复性问题，提升对客户的服务质量，优化顾客的体验。

2. 智能推荐引擎

智能推荐引擎是基于深度学习算法的推荐系统。在海量数据的基础上分析消费者日常搜索、浏览与购买行为，预测哪些产品可能会引起消费者的购买欲望，并将其推送到消费者个人页面，帮助消费者快速找到所需要的产品，提升购物体验，同时也可以挖掘消费者的潜在需求，增加销售机会。

3. 图片智能搜索

消费者的需求与电商平台展示的商品是通过搜索环节联系起来的，但是消费者通过文本检索很难直接找到他们想要的商品。通过计算机视觉与深度学习技术，消费者只需要将感兴趣的商品拍摄上传，利用人工智能技术分析图片中产品的特征，就可以为消费者推荐同款或相似类型的产品。图片智能搜索不仅大大缩短了消费者的搜索时间，也提高了搜索的准确性，消费者的体验感更佳。

4. 货物智能分拣

随着电商行业的不断发展，我国物流行业的配送需求迅速增长。单凭传统的人工分拣无法快速、准确地实现分拣任务，影响了物流配送效率与服务质量。人工智能的发展促进了智能分拣机器人的出现，智能机器人分拣不仅灵活性高、适应性强、成本低，还能使得货物分拣更加及时、准确，在分拣的过程中还能科学减少货物的搬运次数，使得货物安全性和完整性更有保障。

5. 智慧物流

智慧物流是指通过智能软硬件、物联网、大数据等智慧化技术手段，实现物流各环节精细化、动态化、可视化管理，提高物流系统智能化分析决策和物流运作效率的现代化物流模式。面对快速变化的需求和竞争市场，准确预测库存对商家的经营至关重要。智能物流可以帮助商家更好地管理货物的仓储，大大提高服务质量和运营效率。人工智能和深度学习的算法可以分析出影响产品库存数量与周转时间的主要因素，同时随着时间的推移，机器学习模型会变得更加智能，使得对库存的预测更加准确。

实例分享

AI 手语主播“聆语”助力无障碍信息传播

随着北京冬奥会的落幕，央视频 AI 手语主播“聆语”被大家所熟知，让处于无声世界中的特殊人群也能感受到中国举办冰雪赛事的盛况，进一步提升听障人士的观赛体验。“聆语”是由腾讯云小微联合 PCG AI 等技术团队共同打造的，整合了多模态交互技术、3D 数字人建模、机器翻译、语音识别和自然语言理解等技术，手语表达能力接近真人。

2021 年 10 月，国家新闻出版广电总局在《广播电视和网络视听“十四五”科技发展规划》中首次明确指出，要推动虚拟主播、动画手语广泛应用于新闻播报、天气预报、综艺科教等节目生产，创新节目形态，提高制播效率和智能化水平。

资料来源：佚名. 腾讯 3D 手语数智人“聆语”上线央视频，见证中国队获 2 000 米混合接力冠军. 比特网，2022-02-06.

思考讨论：

人工智能是否需要遵循道德准则？谈谈你的看法。

扫描二维码，了解更多案例信息。

五、VR 和 AR

（一）什么是 VR、AR

1. VR 的概念

虚拟现实（virtual reality，简称 VR）又称虚拟实境或灵境技术，它是以计算机技术为主，利用并综合三维图形技术、多媒体技术、仿真技术、显示技术、伺服技术等多种高科技的最新发展成果，借助计算机等设备产生一个逼真的三维视觉、触觉、嗅觉等多种感官体验的虚拟世界，从而使处于虚拟世界中的人产生一种身临其境的感觉。

2. AR 的概念

增强现实（augmented reality，简称 AR）又称扩增现实，是一种将虚拟信息与真实世界巧妙融合的技术，广泛运用了多媒体、三维建模、实时跟踪及注册、智能交互、传感等多种技术手段，将计算机生成的文字、图像、三维模型、音乐、视频等虚拟信息模拟仿真后，应用到真实世界中，两种信息互为补充，从而实现对真实世界的“增强”。

（二）VR 和 AR 的应用

VR 和 AR 技术在很多方面都有着广泛的应用，涉及商业、娱乐、教育、医疗、建筑、设计和军事等各个领域，正在改变着我们的生活。通过 AR 和 VR 技术，可以构建线上、线下同步的使用场景，电子商务商家可以为消费者提供更为真实的体验，也推动电子商务的进一步发展。利用 VR 技术能够对现实商场进行仿真模拟，构建符合现实商场构造的“虚拟商场”，以最真实的情景还原商品的全部信息。消费者可以通过不同的交互操作从各个视角观察商品，可以更加详细地查看商品的各种特征，给消费者极大的观察空间和自由。消费者通过 AR 技术可以替代模特亲自完成试衣，从自己最真实的角度感受商品，从而挑选到自己真正满意的商品。VR 和 AR 技术为商品提供了更多的展现方式，使消费者沉浸在虚拟购物环境中，对商品进行全方位的挑选与感受，不仅降低了商家的成本，更提高了消费者的满意度和交易的成功率。

实例分享

中国电信 5G+AR 助力北京玉渊潭公园夏日“云赏樱”

2021 年 10 月，玉渊潭公园携手中国电信北京公司上线 5G+AR 智慧场景游览体验应用。游客可使用小程序扫描二维码，加载樱花盛开虚拟场景，还可以召唤公园文创人物“小樱”对园内翠鸟、荷花、黄菖蒲等特色动植物进行细致生动的科普讲解。游客在炎炎夏日里也能身临其境地感受“樱白似雪，落英缤纷”的盛景，与家人朋友一起“穿越”花海，诗意“云”行。

中国电信将持续在“智能 + 旅游”领域发力，以云、5G 为底座，聚焦文旅体融合，特别是在全域旅游、智慧景区、数字文博、旅游大数据等航道上，加大对数字化平台、5G+ 行业应用等行业共性需求以及元宇宙、数字藏品、XR、数字孪生等前沿技术的自主研发及应用，为文旅行业注智赋能。

资料来源：佚名. 中国电信 5G+AR 穿越时空，北京玉渊潭公园开启夏日“云赏樱”模式. 新浪，2022-07-14.

思考讨论：

如何更好地推动 VR 和 AR 技术的普及？

扫描二维码，了解更多案例信息。

学有所思

云计算、物联网、大数据、人工智能、VR 和 AR 等新兴技术还广泛应用于哪些领域？我们应该如何提升自己的专业技能，为国家的发展贡献力量？

知识巩固与技能提升

一、单项选择题

1. 完整的电子商务系统包括网络、电子商务交易者、（　　）、网上银行和物流配送中心。

A. 安全协议　　B. 认证中心　　C. 防火墙　　D. 数字证书

2. 我国《电子商务法》于（　　）开始执行。

A. 2018 年 7 月 1 日　　B. 2018 年 8 月 31 日

C. 2018 年 9 月 1 日　　D. 2019 年 1 月 1 日

3. 我国《电子商务法》的调整对象是（　　）。

A. 商家与消费者之间的服务关系

B. 电子商务交易活动中发生的各种社会关系

C. 实体社会中的各种商事活动

D. 企业与员工之间的劳务关系

4. 电子商务经营者的下列行为中，侵犯了消费者合法权益的是（　　）。

A. 某旅行 App 在出售机票时，将退票险和延误险列为可选择搭售产品，由消费者自行勾选购买

B. 某电商平台根据“网络购买商品七日无理由退货”的相关规定制定了平台协议

C. 某购物网站为卖家提供后台屏蔽差评的功能

D. 某社交 App 在读取用户设备通讯录时，弹出对话框请求用户的同意

5. 违反国家有关规定，将在履行职责或者提供服务过程中获得的公民个人信息出售或者提供给他人的，应当承担（　　）责任。

A. 行政　　B. 民事赔偿　　C. 刑事　　D. 罚款

6. 第三次信息科学技术革命指的是（　　）。

A. 互联网　　B. 物联网　　C. 智慧地球　　D. 感知中国

7. 将平台作为服务的云计算服务的是（　　）。

A. IaaS　　B. PaaS　　C. SaaS　　D. 以上都不是

8. 增强现实的英文名称是（　　）。

A. virtual reality　　B. augmented reality

C. mixed reality　　D. 以上都不是

9. 大数据最显著的特征是（　　）。

A. 数据规模大　　B. 数据类型多样

C. 数据处理速度快　　D. 数据价值密度高

10. 家用扫地机器人具有自动避障、自动清扫的功能，这主要体现了（　　）。

A. 数据管理技术　　B. 人工智能技术

C. 现实增强技术　　D. 多媒体技术

二、简答题

1. 电子商务的组成要素有哪些？
2. 电子商务法的主要作用是什么？
3. 简述我国电子商务法律体系的主要内容。
4. 物联网有哪些关键技术？
5. 人工智能在电子商务领域有哪些应用？

三、技能训练题

1. 学习我国电子商务相关的法律法规，分析应该如何用法律保护消费者的合法权益，并通过案例来说明。

2. 学习我国关于新兴技术的支持政策，了解新兴技术在电子商务领域的最新应用。

03

项目三

电子商务安全

- 任务一　电子商务安全认知
- 任务二　电子商务安全技术探析
- 任务三　电子商务安全管理认识

项目框架图

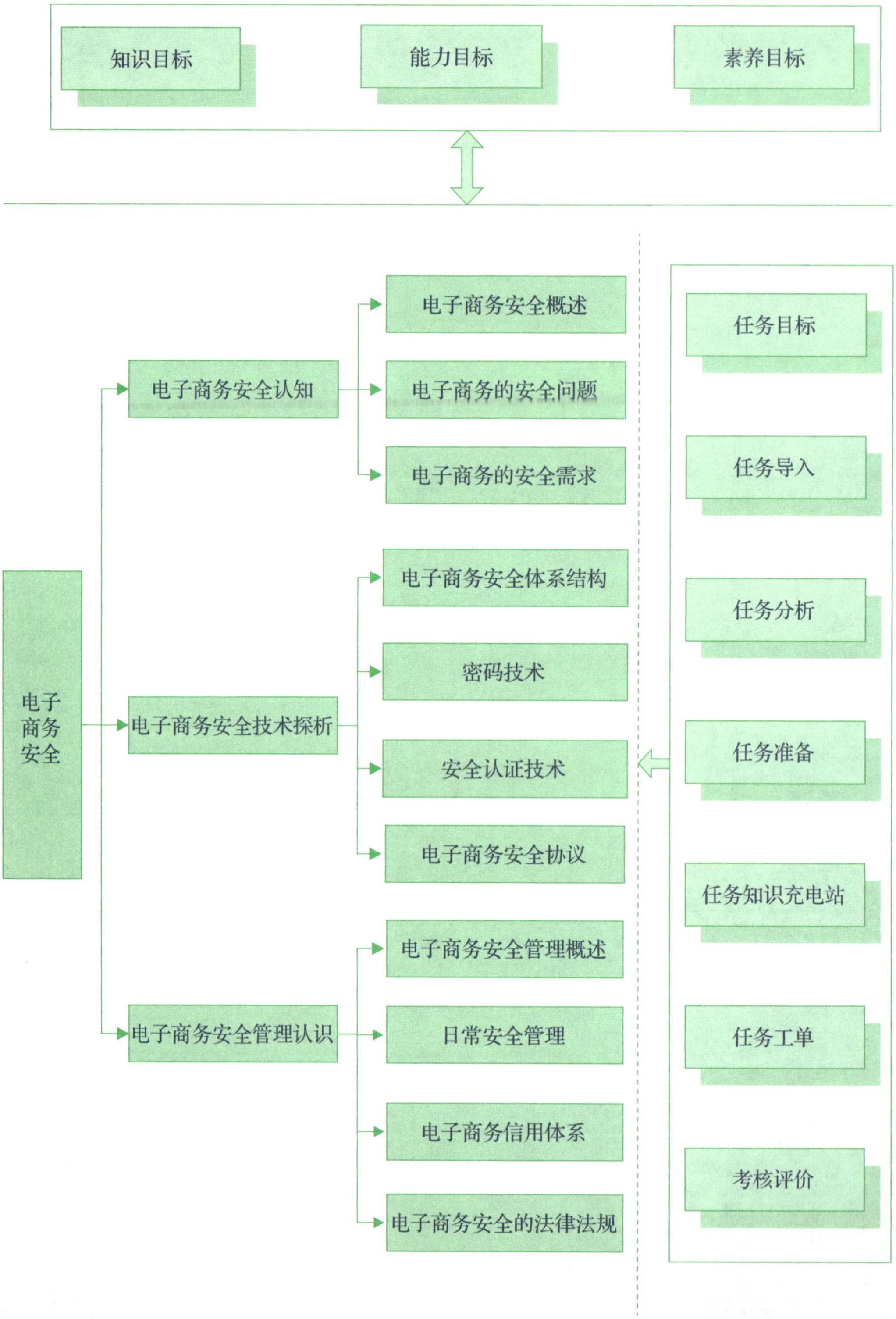
知识目标
能力目标
素养目标
电子商务安全
电子商务安全认知
电子商务安全概述
电子商务的安全问题
电子商务的安全需求
电子商务安全技术探析
电子商务安全体系结构
密码技术
安全认证技术
电子商务安全协议
电子商务安全管理认识
电子商务安全管理概述
日常安全管理
电子商务信用体系
电子商务安全的法律法规
任务目标
任务导入
任务分析
任务准备
任务知识充电站
任务工单
考核评价

任务一

电子商务安全认知

配套微课

任务前导学习单

项目名称	电子商务安全	任务名称	电子商务安全认知
任务目标	知识目标	• 熟悉电子商务安全的威胁。 • 掌握电子商务安全的要求。	
	能力目标	• 能够识别电子商务安全威胁。 • 能够明确电子商务安全需求。	
	素养目标	• 提高安全防范意识，培养良好的安全管理习惯。 • 培养风险认知能力和责任担当意识。	
任务导入	电子商务作为一种新的经济形式正改变着社会生活的各个方面。随着电子商务应用的普及，安全问题成为其发展的重要课题。一方面，互联网推动人类社会进入网络经济时代，使电子商务成为一种新的经济形式，繁荣了社会经济；另一方面，互联网的开放性、共享性使电子商务面临多种风险和威胁。		
任务分析	电子商务采用先进的电子技术高效、便捷、低成本地开展各种业务活动，从而实现利润的最大化。电子商务系统是一个社会化的系统工程，它的环境由社会环境、IT 基础设施、电子商务服务和电子商务应用构成。在客户端—互联网—服务器构成的电子商务链中，每个环节都存在风险和威胁。我们应熟悉日常遇到的各种安全问题，明确电子商务的各种安全需求。		
任务准备	• 观察自己看到或遇到的哪些问题属于电子商务安全范畴。 • 根据遇到的电子商务安全问题，思考电子商务的各种安全需求。		

任务知识充电站

一、电子商务安全概述

党的二十大报告中多次提到安全问题，提出网络是安全保障体系的组成部分，也是健全国家安全体系的重要环节，明确提到“健全网络综合治理体系，推动形成良好网络生态”。电子商务在利用网络来传输和处理商业信息时，必然会面临计算机网络安全和商务交易安全。

计算机网络安全的内容包括计算机网络设备安全、计算机网络系统安全和数据库存储安全等。其特征是针对计算机网络本身可能存在的安全问题，通过实施安全监控和防范等安全方案，来保证计算机网络自身的安全性。

商务交易安全指的是传统商务在互联网上实现时产生的各种安全问题，在计算机网络安全的基础上，保证电子商务的顺利开展。

实例分享

网络安全问题不容忽视

截至 2022 年 12 月，网络安全问题中，网民遭遇个人信息泄露的比例最高，为 19.6%；遭遇网络诈骗的比例为 16.4%；遭遇设备中病毒或木马的比例为 9%；遭遇账号或密码被盗的比例为 5.6%。通过对遭遇网络诈骗网民的进一步调查发现，虚拟中奖信息诈骗仍是网民最常遭遇的网络诈骗类型，占比为 44%，遭遇网络购物诈骗的比例为 33.9%，遭遇网络兼职诈骗的比例为 27.9%，遭遇冒充好友诈骗的比例为 25.5%，遭遇钓鱼网站诈骗的比例为 24.5%，遭遇利用虚假招工信息诈骗的比例为 19.5%。

2022 年上半年，中国电信、中国移动和中国联通总计监测发现分布式拒绝服务攻击 316 542 件；工业和信息化部网络安全威胁和漏洞信息共享平台总计接报网络安全事件 15 654 件；全国各级网络举报部门共受理举报 8 601.4 万件。

资料来源：第 51 次中国互联网络发展状况统计报告. 中国互联网络信息中心，2023-03-02.

思考讨论：

在电子商务交易过程中，用户可能遇到哪些安全问题？如何更好地提高电子商务环境的安全性？

二、电子商务的安全问题

（一）网络系统的安全问题

网络系统的安全问题包括物理实体的安全问题、计算机操作系统的安全漏洞、网络协议的安全缺陷、黑客的恶意攻击、计算机病毒的危害以及网络安全设备或软件的使用不当等。

（二）交易信息传输的安全问题

交易信息传输的安全问题，是指在进行网上交易时，传输的信息被非法窃取、篡改、丢失或信息失真，导致网上交易过程中产生不必要的损失。主要包括冒名窃取、篡改数据、信息丢失、信息破坏和信息伪造等。

（三）网上交易管理的安全问题

除了不断更新安全技术，也需要靠管理或其他方法来防范风险。网上交易管理存在较多问题，包括交易流程管理问题、人员管理问题、交易技术管理问题和安全法律法规问题等。

（四）电子商务信用的安全问题

信用是基于买卖双方的信义。在虚拟的电子商务交易中，伪造、抵赖、逃债等现象时有发生。在电子商务交易中存在的信用问题，包括买方的信用问题、卖方的信用问题和买卖双方都存在的信用问题。

（五）电子商务支付的安全问题

在网络环境下的网上支付过程中，存在较多安全问题，如被他人窃取账户信息、向经过授权的支付系统参与方发送伪造信息来盗用财产、不诚实的支付系统、滥用支付交易信息等。

实例分享

不可不防的 Wi-Fi App 陷阱

2022 年“3·15”晚会首次设立了“3·15 信息安全实验室”，安全实验室环节曝出免费 Wi-Fi App 陷阱。20 余款打着免费 Wi-Fi 旗号的 App 被测试，结果发现不但免费 Wi-Fi 无法点开，而且一旦用户被诱导点击，没有任何提示，广告链接中的应用程序就会自动安装到手机里。最终，用户想要的免费 Wi-Fi 没用上，手机里却多了一堆应用程序，这类免费 Wi-Fi App 还会在后台大量收集用户信息。

资料来源：佚名．315 晚会网络安全案例大盘点．搜狐，2022-03-16.

思考讨论：

你是否遇到过类似的网络危害？这属于什么安全问题？

扫描二维码，了解更多案例信息。

三、电子商务的安全需求

（一）数据的保密性

保密性也称机密性，要求信息不被泄露给未获授权的个人或实体。电子商务作为一种新兴的交易手段，其所有的数据传输都是建立在开放的互联网环境基础上的，其信息会涉及个人、企业或国家的商业机密，因此保证信息在公共网络环境中的保密性，要预防信息的非法存取和信息在传输过程中被非法窃取，维护商业机密是电子商务全面推广、应用的重要保障。

（二）数据的完整性

数据的完整性要求保护数据，防止未经授权的增删、修改或替代，保证数据的一致性。由于数据输入时的意外差错或欺诈行为，可能导致贸易各方信息的差异。此外，数据传输过程中信息的丢失、重复或信息差错等也会导致贸易各方信息的不同。贸易各方信息的完整性将影响贸易各方的交易和经营策略，保证贸易各方信息的完整性是电子商务应用的基础。因此，要预防对信息的随意生成、修改和删除，同时要防止在数据传送过程中信息的丢失和重复，并保证信息传送次序的统一。

课堂讨论

表 3-1 中哪些涉及电子商务数据的完整性？请在你认为涉及电子商务数据的完整性的选项后打钩。

表 3－1　电子商务数据的完整性的判断

项目	是否涉及电子商务数据的完整性	项目	是否涉及电子商务数据的完整性
信息传输时被他人破坏		信息传输时被伪造重发	
信息传输时被他人查看		用户被他人伪造数字签名	
信息传输时被他人修改		信息被窃取造成丢失	

（三）身份真实性

身份真实性是指要求电子商务系统能对信息、交易实体的真实性进行鉴别。因为电子商务环境中的交易双方互不谋面，并且以电子形式进行传输、存储和处理，如何保证这种电子形式贸易信息的真实性是开展电子商务的前提。

（四）不可抵赖性

不可抵赖性要求电子商务系统能建立有效的责任机制，防止实体否认其行为。确定要进行电子商务交易的贸易方正是所期望的对象，是保证电子商务顺利进行的关键。在无纸化的电子商务方式下，无法通过手写签名和印章进行贸易方的鉴别。因此，要在交易信息的传输过程中为参与交易的个人、企业提供可靠的标识，以保证发送方发送数据后及接收方接收数据后都不能抵赖。

实例分享

保证用户隐私，促进便民举措

2022 年 3 月 26 日，上海开始在非重点区域有组织地开展抗原检测。中国信通院上海工创中心相关人士介绍，在上海市经信委的技术指导下，中国信通院上海工创中心借助新一代的信息技术手段，以数字化赋能防疫，同期推出新冠抗原试剂盒检测大数据平台“疫测达”。市民本着自愿、安全的原则，在疫测达平台录入检测结果，做到快速录入，随时可查。“疫测达”主要服务基层社区和企业，辅助社区和企业形成疫情监控闭环管理，系统性支撑相关部门决策疫情防控部署与疫情监测。“疫测达”已有相关隐私协议政策，并使用网络防火墙、加密技术等手段保证数据传输和存储安全。

资料来源：吴卫群，李晔．抗原检测结果可上传至“疫测达”小程序，它有网络防火墙、加密技术等安全手段．新浪，2022-03-27.

思考讨论：

网络安全技术能为我们解决哪些安全威胁？

（五）可靠性

可靠性要求电子商务系统要保证合法用户在对信息资源进行使用时，不会遭到不正当拒绝。比如防止因计算机失效、程序错误、传输错误、自然灾害等引起的计算机信息失效或失误。要对硬件故障、网络故障、系统软件错误、应用程序错误、操作错误及计算机病毒所产生的潜在威胁加以控制和预防，以保证贸易数据存储在介质上是可靠的。

拓展学习

未成年人互联网使用呈现新的特点，网络保护机制逐步建立。扫描二维码，了解相关信息。

学有所思

近年来网络诈骗瞄准的对象越来越低龄化，我们应如何提高青少年的网络安全意识，为其营造良好的网络环境？还应该做好哪些防范和保障？

配套微课

任务二

电子商务安全技术探析

任务前导学习单

项目名称	电子商务安全	任务名称	电子商务安全技术探析
任务目标	知识目标	• 了解网络安全技术的主要内容和应用。 • 熟悉电子商务安全体系结构。 • 理解数据加密技术、安全认证技术的主要原理和作用。 • 理解安全协议的主要原理和作用。	
	能力目标	• 能够识别电子商务安全风险。 • 能够防范电子商务安全风险。	
	素养目标	• 提高安全防范意识和责任担当意识。 • 树立风险意识和正确的价值观。	
任务导入	随着“互联网 +”和数字经济的深入推进，电子商务迎来新的机遇。全球化为电子商务发展创造了需求，经济与社会结构变革为电子商务拓宽了空间，我国电子商务步入规模持续增长、结构不断优化、活力持续增强的新发展阶段。电子商务发展与电子商务交易安全是密不可分的，两者相辅相成、缺一不可。		
任务分析	电子商务发展的核心和关键问题是交易的安全性，没有电子商务安全技术作为基础，电子商务交易就犹如空中楼阁，无从谈起。这是网上交易的基础，也是电子商务技术的难点所在。为真正实现电子商务安全，保证交易的安全可靠，需明确电子商务的各种安全技术的主要内容和作用。		
任务准备	• 根据电子商务的安全需求，思考电子商务安全技术的主要作用。 • 搜集近年来电子商务安全的相关事件，探讨安全技术的发展方向。		

任务知识充电站

一、电子商务安全体系结构

为了提高电子商务活动的安全性，必须有一套有效的安全机制，来实现电子商务交易中数据的保密性、完整性、身份真实、不可否认性和可靠性，这就是电子商务安全体系结构，如图 3-1 所示。它包括网络安全技术、密码技术、安全认证技术、电子商务安全协议、电子商务应用系统等几个层次。

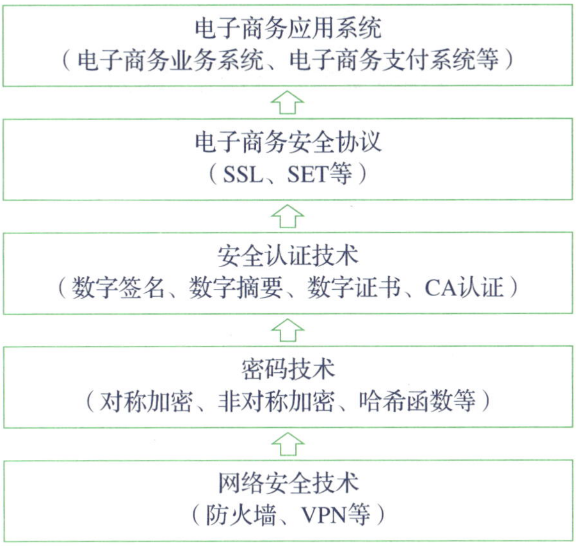

图 3-1　电子商务安全体系结构

课堂讨论

结合学过的电子商务安全需求的定义，思考和讨论解决该安全需求的安全技术，并填写在表 3-2 中。

表 3-2　电子商务安全需求与安全技术

安全需求	列举案例	安全技术
保密性		
完整性		
身份真实性		
不可否认性		
可靠性		

二、密码技术

（一）密码学概述

为保证数据和交易的安全，防止欺骗，确认交易双方的真实身份，电子商务必须采用加密技术。密码学分为两类：密码编码学和密码分析学。密码编码学是研究如何设计出安全的密码体制，防止被破译；密码分析学是研究如何破译密文。密码学就是在破译和反破译的过程中发展起来的。密码学经历了三个阶段：古典密码学、近代密码学和现代密码学。现代密码学是网络空间安全的理论支撑，它的重要性不言而喻。

知识链接

密码学发展的重要里程碑

知识链接

古典密码学

拓展学习

扫描二维码查看《密码学小故事》，想想自己熟悉的中国密码故事，感受发展的力量，培养民族自豪感。

加密技术是一种主动的信息安全防范措施，它是通过使用加密算法和密钥来保障数据的安全性。其原理是利用一定的加密算法，将明文转换成为密文，阻止非法用户理解原始数据，从而确保数据的保密性。加密算法中使用的参数称为密钥 K，包括加密密钥 Ke 和解密密钥 Kd。加密的一个重要特征是，即使知道加密的方法，没有密钥也无法解开加密的消息。一串欲加密的数据称为明文 M，明文经过某种加密算法作用后转换成密文 C，我们将明文转换为密文的这一过程称为加密 C=E（M，Ke）；将密文经解密算法作用后形成明文输出的这一过程称为解密 M=D（C，Kd）。数据加密模型如图 3－2 所示。

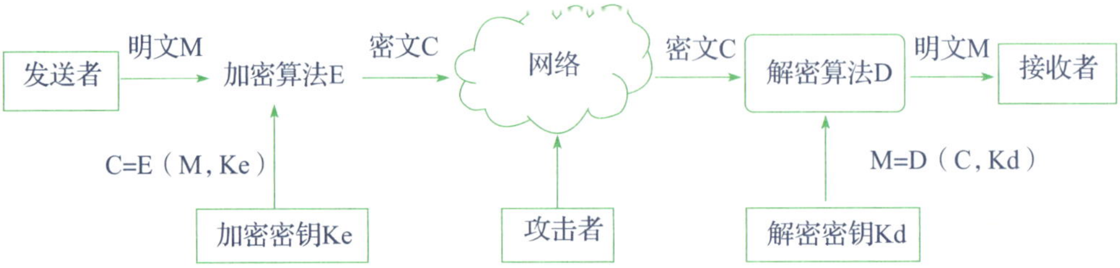

图 3－2　数据加密模型图

实例分享

中国的密码学推动世界密码学的发展

哈希函数是大多数密码应用及系统的核心，比如实现数据完整性验证以及认证，用于数字签名、安全套接层（SSL）、信息完整性、区块链等。中国科学院院士王小云教授提出了一系列针对密码哈希函数的强大的密码分析方法，特别是模差分比特分析法。一个哈希函数的破解可以导致众多基于哈希函数的密码系统被破解。她的方法攻破了多个以前被普遍认为是安全的密码哈希函数标准，并变革了如何分析和设计新一代密码哈希函数标准。比如当年俄罗斯安全专家发现了一种采用选择前缀 MD5 碰撞攻击的新变体伪造证书，主体路线就是使用王小云等人给出的路线的火焰病毒。美国计算机应急小组认为碰撞算法让现有的计算机系统均遭遇风险，NIST 启动新的杂凑函数标准 SHA-3 设计。王小云教授的工作推动并帮助了新一代密码哈希函数标准的设计。

资料来源：佚名．2019 未来科学大奖迎来首位女性获奖者．百家号，2019-09-07.

思考讨论：

科技进步带来安全也带来风险，不法分子利用密码分析学的成果危害他人利益，你如何看待这个现象？我们应该如何加强防范和保障？

扫描二维码，了解更多案例信息。

加密的保密性取决于加密所用密钥的长度，密钥长度越长，密钥的空间就越大，采用穷举法遍历密钥空间所花的时间就越多，破译的可能性就越小。按照密钥方式划分，根据加密密钥和解密密钥是否相同，可分为对称密钥系统和非对称密钥系统。

（二）对称密钥系统

对称密钥系统，又称单密钥系统或秘密密钥系统，是指在对信息的加密和解密过程中使用相同的密钥。对称密钥系统的安全性依赖于两个因素：第一，加密算法必须足够强大，仅仅基于密文本身去解密信息在实践上是不可能的；第二，加密方法的安全性依赖于密钥的秘密性，而不是算法的秘密性。对称加密、解密模型图如图 3－3 所示。主要代表有 DES、3DES、AES 等。

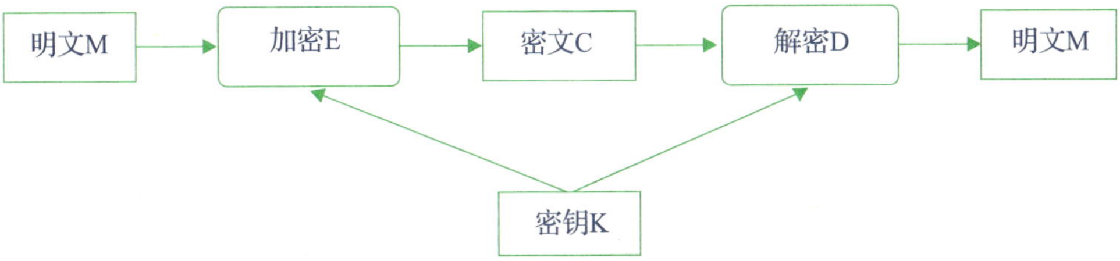

图 3－3 对称加密、解密模型图

对称密钥系统的优点是算法简单，加密和解密的速度比较快，适合于大容量数据的加密，加密效率高；缺点在于密钥管理困难。对称加密是基于共同保守秘密来实现的，采用对称加密技术的贸易双方必须保证采用的是相同的密钥，保证彼此密钥的交换是安全可靠的，同时还要设定防止密钥泄露或更改密钥的程序。在发送、接收数据之前，必须完成密钥的分发，是加密系统中风险最大的环节。再者，对称加密算法需要太多密钥，如具有 n 个用户的网络，需要 $n(n-1)/2$ 个密钥。所需的密钥数量庞大，分发和管理非常复杂、代价高昂。最后，对称加密算法也无法实现数字签名和身份验证等需求。

（三）非对称密钥系统

针对对称密钥算法的缺点，1976 年产生了非对称密钥加密算法，也称双钥密码系统或公开密钥密码系统。非对称密钥加密算法是指在对信息的加密和解密过程中使用不同的密钥。比较流行的加密算法主要有两大类：基于大整数因子难分解的思想和基于离散对数问题的思想。主要代表有 RSA 算法、Diffie-Hellman 密钥交换技术、ELGamal（厄格玛尔）算法、椭圆曲线密码（ECC）等。

公钥密码系统中，每个用户保留两个不同的密钥：一个是公开密钥（简称公钥，PK)，一个是私有密钥（简称私钥，SK)。用其中一个密钥加密的信息只能用另一个密钥才能解密，并且在算法上保证从公钥无法推导出私钥。私钥用于解密和签名，公钥用于加密和认证。例如：如果甲要给乙发送一个明文，甲用乙的公钥将明文加密形成密文后发出，乙收到甲发送的密文后用乙的私钥将其解密，别人即使中途截取了密文，也因为没有乙的私钥而无法解密，从而更好地保证了信息的保密性。如果甲给乙发送一个文件，用甲的私钥加密签名，乙收到甲发送的文件和签名后，只能用甲的公钥才能解开，验证了甲的身份，更好地起到了身份认证的作用。非对称加密、解密模型图如图 3－4 所示。

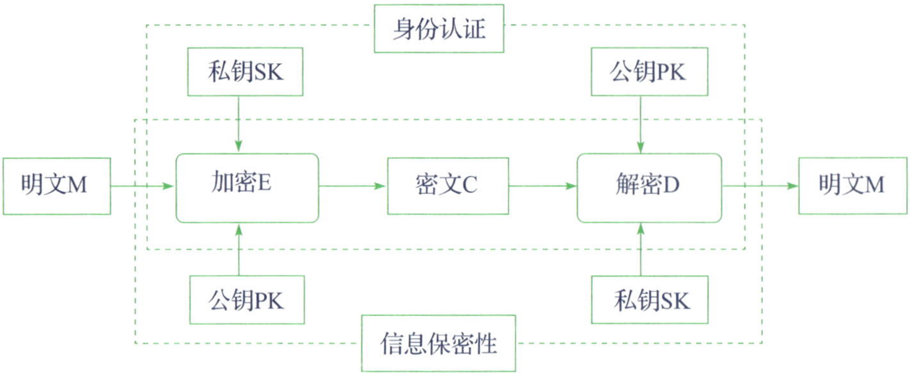

图 3－4　非对称加密、解密模型图

非对称加密系统的优点是密钥少，管理方便，对于具有 n 个用户的网络，只需要 $2n$ 个密钥；能较好地解决密钥分发的问题，还能满足数字签名和身份验证的要求。缺点是非对称密钥加密的算法复杂，加密速度较慢，不适合对数据量较大的报文进行加密，效率较低。非对称加密主要用于数字签名和密钥分配。

课堂讨论

学习对称密钥系统和非对称密钥系统的内容，总结并对比两者的优缺点和适用的主要情况，将结果填在表 3－3 中。

表 3－3　对称密钥和非对称密钥系统的比较

类型	优点	缺点	适用需求
对称密钥加密			
非对称密钥加密			

（四）混合加密系统

以上两种加密方法各有优缺点，对称加密体制的编码效率高，但在密钥分发与管理上存在困难，而非对称密码体制可以很好地解决这个问题。因此，可以组合使用这两种加密方法，也就是数字信封技术，即用加密技术来保证只有特定的收信人才能阅读信的内容。非对称密钥与对称密钥加密混合使用过程，如图 3－5 所示。

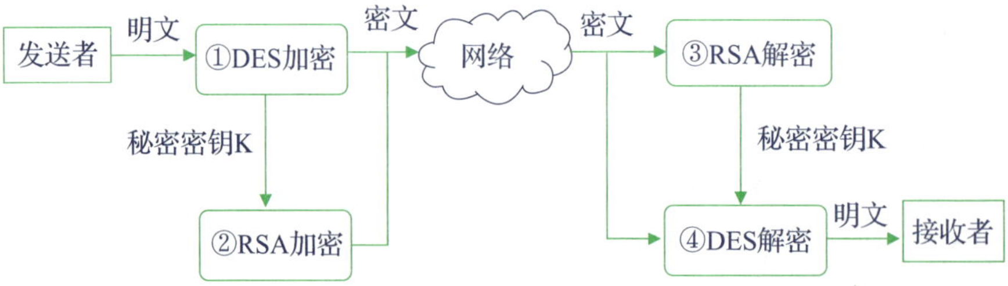

图 3－5　混合加密系统模型图

发送者将明文通过 DES 对称加密算法加密成密文，同时用接收者的公钥对秘密密钥 K 进行 RSA 非对称加密算法加密。传送到接收方后，接收者先用自己的私钥解密出秘密密钥 K，然后再用密钥 K 将密文解密出明文。该过程用秘密密钥加密信息明文，充分利用了对称加密高效性，再用公开密钥加密秘密密钥，解决了密钥分发安全性的问题。

（五）哈希算法

哈希函数也称为 Hash 函数、散列函数，是将任意长度的目标文本转换成具有相同长度的、不可逆的杂凑字符串（也称消息摘要）的函数。它具有单向性和抗碰撞性的特点。哈希函数主要用于数据完整性、数字签名和消息认证等。主要代表有 MD5 算法、SHA-1 算法和 SM3 算法等。

实例分享

尊重知识产权　加密技术保证视频安全

音视频市场中常出现“卖盗版”“看盗版”“传盗版”的现象。尽管政策严厉整治，但盗版问题还是屡见不鲜。面对这种情况，应该从内容源开始，结合技术阻断盗版传播，保护视频安全。

数字加密中密钥主要是对称密钥加密和非对称密钥加密，加密技术主要有 HLS 加密技术、文件流加密和视频逐帧转码加密等。前两者基于 AES 加密算法。除了加密技术还有防录屏、动态水印、跑马灯等安全技术，黑白名单设置、时间戳等防盗链技术，让视频更安全。

资料来源：佚名．加密技术如何保证视频安全．搜狐，2021-11-08.

思考讨论：

谈谈你对于视频盗版问题的看法。为了更好地保护知识产权，我们应该怎么做？

三、安全认证技术

加密技术解决了网上交易信息保密性的需求，但是在电子商务中，由于参与的各方往往是素未谋面的，需要保证在交易过程中信息不被篡改，不发生交易抵赖的问题。确定要进行交易的贸易方正是所期望的贸易伙伴这一问题是保证电子商务顺利进行的关键，这是认证需要解决的问题。认证技术主要包括身份认证和信息认证，用于鉴别用户身份和保证通信双方不可抵赖及信息完整性。

（一）身份认证

身份认证是指计算机及网络系统确认操作者身份的过程。在现实世界，每个人都拥有独一无二的物理身份，而在网络世界，计算机只能识别用户的数字身份。常见的数字身份认证方式如下：

1. 密码认证

密码认证是最简单、最常用的身份认证方法。每个用户的密码是由用户自己设定的，每次系统根据保存的用户信息和输入的信息做比较，只要能够正确匹配，计算机就认为操作者是合法用户。由于密码是静态的数据，在验证过程中需要在计算机内存和网络中传输，而每次验证使用的验证信息都是相同的，很容易被驻留在计算机内存中的木马程序或网络中的监听设备截获。因此虽然密码认证方式简单易用、容易操作，但是安全性不高，在使用过程中必须勤换密码，以保证密码的安全。

2. 生物学特征认证

生物学特征认证是指采用每个人独一无二的生物学特征来验证用户身份的技术，包括指纹、掌纹、虹膜、脸像、声音、笔迹、静脉、DNA 等。从理论上说，生物学特征认证是最可靠的身份认证方式，因为它直接使用人的生理特征来表示每个人的数字身份，不同的人具有不同的生物学特征，因此几乎不可能被仿冒。但是生物学特征认证技术也有一定的局限性，如生物学特征识别的准确性和稳定性还有待提高，伤病患者容易造成识别失误的结果，并且生物学特征认证系统的成本高，目前只适用于一些安全性要求较高的场合。

实例分享

“看脸”时代，安全又危险

四相科技为写字楼、公检法司、智慧园区、学校等提供全新一代结合 UWB 定位技术的智能访客管理系统。针对智慧楼宇建设的业务需求，将 UWB 定位系统与楼宇视频监控、门禁管理等系统进行融合，采用独有算法实现访客的精准定位，集成定位系统、定位引擎和数据处理系统的智能访客管理系统。通过访客人脸识别核验后自助发卡，针对来访人员在楼宇中的行踪进行实时定位，实现访客智能化管理。

当人脸识别有效推动生物识别技术以及安防工程时，这无疑是技术的进步推动了商业文明和工业文明；当人脸识别成为窃取别人隐私通道而为企业谋私利时，这无疑是一只黑手。中国的监管部门一直以来在重拳出击，打击人脸识别的违法违规行为。但仍然有一些商家，在利益面前铤而走险。对于已经成为幕后黑手的这一类企业，必须加大监管力度，否则人脸识别技术会有更大的隐患。

资料来源：佚名．人脸识别访客系统，智慧楼宇管理重要角色．维科网，2021-09-08.

思考讨论：

你熟悉的“看脸”技术的应用场景有哪些？人脸数据会带来哪些安全隐患？“人脸识别”是把双刃剑，我们应该如何保护个人信息安全？

扫描二维码，了解更多案例信息。

3. 动态口令认证

动态口令认证是一种让用户密码按照时间或使用次数不断变化、每个密码只能使用一次的技术。用户使用时只需要将动态令牌上显示的当前密码输入客户端计算机，即可实现身份认证。由于每次使用的密码必须由动态令牌来产生，只有合法用户才持有该硬件，因此只要通过密码验证就可以认为该用户的身份是可靠的。由于用户每次使用的密码都不同，即使黑客截获了一次密码，也无法利用这个密码来仿冒合法用户的身份。

4. 标记认证

标记是用户持有的某个秘密信息（硬件），上面记录着用于系统身份识别的个人信息。如 USB Key 的身份认证方式，采用软硬件相结合、一次一密的强双因子认证模式，很好地解决了安全性与易用性之间的矛盾。USB Key 是一种 USB 接口的硬件设备，内置单片机或智能卡芯片，可以存储用户的密钥或数字证书，利用 USB Key 内置的公钥算法实现对用户身份的认证。USB Key 的硬件和 PIN 码构成了可以使用证书的两个必要因素。用户必须持有物理介质用于身份识别，保证了用户认证的安全性。

（二）信息认证

1. 数字摘要

数字摘要也称消息摘要、报文摘要，就是将需要加密的明文利用单向散列函数生成一串固定长度的密文，这一串密文又称为“数字指纹”。数字摘要可用于创建数字签名，其具有唯一性和不可逆性，长度是固定的，不同的明文形成的数字摘要一定是不同的，而同样的明文形成的数字摘要则是相同的。

数字摘要使用过程如图 3 - 6 所示，发送方将原文利用哈希函数形成一个信息摘要，将摘要和原文一同发送给接收方。接收方利用同样的哈希算法对收到的原文重新计算生成一个新的信息摘要。将两个摘要进行对比，如果与收到的消息摘要相同，则说明收到的信息在传输过程中没有被修改过；否则，说明被修改过。

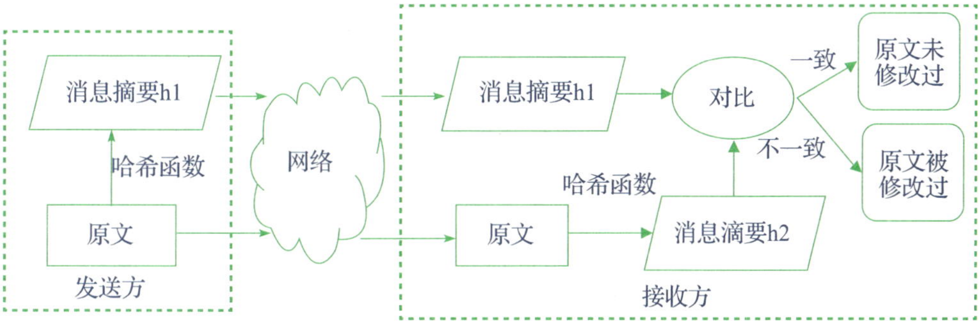

图 3 - 6 数字摘要使用过程

2. 数字时间戳

数字时间戳（digital time stamp，简称 DTS）是指在经过数字签名的交易上打上一个可信赖的时间戳，从而解决时效问题。在电子交易过程中，需认证交易文件的日期和时间，而数字时间戳是能提供电子文件发表时间的安全保护。由于用户桌面时间很容易改变，由该时间产生的时间戳不可信赖，因此需要权威第三方来提供可信赖的且不可抵赖的时间戳服务。

数字时间戳使用过程如图 3 - 7 所示。用户首先将需要加时间戳的文件用哈希函数形成摘要 h1，然后将摘要 h1 发送到专门提供数字时间戳服务的 DTS 机构。该机构对摘要 h1 加上时间戳后，利用哈希函数形成摘要 h2，然后用机构的私钥加密进行数字签名，从而形成数字时间戳，发送给用户。同时，还将摘要 h1 加上时间戳后的信息也发给用户，用户可以用哈希函数对收到的摘要 h1 加上时间戳后的信息经过哈希函数得到一个新的摘要 h2’。用户用 DTS 机构的公钥对收到的数字时间戳进行解密，得到摘要 h2，通过比较摘要 h2 和摘要 h2’是否相同，即可判断第三方机构所加的时间戳在传输过程中是否被修改过。确认无误后，即可把数字时间戳再发送给接收者。

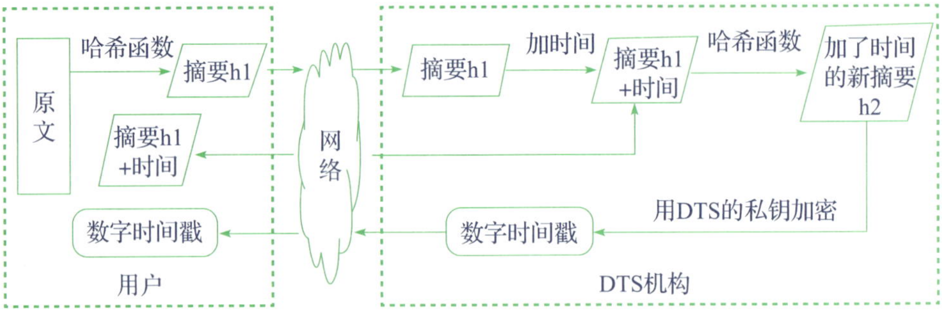

图 3 7 数字时间戳使用过程

3. 数字签名

（1）数字签名的定义。

数字签名建立在公钥加密体制基础上，所以又叫公钥数字签名，它是把公钥加密技术和数字摘要结合起来，由发送者才能产生的别人无法伪造的一段数字串。完善的数字签名技术具备签字方不能抵赖、他人不能伪造、在公证人面前能够验证真伪的能力，在电子商务安全服务中的身份识别和验证、信息完整性和不可否认性等服务方面有着重要的意义。

（2）数字签名和验证过程。

数字签名和验证过程如图 3－8 所示。具体步骤如下：1）发送方将需要发送的文件利用哈希函数加密生成一个数字摘要。2）将摘要用发送方的私钥加密，这就形成了数字签名。3）将原信息和数字签名一起发送给接收方。4）接收方用发送方的公钥对数字签名解密得到数字摘要，然后用哈希函数对收到的信息再计算出一个新的数字摘要。5）将新的数字摘要与解密的数字摘要做对比，若相同，则说明收到的信息是完整的，在传输过程中没有被修改过，且发送方身份是真实的；否则说明收到的信息不是原信息，是被篡改的，或不是该发送方发送的。数字签名保证了信息的完整性和不可否认性。

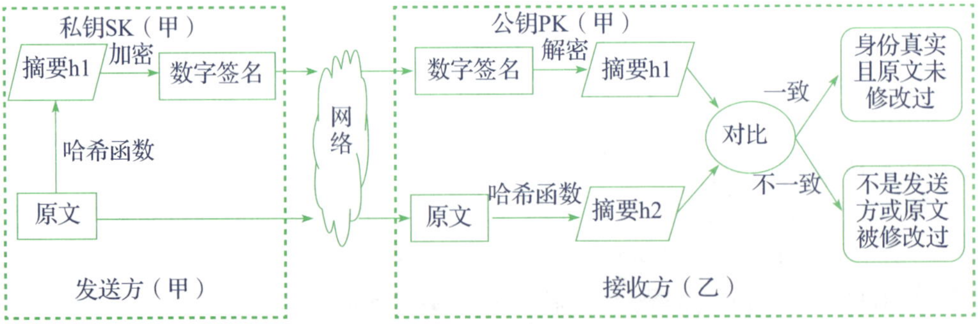

图 3－8 数字签名和验证过程

从数字签名的过程中，可以看出签名是建立在私钥与签名者唯一对应的基础上的。在验证过程中，是用发送方私钥对应的公钥来验证的，所以数字签名必须采用一家可信赖的认证中心（CA）颁发的数字证书（根证书）、私钥，从而确保签名的有效性。

实例分享

电子签名科技助力一线疫情防控

2022年春天，安徽省淮北市杜集区高岳街道社区负责人不辞辛苦地组织居民进行核酸排查，引导住户注射新冠疫苗和签署“疫情防控承诺书”。为了尽量减少接触，避免二次传播，他们用微信群指导大家通过电脑登录安徽政务服务网的淮北分厅，点点鼠标就能签署“疫情防控承诺书”，不仅提高效率，也给疫情防控安全增加了一道防线。

在江西，为确保疫情防控与民生经济发展两不误，数字政务平台“赣服通”利用“e签宝”的电子签名技术，为“企业复工证明”的线上办理场景提供全方位的电子签章技术支持，实现从企业身份认证、在线审批、在线签署，到电子证明文件的下载与保存的全流程闭环服务。到4月，“赣服通”平台已帮助了七千家企业完成复工复产的线上申报。

科技向善，技术赋能。在疫情防控战场上，无数科技企业的加入，成为这场民生保卫战中的一支支“硬核”力量，让科技之光驱散疫情阴霾。

资料来源：佚名．零接触零跑腿，电子签名科技助力一线疫情防控．网易，2022-04-01.

思考讨论：

电子签名的使用范围有哪些？将来还有哪些使用场景？

扫描二维码，了解更多案例信息。

4. 数字证书

（1）数字证书的概念。

数字证书是网络通信中标志网络用户身份信息的一系列数据，用于证明某一主体的身份及其公钥合法性的一种权威性的电子文档，是由权威CA认证机构来签发的。数字证书是各类实体在网上进行信息交流及商务活动的身份证明，数字证书具有唯一性和可靠性。数字证书将公钥的值与持有相应私钥的主体（个人、设备和服务）的身份绑定在一起。通过在证书上签名，CA可以核实证书上公钥相应的私钥是否为证书指定的主体拥有的。

数字证书的用途很广，如Web用户身份验证、Web服务器身份验证、安全电子邮件证书和代码签名证书等。数字证书还可以由一个CA颁发给另一个CA，以建立数字证书层次结构。以数字证书为核心的加密技术可以对网络上传输的信息进行加密、解密、数字签名和签名验证以确保网上信息传递的机密性、完整性，以及实体身份的真实性、签名信息的不可抵赖性，从而保障网络应用的安全性。

（2）数字证书的格式。

数字证书的格式一般采用 X.509 标准，X.509 是由国际电信联盟制定的数字证书标准。采用 X.509 标准的证书称为 X.509 证书，它由用户公钥和用户标识符组成。数字证书一般包括证书信息、证书颁发者信息、证书持有者信息和颁发者的数字签名。证书信息主要有证书的版本信息、证书的序列号、证书的有效期限和扩展信息等。证书颁发者信息主要有证书的发行机构的名称、证书颁发者的标识、证书所使用的签名算法等。证书持有者信息主要有证书持有人的名字、证书持有人的公钥、证书持有人的唯一标识等。X.509 证书的一般格式如图 3－9 所示。

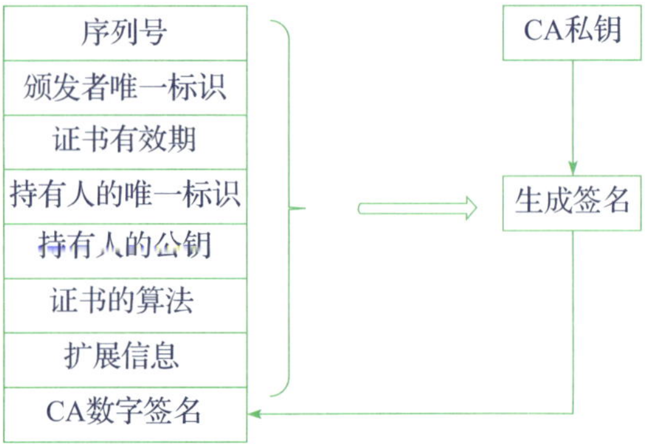

图 3－9　X.509 证书的一般格式

课堂讨论

请登录电脑，查看电脑端的数字证书，选取其中一个数字证书，将相应的信息填入表 3－4 中。

表 3－4　数字证书信息表

序列号		持有者姓名	
签名算法		版本信息	
颁发者		有效期起始日期	
公钥		有效期终止日期	

实例分享

数字证书提供便利，也要提高防范意识

福建省福州市早在 2018 年全国率先开展全民数字证书普及工作时，就免费为市民发放可信数字证书。这本数字证书是基于国家安全密码技术体系规范的 SM2 证书，是个人专属的“可信网络身份凭证”。市民可通过这本数字证书便捷地参与各类线上业务办理，如签署电子合同、申请在线仲裁、申请个人贷款、办理公积金业务、在线个人知识产权保护和个人数据存证等。

数字证书也要防止被不法分子利用。2021 年 10 月，广东深圳宝安区网警破获一起非法注册与买卖企业数字证书的案件。一举抓获陈某鹏、沈某添等 16 人，扣押电脑、手机等电子设备共计 16 台，数字证书 763 个，手机卡 108 张。不法分子陈某鹏招募下线人员，让下线在微信群以招工名义招揽社会人员到正规营业网点办理数字证书。办理好的数字证书送到另一团伙沈某添处，他安排人员将数字证书在网上进行工商登记、注册公司，并将注册好的公司信息卖给陈某鹏，陈某鹏将这些注册好的公司信息又转卖给他人进行获利。买家利用虚假公司贩卖或开具虚假发票牟利，从事犯罪活动。

资料来源：佚名. 不法分子以"代领餐票发票""招日结工"的名义，招揽人员办理企业数字证书. 快资讯，2022-03-24；佚名. 福州在全国率先开展全民数字证书普及工作. 福州新闻网，2018-04-22.

思考讨论：

我们要如何防范数字证书被不法分子利用？

扫描二维码，了解更多案例信息。

（四）认证中心

1. 认证中心的概念

认证中心（certification authority，简称 CA）是电子商务体系的核心环节，是电子交易信赖的基础，是保证网上电子交易安全性的关键环节。认证中心也称电子认证中心，是与具体交易行为无关的第三方权威机构，承担着网上安全电子交易认证服务，能签发、验证数字证书，确认用户身份。

认证中心通常采用多层次的分级结构，各级 CA 的存在构成了整个电子商务的证书链。上级认证中心负责签发和管理下级认证中心的证书，最下一级的认证中心直接面向最终用户。

2. 认证中心的组成结构

认证中心系统主要由以下 6 部分组成：

（1）CA 服务器：CA 的核心，也是数字证书生成、发放的运行实体，同时提供发放证书的管理、CRL 的生成和处理等服务。

（2）证书下载中心：该中心连接在互联网上，用户通过登录 CA 网站访问证书下载中心，CA 服务器生成的证书通过证书下载中心供用户下载。

（3）目录服务器：提供数字证书的存储，以及数字证书和 CRL 的查询服务。目录服务器的技术标准遵循 LDAP（轻量级目录访问协议）。

（4）在线证书状态协议（online certificate status protocol，简称 OCSP）服务器：向用户提供证书状态的在线查询。

（5）密钥管理中心（key manager center，简称 KMC）：根据国家密码管理局规定，加密用的私钥必须由权威的、可靠的机构进行备份和保管。

（6）证书注册机构（registration authority，简称 RA）：负责受理证书的申请和审核，其主要功能是接受用户证书申请并进行审核。RA 是可选的，在不必设立 RA 的地方，可以将 RA 的功能并入 CA。

实例分享

牵手三大运营商，万维信证书为云安全保驾护航

作为国内第一家通过国际 WebTrust 认证且连续多年通过严格审计的权威 CA 机构，上海数字证书和认证机构有限公司与国际接轨，为来自各行各业的客户签发全球信任的数字证书，通过基于国产密码算法的数字证书服务推动《密码法》的推广普及，加速各行各业国产化进程。在做好政务服务支撑的同时采用先进国产密码技术推出国产的 SSL 证书，积极赋能国产公有云，分别与电信的天翼云、移动的移动云、联通的联通云达成合作。

根植深厚的数字证书服务实践，融合强大的技术研发实力，上海 CA 万维信团队在近几年深挖国产密码技术、深耕网络安全业务，在国产化大背景下，上海 CA 积极发挥国内权威 CA 机构证书颁发与资料审核自主可控等优势，致力于打造安全易用的国产化生态环境，并在拓展国产公有云领域客户、推动国产公有云发展方面取得巨大突破。

资料来源：佚名．牵手三大运营商，万维信证书为您的云安全保驾护航．上海市数字证书认证中心有限公司，2022-02-28.

思考讨论：

认证中心在网络安全实现的过程中起到什么作用？

扫描二维码，了解更多案例信息。

四、电子商务安全协议

安全协议也称为安全密码，是以密码学为基础的网络信息交换协议。电子商务安全协议由买方、卖方、第三方及它们之间约定的电子交易条款组成。它是完成信息安全交换的共同约定的逻辑操作规则，也是保证网上交易的机密性、数据完整性、身份的合法性和不可抵赖性的重要技术。电子商务安全协议主要包括 SSL 协议、SET 协议等。

（一）SSL 协议

SSL（secure socket layer，安全套接层）协议是由网景（Netscape）公司研究制定的安全协议，该协议向基于 TCP/IP 的 C/S 应用程序提供客户端和服务器的鉴别、数据完整性及信息机密性等安全措施。该协议通过在应用程序进行数据交换前交换 SSL 初始握手信息，来实现有关安全特性的审查。在 SSL 握手信息中采用 DES、MDS 等加密技术来实现机密性和数据完整性，并采用 X.509 数字证书进行鉴别。该协议已成为事实上的工业标准，并被广泛应用于互联网和内联网的服务器与客户端的身份认证和加密数据传输。

SSL 当初并不是为支持电子商务而设计的，因此在电子商务系统的应用中还存在很多弊端。比如，它是一个面向连接的协议，只能提供交易中客户端和服务器之间的双方认证，而电子商务往往是用户、网站、银行三家协作完成，SSL 协议并不能协调各方面的安全传输和信任关系。

（二）SET 协议

SET（secure eletronic transaction，安全电子交易）协议是由万事达卡（Master Card）和维萨（Visa）联合 Netscape、微软（Microsoft）等公司，于 1997 年 6 月 1 日推出的一种电子支付模型。它采用公钥密码体制和 X.509 数字证书标准。SET 协议设计比较严格，安全性高，能保证交易数据的机密性、完整性、身份认证和交易的不可抵赖性等，因此成为目前公认的信用卡网上交易的国际标准。

SET 协议是基于信用卡支付模式而设计的，它保证了在开放网络上使用信用卡进行在线购物的安全。在 SET 交易过程中，需要六个角色的参与，分别是客户、商家、支付网关、发卡银行、收款银行和认证中心。它的交易过程相对复杂，例如完成一次 SET 协议交易过程中，需验证电子证书 9 次，验证数字签名 6 次，传递证书 7 次，签名 5 次，对称加密和非对称加密 4 次。SET 协议的工作流程如图 3－10 所示。

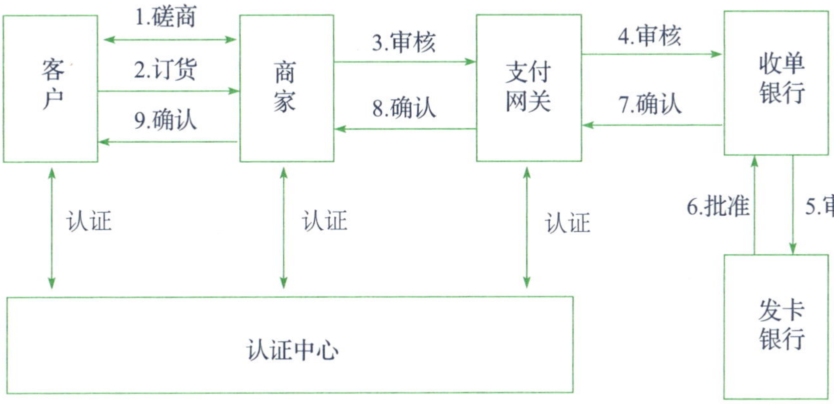

图 3－10 SET 协议的工作流程

基于 SET 协议的购物流程如下：

（1）客户在网上商店看中商品后，和商家进行磋商，然后发出请求购买信息，并选择支付方式。

（2）客户对订单和付款指令进行数字签名，同时利用双重签名技术确保商家看不到消费者的账号信息，银行看不到订购信息。

（3）商家将含有客户支付指令的信息发送给支付网关。

（4）支付网关在确认客户信用卡信息之后，向商家发送一个授权响应的报文。

（5）商家发货或提供服务，并通知收单银行将款项从客户账号转到商家账号，或通知发卡银行请求支付，交易结束。

（三）SSL 协议和 SET 协议的比较

SSL 协议和 SET 协议都提供了在互联网上进行电子交易支付的手段，且两者都被广泛使用。针对各自的特点，对这两个协议进行比较。

（1）SSL 协议和 SET 协议处于网络协议的不同层次。SSL 协议是基于传输层的通用安全协议，而 SET 协议主要位于应用层。

（2）SSL 协议实现简单、使用方便、成本较低，大部分内置于浏览器和 Web 服务器中，运行机制简单灵活，易普及推广。SET 协议实施成本较高，依赖于可信赖的第三方认证中心，运行机制复杂。

（3）SSL 协议是一个面向连接的协议，能实现浏览器和服务器双方的身份验证，但不能实现多方认证。SET 协议能够对所有参与者进行多方身份认证。

（4）SSL 协议配置简单，传输性能比较高。SET 协议安全机制比较复杂，对网络和计算机处理要求较高，性能不及 SSL 协议。

（5）SSL 协议主要应用于 Web 应用，能够胜任只通过 Web 或电子邮件就可完成的电子商务应用。SET 协议能够保障信用卡交易安全，应用更为广泛。

课堂讨论

思考总结 SSL 协议和 SET 协议的区别，填写在表 3－5 中。

表 3－5　SSL 协议和 SET 协议的区别

	SSL 协议	SET 协议
工作层次		
认证机制		
安全性能		
运行效率		
实施成本		

学有所思

分享你对电子商务安全技术的认识，谈谈我们应该如何正确应用安全技术来防范风险。

任务三

电子商务安全管理认识

配套微课

任务前导学习单

项目名称	电子商务安全	任务名称	电子商务安全管理认识
任务目标	知识目标	• 理解电子商务安全管理的内容和策略。 • 掌握电子商务日常安全管理的内容。 • 了解电子商务安全信用体系。 • 掌握电子商务安全的法律法规。	
	能力目标	• 能够运用电子商务安全管理策略思维。 • 能够进行电子商务日常安全管理。 • 能够运用电子商务法律提高安全保障。	
	素养目标	• 培养安全意识和良好习惯，提高风险防范意识和创新能力。 • 培养诚信意识和责任感，强化法律意识，提升对信用体系的认识。	
任务导入	电子商务安全不仅是技术问题，也是管理问题，管理的漏洞会导致电子商务安全事件的发生，而任何单项技术或工具都无法解决这一问题。那么，应当如何全面部署，来进行电子商务安全管理呢？		
任务分析	电子商务体系是一个庞大、开放的网络体系，由于涉及的用户众多，因此单纯依靠体系本身的安全措施是不够的。电子商务安全管理应采用综合防范的思路，既包括对运行体系的管理，又包括对供应商的管理，还需要对客户进行管理。对电子商务体系的管理要细致、准确，分工明确。		
任务准备	• 观察身边的电子商务企业如何制定安全策略。 • 思考电子商务安全管理的主要内容。		

任务知识充电站

一、电子商务安全管理概述

电子商务安全管理是指通过一个完整的综合保障体系，对电子商务过程进行监测、分析、评价和管理，来规避信息传输风险、管理风险、信用风险和法律风险等，以保证电子商务交易过程顺利完成。

（一）电子商务安全的任务

电子商务安全管理的任务是保障电子商务体系（包括运行平台、供应商、客户、管理人员等）能够安全、有效运作，能够及时发现并处理电子商务体系的运行故障，明确运营人员的分工与责任，设置供应商与客户的操作权限，建立信用体系和完善法律法规，避免纠纷的出现。

（二）电子商务安全管理的对象和体系

电子商务安全管理的对象包括所处的物理环境、运行平台及运营成员等。电子商务系统的安全管理与其他网络系统的安全管理措施是相似的，主要包括客户身份认证技术、安全管理制度、法律体系三类。其中客户身份认证技术是指通过检验客户身份来确定客户是否合法的方法。安全管理制度是电子商务系统运营机制相关制度，包括操作规范、保密制度、人员管理制度和审计制度等。法律体系是指电子商务体系运行过程中出现纠纷时所依据的法律法规总和，让用户能够有法可依，保障电子商务交易的有效开展。

二、日常安全管理

安全管理是以管理对象的安全为任务和目标的管理。仅仅依靠技术不能达到整体的安全需求，需要有效的安全管理来支持和补充，才能确保技术发挥应有的安全作用。“三分技术、七分管理”，就是强调管理的重要性。建立科学管理的环境和组织文化，规范管理人员行为，是电子商务顺利运行不可或缺的保障。

（一）电子商务安全管理组织体系

电子商务企业需要建立并完善电子商务安全管理组织体系，明确各职能部门的职责。组织需要配有专门人员来负责电子商务的风险控制，还需要对电子商务信息进行审查与分配，保证信息来源的准确性与真实性。需要配有专门人员识别与评估电子商务信息系统的安全漏洞，能够提出电子商务安全的实施方案，并监控和跟踪检测措施的实施情况。

（二）电子商务安全管理制度

常见的电子商务安全管理制度包括信息安全管理制度、日常维护制度和人员管理与保密制度。

1. 信息安全管理制度

计算机信息系统安全包括信息的采集、加工、存储、传输、检索等方面的安全，可以完善这些信息管理环节的有关制度。在采集信息时要加强对信息内容的审查管理，保障信息内容的完整性和真实性。安排专门的系统管理人员对所负责的信息安全性进行测评，并对发现的漏洞及时采取技术手段进行补救，防止信息被窃取。对系统定期进行安全检查和维护，避免信息在加工处理过程中，因为系统不稳定造成信息出错。安排专门的人员对信息的存储设备进行定期检查和管理，并且做好日志记录。注重传输介质的安全性，减少信息在传输过程中的损失。

拓展学习

扫描二维码查看《做好网络安全管理的主要措施》，在查看过程中可以进行自我安全管理检查，提升网络安全意识。

2. 日常维护制度

网络是承担整个企业电子商务活动的关键组成要素。虽然网络的日常维护是一项繁重又琐碎的工作，但它对整个电子商务活动的安全起到重要的作用。我们将电子商务网络的日常维护分为硬件系统维护、软件系统维护和数据备份三个部分。硬件日常维护，包括网络设备、服务器与用户机、通信线路；软件日常维护分为系统软件维护和应用软件维护。预防是应对风险最常用的方法，在对网络的日常维护中，数据备份是用来弥补发生问题的最好方式之一。

3. 人员管理与保密制度

进行电子商务交易的专业人才既具有商务管理的知识和手段，又具备计算机知识，熟悉计算机网络。通过网络进行的电子商务活动具有很强的隐蔽性，所以加强企业内部人才管理是维护电子商务安全的重要一环。

首先，在人员录用时，要严格遵守选拔制度，要选择有责任心、守纪律、品德好，同时具有专业知识的人员。其次，要与录用人员签订保密协议，规定其应当承担的责任和义务，规范其行为。再次，定期组织对人员业务能力的培训和安全保密培训。对人员违规行为要坚决按照相关规定进行严肃处理，绝不姑息。最后，针对电子商务的过程中涉及企业的机密，根据内容和价值分级保密，由组织内部人员分级授权访问。

实例分享

银行内部员工买卖客户信息非法获利

2020 年 5 月，江苏淮安警方破获了一起特大贩卖公民个人信息案，目前抓获并移交公诉 26 名嫌疑人，涉案金额 2 000 多万元。

淮安警方称，犯罪团伙通过现有的技术手段无法获取到如此大规模的公民个人信息，有银行内部的工作人员参与其中。调查中发现，有一名银行工作人员仅靠帮忙查询银行卡信息，一年黑色收入超 30 万元。主犯王某以经济利益诱惑该名银行工作人员，双方达成“合作”协议。王某获得信息后再联系中间商，为了安全起见，中间商一般只有一到两人，中间商下面还有各种分销商，层层代理，形成一个以银行“内鬼”为源头、大量中间商为中介，通过网络勾结、贩卖银行卡的相关身份证、电话号码、余额、交易记录的网络犯罪团伙。

商业银行等金融机构掌握着大量用户，并且拥有非常关键的资金信息数据，如果因为保护不善，导致个人信息泄露，将给用户造成财产损失。当前，银行的个人信息安全保护制度还有待健全，需加强对员工的管理，增强员工的法律意识，杜绝信息泄露现象。

资料来源：佚名．建行员工出卖客户信息5万多条还说“不知道这是违法的”．中国经济网，2020-05-21.

思考讨论：

应该如何保障银行保险机构网络安全和保护客户信息？

扫描二维码，了解更多案例信息。

（三）应急事件应对管理

控制风险的最有效方法就是制定切实可行的应急方案，编制多个备选方案，最大限度地对企业所面临的风险做好充分的准备。当现有的安全措施未能保护信息资产时，我们需要采取合理的应对措施。主要的应急措施有三个：隔离威胁、恢复服务、攻击后的任务。

1. 隔离威胁

隔离威胁的目的是限制攻击范围。例如，服务器收到攻击时，需要暂时关闭受影响的服务器。企业应该预估可能的攻击，并针对这些攻击做出计划，然后落实具体操作规程，一旦发生此类风险，能够更好地限制或降低这些破坏活动的影响。隔离了威胁，当信息资产不再受到破坏后，再恢复服务。

2. 恢复服务

恢复服务的目的是实现资源的可用性。一般通过备份来恢复数据。然而有时保护取证证据与迅速恢复服务相冲突。系统管理员需要让服务器离线以保护日志、配置文件和不应发生变化的数据文件，直到完成对攻击的全面分析为止。

3. 攻击后的任务

攻击后的任务主要是指对攻击进行分析，了解攻击是如何发生的、发生了哪些破坏、全面恢复的成本等，进一步讨论如何防范此类攻击。最主要的目标就是帮助企业在下一次被攻击的时候，能够迅速确定发生了什么、有何影响，更好地防止攻击再次发生。

实例分享

网约车账号产生异地订单

2021年3月，广东广州的吴先生称，自己近半年没有使用打车软件，但网约车账号产生福建泉州异地订单要求付费，订单显示金额约223元。

对此，滴滴方面回应称，该乘客账号在2021年3月6日20点29分通过第三方账号授权的方式登录，3月7日10点50分该账号出现一笔222.99元的异地订单。平台检测到该订单的下单手机设备型号和此前绑定免密支付的手机设备型号不一致，因此触发了免密支付拦截保护，该订单没有通过免密支付扣款，乘客没有实际资金损失。滴滴一直对作弊采取“零容忍”态度，并全力配合公安部门对网络黑色产业链进行严厉打击。

滴滴强调，考虑到网络黑色产业链手法多样，建议用户妥善保管个人身份及账号、密码、验证码等相关信息，不点击不明链接，避免因信息泄露而暴露行程、住址等隐私。

资料来源：佚名. 滴滴回应网约车账号产生异地订单：已拦截，乘客没有资金损失. 凤凰网，2021-03-23.

思考讨论：

网络环境存在各种安全风险，应当做好哪些应急防范措施？

扫描二维码，了解更多案例信息。

三、电子商务信用体系

商业活动离不开诚信，电子商务区别于传统商业，买卖双方在交易中更加需要诚实守信。为了促进电子商务健康发展，需要尽快建立科学的信用机制，完善电子商务信用体系。

知识链接

我国电子商务信用模式

（一）什么是电子商务信用体系

电子商务信用体系是指在电子商务活动过程中，用于收集、整理、查证参与电子商务活动相关成员的信用状况，以及由国家、地方或行业管理部门建立的监督、管理与保障有关成员信用活动规范发展的一系列机制与行为规范的总和。一个有效的电子商务信用体系应是一个多种机制和制度相互协调、相互配合的有机统一体系。

（二）电子商务信用体系的内容

为了适应网络信用交易发展的需要和防范信用交易的风险，电子商务信用体系应当涵盖以下内容，见图 3－11 所示。

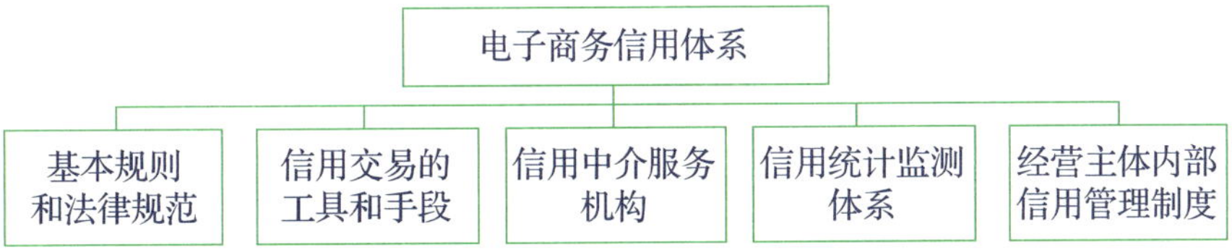

图 3－11　电子商务信用体系结构图

1. 基本规则和法律规范

电子商务的交易行为、交易规则、法律法规等有一定的特殊性，如电子广告的形式、电子合同成立的形式及效力、用户隐私权、电子支付方式、电子安全认证等都有相应的协议规则和法律法规。这些内容是电子商务信用体系的基础。

2. 信用交易的工具和手段

在建立电子商务信用体系中，发展和开发各种网络信用工具和手段是一个重要方面。为适应电子商务信用交易发展的需要，产生了很多便利信用交易的工具和手段，如网上银行信贷、信用卡、信用证等。

3. 信用中介服务机构

为适应电子商务信用交易的需要，出现了很多为电子商务信用交易提供服务的中介服务机构。例如，为电子商务信用交易提供信贷和各种支付凭证、信用证等的金融中介机构，为交易各方提供客户资信信息服务的征信机构，为交易各方提供有关市场主体、各种有价证券等的信用状况服务的信用评级机构等。

4. 信用统计监测体系

电子商务信用统计监测体系是电子商务信用体系中很重要的部分，主要包括电子商务经营主体和信用评估服务机构的信用统计监测体系。例如，科学设计信用评价指标，逐步建立先进的信用指标体系；建立电子商务信用信息发布制度，逐步拓展发布渠道，及时准确反映电子商务领域的信用建设水平；在信用统计监测体系基础上，建立电子商务信用监管模式。

5. 经营主体内部信用管理制度

电子商务经营主体需要重视建设并完善内部信用管理制度，设立信用风险管理机构，加强企业自我监管和自我评估，强化企业自律意识。

知识链接

“四个聚焦”推进社会信用体系建设

四、电子商务安全的法律法规

为了确保电子商务的健康运行和有序发展，国家政府机关和不同行业体系相继出台了相关的法律法规和指导意见，这些都是电子商务活动的重要保障。我国的计算机安全立法工作开始于 20 世纪 80 年代。1981 年，公安部开始成立计算机安全监察机构，开始制定有关计算机安全方面的法律法规和规章制度。1987 年成立了国家信息中心，其下设政策研究室，专门研究信息法规问题。国务院信息化工作领导小组成立后，其下设的“法规组”在我国信息化立法和制定相关法规方面发挥了重要作用。

我国与电子商务安全有关的法律、法规、规章主要有：《国家安全法》《网络安全法》《刑法》《全国人大常委会关于维护互联网安全的决定》《计算机信息系统安全保护条例》《互联网安全保护技术措施规定》《电子商务法》等。

课堂讨论

表 3-6 中的机构哪些属于电子商务安全监督机构？请在你认为对的选项后打钩。

表 3-6　电子商务安全监督机构判断

机构	是否属于安全监督机构	机构	是否属于安全监督机构
国家安全部		公安机关	
跨境电商平台		国家保密局	
信息安全认证中心		工商行政机关	

学有所思

电子商务安全管理策略中，人、制度和技术是什么样的关系？为了更好地保障电子商务安全，我们应该如何提高管理水平？

知识巩固与技能提升

一、单项选择题

1. 在进行网上交易时，用户的订单信息被篡改，这是破坏了信息的（　　）。

A. 完整性　　B. 保密性　　C. 身份的有效性　　D. 可靠性

2. 以下口令中安全性最强的是（　　）。

A. zhangsan111　　B. sweet　　C. 800709　　D. AliBa88*

3. 在加密体制中对称加密体制又称为（　　）。

A. 公钥加密体制　　B. 私钥加密体制

C. 双密钥加密体制　　D. 公开密钥加密体制

4. SSL 是（　　）。

A. 安全超文本传输协议　　B. 安全套接层协议

C. 文件传输协议　　D. 安全电子交易协议

5. 颁发数字证书单位的数字签名要使用（　　）来对信息摘要进行签名。

A. 接收方私钥　　B. 发送方公钥　　C. 接收方公钥　　D. 发送方私钥

6. 数字摘要可用于验证通过网络传输收到的文件是否是原始的、未被篡改的文件原文，产生数字摘要采用（　　）算法。

A. Hash　　B. DES　　C. RSA　　D. PIN

7. 在进行网上交易时，信用卡的账号和用户名、证件号码等被他人知晓，这是破坏了信息的（　　）。

A. 完整性　　B. 有效性

C. 身份的可确定性　　D. 保密性

8.（　　）可以用于网上对电子文件提供发表时间的保护。

A. 数字签名　　B. 数字证书　　C. 消息摘要　　D. 数字时间戳

9.（　　）是整个认证机构的核心，负责证书的签发。

A. 安全服务器　　B. CA 服务器　　C. 注册机构 RA　　D. LDAP 服务器

10. 为了防止局域网外部用户对内部网络的非法访问，可采用的技术是（　　）。

A. 防火墙　　B. 网卡　　C. 网关　　D. 网桥

二、简答题

1. 电子商务有哪些安全需求？

2. 简述数字签名和验证的基本过程。

3. 简述数字证书包含的主要内容。

4. 简述 SET 的购物流程。

5. 简述电子商务信用体系包含哪些内容。

三、技能训练题

1. 浏览中国网络与信息安全大会的主要新闻，了解安全技术前沿资讯。

2. 搜集电子商务安全相关案例，分析该案例涉及哪些安全问题，探讨我们需要从哪些方面来提高电子商务交易的安全性。

04

项目四

电子商务支付

- 任务一　网上支付系统认识
- 任务二　网上支付工具分析
- 任务三　网上银行的应用
- 任务四　第三方支付和移动支付的应用

项目框架图

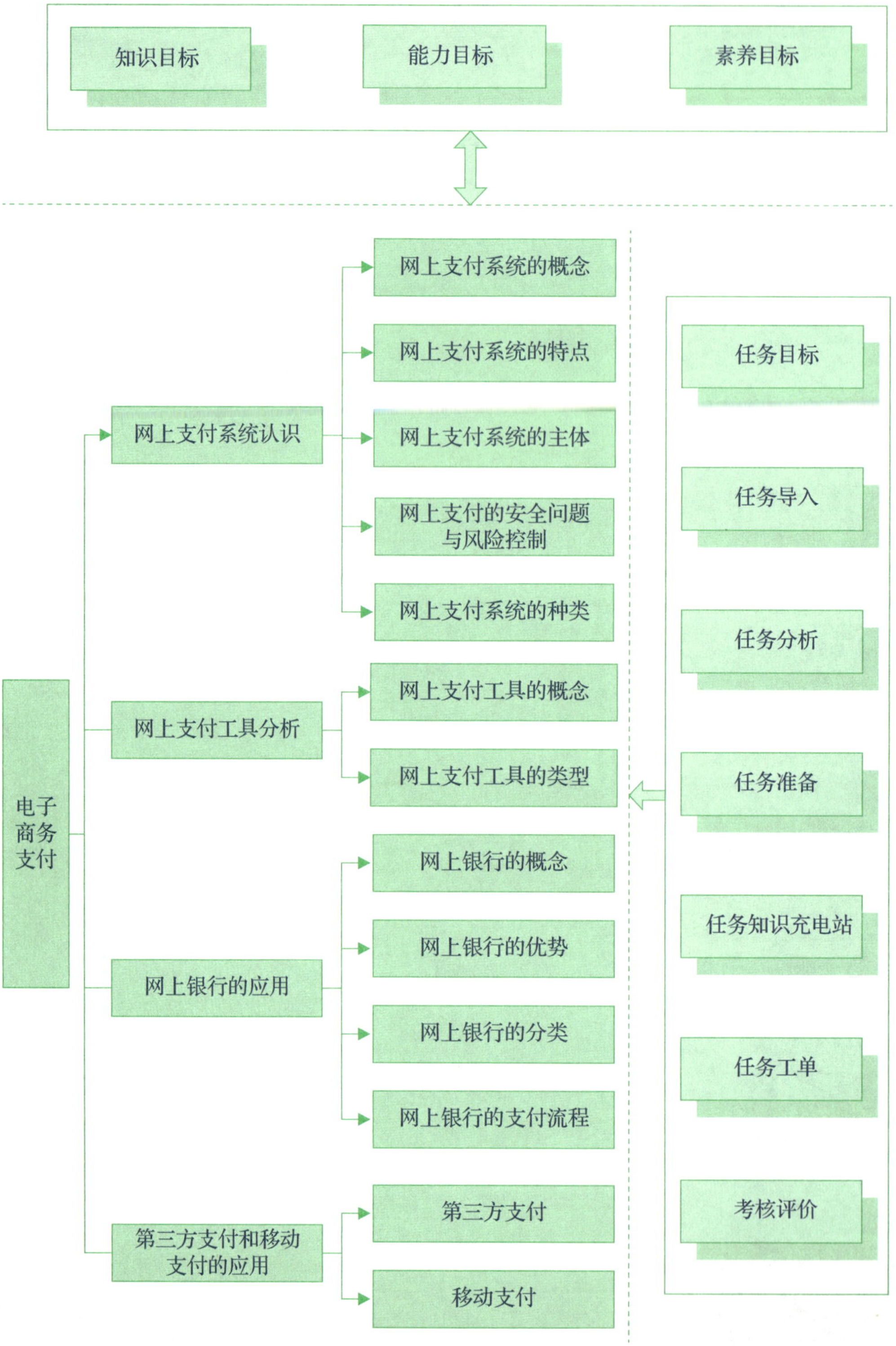
知识目标
能力目标
素养目标
电子商务支付
网上支付系统认识
网上支付系统的概念
网上支付系统的特点
网上支付系统的主体
网上支付的安全问题与风险控制
网上支付系统的种类
网上支付工具分析
网上支付工具的概念
网上支付工具的类型
网上银行的应用
网上银行的概念
网上银行的优势
网上银行的分类
网上银行的支付流程
第三方支付和移动支付的应用
第三方支付
移动支付
任务目标
任务导入
任务分析
任务准备
任务知识充电站
任务工单
考核评价

任务一

网上支付系统认识

配套微课

任务前导学习单

项目名称	电子商务支付	任务名称	网上支付系统认知
任务目标	知识目标	• 掌握网上支付系统的概念。 • 熟悉网上支付系统的特征。 • 了解网上支付系统的优势。	
	能力目标	• 能够判断网上支付系统范畴。 • 能够分析对比传统支付与网上支付。	
	素养目标	• 关注新业态、新技术、新产业的应用，树立发展和创新的职业精神。 • 提高风险防范意识。	
任务导入	网上支付已经渗透到我们生活的各个领域，如超市、自动贩卖机、医院自助刷脸设备、高铁站、电信移动营业厅等，给人们带来了极大的便利。那么，究竟什么是网上支付？和传统支付相比较，网上支付有哪些特点和优势？		
任务分析	与传统支付相比，网上支付有很多新的特征，它运用了新的技术，运作流程也发生了变化。网上支付具有传统支付所没有的优势，可以解决传统支付效率低、运作成本高等问题，为电子商务和数字经济的发展提供良好的支付环境。		
任务准备	• 观察自己身边有哪些应用属于网上支付范畴。 • 对比区分传统支付和网上支付的优劣势。		

任务知识充电站

一、网上支付系统的概念

在电子商务运营中，网上支付是重要环节，网上支付的实现是电子商务的保障，如果不能实现网上支付，电子商务的交易环节会受到阻碍，电子商务运营的效率也会大大降低。

网上支付是指电子交易的主体利用安全电子支付手段通过互联网进行的货币支付或资金流转。我国网络支付市场秩序不断规范，产业保持健康发展态势，数字人民币不断融入互联网平台，支付生态逐步形成。根据中国互联网络信息中心（CNNIC）第51次《中国互联网络发展状况统计报告》统计数据，截至2022年12月，我国网络支付用户规模达9.11亿，较2021年12月增长781万，占网民整体的85.4%。

课堂讨论

请上网检索国家为促进电子支付发展发布的相关政策，并填写在表4－1中。

表4－1 国家关于促进电子支付发展的相关政策

政策名称	发布部门	侧重点

二、网上支付系统的特点

（一）基于开放的互联网络

网上支付的信息传递通常都以互联网为基础，它是一个全开放的公共通信网络平台；而传统支付则是在较为封闭的系统中运行的。

（二）具有较高的一致性和安全性

网上交易可以对贸易双方的身份进行认证，减少被冒名顶替的风险，可以较好地保护交易双方正当、安全的交易，防止支付敲诈。另外，在交易过程中，使用电子货币可以有效防止假币事件的发生。

（三）提高企业的资金管理水平

由于网上支付工具和支付过程具有无形化、电子化的特点，企业能够通过网络支付数据，对企业的资金进行有效的管理，提高资金使用效益。

（四）具有快捷、方便、高效和经济的优势

用户只要拥有一台可以上网的计算机或者移动端，便可以突破时间和空间的限制，完成支付的整个过程。网上支付的成本相比传统支付更低，仅相当于传统支付的几十分之一。

实例分享

网上支付为经济赋能，彰显中国力量

近几年来，随着电子商务的发展和技术创新加快，网上支付以其方便、经济、快捷、高效的特点，逐步成为主流支付方式之一。无论是业务规模和渗透率，还是使用体验和接受度，我国网上支付发展都位居全球前列，彰显了中国强大的力量，在支撑数字经济发展、服务民生和小微企业、便利居民消费生活以及促进经

济发展转型等方面发挥了积极作用。

我国网上支付服务市场双主体供给加力。银行和非银行支付机构（以下简称支付机构）成为主要的服务提供主体。银行机构和中国银联在大额和对公支付中占据优势，构成支付主渠道。银行机构依托网银、手机银行提供网络支付服务，安全标准高，交易金额规模大，单笔交易金额高。支付机构作为支付体系的重要补充，依托电子钱包和智能化收单，集中提供小额、高频的零售支付服务，交易笔数多，增长快，单笔交易金额低。

资料来源：陆强华．网上新支付，经济新动能．学习时报，2019-05-17.

思考讨论：

我国网上支付技术创新对释放发展新动能起到什么作用？

扫描二维码，了解更多案例信息。

三、网上支付系统的主体

网上支付系统的主体如图 4-1 所示，主要有客户、商家、银行、支付网关和认证中心五个。

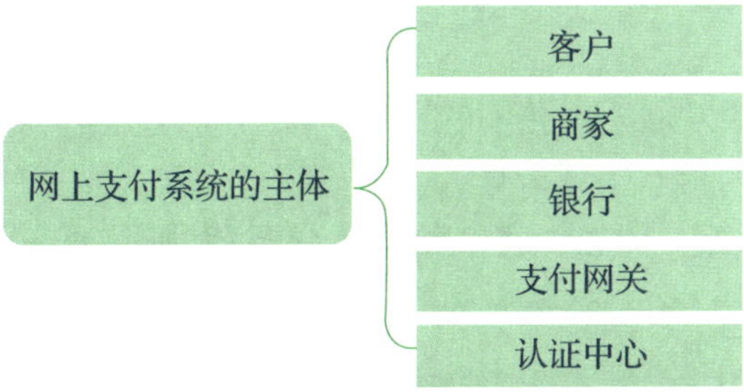

图 4-1　网上支付系统的主体

（一）客户

客户是指买家，是网上支付的实际需求者，通过网络购买商品或服务的主体。客户是第一指令人，与商家沟通后，做出购买商品或服务的行为，并通过第三方支付平台进行支付。

（二）商家

商家即卖家，提供实物或虚拟服务，是网络交易中商品或服务的提供者。客户下单并通过第三方平台支付价款后，商家为买家寄送货物。

（三）银行

银行为网上支付工具提供支撑作用，主要包括客户开户行和商家开户行。客户开户行为客户提供支付工具和银行信用，保证支付工具的兑付。商家开户行指商家在其中拥有自己账户的银行，是依据商家提供的合法账户来操作的，也称为收单行。

（四）支付网关

支付网关是连接银行网络和互联网之间接口的一组服务器，可以完成两者之间通信、协议、转换、数据加 / 解密，保护银行内部网络的安全。主要功能包括：交易功能、交易异常的处理、提供仲裁信息、提供多种报表、提供查询处理功能和提供计费功能。

（五）认证中心

认证中心是所有合法注册用户所信赖的具有权威性、信赖性及公正性的第三方机构。其作用主要包括：为电子商务环境中各个实体颁发数字证书；证明各实体身份的真实性；在交易中检验和管理证书。

四、网上支付的安全问题与风险控制

（一）网上支付的安全问题

虽然网络支付很方便，但是它也不可避免存在某些安全问题，只有了解这些安全问题，我们才能够更好地进行网上支付，网上支付主要存在以下安全问题。

1. 身份识别问题

在网上交易中，交易双方互不见面，如果没有特殊的识别和防护等安全措施，就很容易引起假冒、诈骗等违法活动。在网络支付中，如果不进行身份识别，对商家来说，无法验证发出支付指令的客户是否是合法用户；对用户来说，也无法判断正在浏览的支付页面是否是黑客设计的钓鱼网站。

2. 支付信息伪造或篡改

攻击者通过修改互联网中传输的数据，将伪造的数据信息输入系统，可表现为修改支付信息中的付款银行卡号、支付金额、收款人账号、支付指令序列，延迟或重放支付指令等。例如，客户给网上银行发出的支付指令：“支付给商家A100 元”，支付指令在公网传输中被截获进而将商家 A 篡改为商家 B，这样网上银行收到的支付指令就变成了“支付给商家 B100 元”，导致非法商家 B 而不是合法商家 A 得到了银行的支付资金。

3. 支付信息泄露

网络支付的各方均通过开放的互联网络交换信息，如果保密措施不到位，重要的支付信息就可能被黑客窃取，导致财产损失。例如，攻击者通过某种方式得到持卡人的支付密码，便可以轻松地冒充他人进行网上消费，给持卡人带来损失。

4. 支付信息被抵赖

网上交易中，持卡人和商家通过传送电子信息来完成交易，也需要有交易双方对每笔交易都认可的方式，保证网络上资金支付结算行为及发生内容的不可抵赖。即支付一旦达成，发送方不能否认其发送的信息，接收方也不能否认其所收到的信息。

实例分享

提高网上支付安全防范意识

某大学生在购物网站上买了一条裤子，几分钟后收到了一个自称店家的电话，告知因交易失败需要办理退款，并提供了一个客服 QQ 号码，该大学生加了 QQ 号与客服沟通，根据其提供的退款链接进入一个网站，按照客服提示输入了密码等信息，最后在收到动态码后未仔细校验便急忙填入。之后该大学生并未收到退款，而且 QQ 也再联系不上那个客服。该大学生立即查询了银行卡余额，发现账户遭到了盗用。

资料来源：佚名．网络支付的安全案例分析．腾讯网，2019-09-17.

思考讨论：

大学生应如何提高网上支付安全防范意识？

（二）网上支付的风险控制

针对网上支付的安全问题，可以通过以下措施来控制网上支付风险：

（1）申请对银行转账、在线支付功能的控制。

（2）采用账户分离方法，将银行账户与网上支付账户分离。

（3）使用双因子身份强认证技术。网上支付强认证由单因子认证转向双因子强认证。不采用双因子认证所带来的隐性成本比采用双因子认证所需要的成本高得多。双因子认证包括：智能 IC 卡（UKey）和口令（密码）。

（4）采取最高金额限制。例如，银行对部分客户设置个人网银及掌上银行转账限额或网上支付交易限额。

（5）第三支付信用担保。担保是交易过程规避买卖双方风险的方式，避免因为买卖一方违背公平交易原则，导致另一方遭受损失。

知识链接

双因子认证机制的含义

知识链接

第三方支付担保的含义

五、网上支付系统的种类

（1）信用卡支付系统，将信用卡的账号和密码加密后，通过互联网发送到银行等金融机构的计算机上进行在线支付。

（2）电子转账支付系统，也就是即时付款的支付系统，不允许透支。包括网上银行转账系统和电子支票支付系统。

（3）电子现金支付系统，包括两种：一种是可以离线操作“预先付款”的支付系统，通过购买相等币值的电子现金进行支付；另一种是可在线操作的电子现金系统。

学有所思

网上支付方式在人们的生活中发挥着越来越重要的作用，逐渐成为人们日常生活中的主要支付方式之一，网上支付的发展趋势如何？

配套微课

任务二

网上支付工具分析

任务前导学习单

项目名称	电子商务支付	任务名称	网上支付工具分析
任务目标	知识目标	• 掌握网上支付工具的概念。 • 熟悉网上支付工具的具体形式。	
	能力目标	• 能够判断网上支付工具的类型。 • 能够分析不同网上支付工具的适用范畴。	
	素养目标	• 关注新业态、新技术、新产业的应用，培养民族自豪感。 • 熟悉各类网上支付工具的优势及应用，培养专业自信及正确的消费观念。	
任务导入	各大生活服务类平台为网络支付提供了多元消费场景，使用网上支付工具进行支付成为时代的主流。那么，什么是网上支付工具？网上支付工具有哪些具体的类型？		
任务分析	与传统支付工具相比，网上支付工具有很多新的特征，运用了新的技术，运作流程也发生了变化。对于网上支付工具概念的理解，要注意狭义概念和广义概念的区别。另外，不同的网上支付工具具有自身的特点，要加以区分。		
任务准备	• 总结日常使用的支付工具都有哪些。 • 对比分析不同网上支付工具的特点。		

任务知识充电站

一、网上支付工具的概念

信息技术的发展和社会经济需求的增长，促使了网上支付工具的快速发展，现如今网上支付工具已经对社会发展和人民生活的方方面面产生了重要影响。国家重视网上支付工具的发展，随着各种支持政策的出台和实施，网上支付工具迎来了新一轮的发展机遇，成为推动社会经济发展的重要驱动力。网上支付工具到底是什么呢？很多人都会说网上支付工具就是在微信或者支付宝等支付软件上进行的支付交易。事实上，网上支付工具的范畴不仅局限于此。

对于网上支付工具可以从狭义和广义两个角度去理解。狭义的网上支付工具，主要包括依靠互联网，通过特定的支付软件，来进行对商品的支付与交易，比如微信支付或者支付宝支付。广义的网上支付工具是指以金融电子化网络为基础，运用电子数据的形式将货币存储在银行的计算机系统中，通过计算机上的网络系统传递电子信息，将纸张经济转化为数字经济，形成可以用于流通及支付的货币，可用于在互联网或者其他电子通信方式来进行支付的工具。

实例分享

电子支付成为数字人民币的“催化剂”

穆迪投资者在一份报告中表示，中国在推出央行数字货币（CBDC）方面已遥遥领先于其他国家，这得益于消费者广泛采用电子支付、近乎“无现金”的社会环境以及广泛的移动覆盖。

成熟的电子支付体系成为数字人民币的推动因素，报告称，虽然其他国家也在着手研发数字货币，但中国有许多独一无二的特点，促使其成为首批创建和测试央行数字货币的国家之一。数据显示，中国在数字和移动钱包使用方面领先全球。当前中国几乎已步入无现金社会，而且网络基建完善、移动覆盖广泛，这些优势都成为数字人民币在中国应用的推动因素。

资料来源：吴雨．央行报告：成年人超八成用电子支付．百家号，2021-08-20.

思考讨论：

推动中国数字人民币应用的因素有哪些？

扫描二维码，了解更多案例信息。

课堂讨论

表 4－2 中哪些属于使用网上支付工具的支付行为？请在使用网上支付工具的支付行为后打钩。

表 4－2　网上支付工具范畴判断

行为	是否属于使用网上支付工具的支付行为	行为	是否属于使用网上支付工具的支付行为
利用“移动和包”支付进行支付		在实体店购物，通过支付宝支付	
在实体店中消费，利用手机银行支付		利用手机二维码进行扫码乘车	
利用互联网进行线上转账		给合作伙伴发送电子支票	

二、网上支付工具的类型

（一）信用卡

1. 信用卡的基本特点

电子商务活动中使用的信用卡是电子信用卡，电子信用卡通过网络直接支付。电子信用卡具有快捷、方便的特点，卖方可以及时通过发卡机构了解持卡人的信用度，避免了欺诈行为的发生。信用卡的基本特点包括以下几个方面：（1）商店无须太多投入即可使用；（2）全天 24 小时无论何时均能使用；（3）能受理信用卡的商店在全世界数量庞大；（4）法律和制度方面的问题少。

2. 信用卡的支付方式

（1）无安全措施的信用卡支付。

无安全措施的信用卡支付流程是：买方从卖方订货，信用卡信息通过电话、传真等非网络进行传输，但无安全措施，卖方与银行之间使用各自现有的授权来检查信用卡的合法性。

（2）通过第三方经纪人的支付。

通过双方信任的第三方支付，信用卡信息在开放网络上传输，买方可以离线在第三方开户，这样买方就没有信用卡信息被盗的风险。

（3）简单加密信用卡支付。

使用简单加密信用卡模式支付，当买方将信用卡信息输入浏览器窗口或其他电子商务设备时，信用卡信息被简单加密并作为加密信息通过网络从买方安全地传输到卖方。

（4）SET 信用卡支付。

SET 是安全电子交易的简称，它是为了在互联网上进行在线交易而设立的一个开放的、以电子货币为基础的电子付款协议标准。

（二）电子支票

电子支票（electronic check）是用户向收款人签发的、无条件的数字化支付指令，是传统支票的电子化。它可以通过互联网或无线接入设备来实现传统支票的所有功能。

1. 电子支票支付的特点

（1）电子支票与传统支票工作方式相同，易于理解和接受。

（2）加密的电子支票比数字现金更易于流通，买卖双方的银行只要用公开密钥认证确认支票即可，数字签名也可以被自动验证。

（3）电子支票尤其适用于 B2B 等大额电子商务交易，可以很容易地与 EDI 应用结合，推动 EDI 基础上的电子订货和支付。

（4）电子支票技术将公共网络连入金融支付和银行清算网络。

2. 电子支票的支付流程

电子支票的支付流程如图 4－2 所示，具体流程如下：

（1）顾客到银行开设支票存款账户，存入存款，申请电子支票的使用权。

（2）顾客开户行审核申请人资信情况，决定是否给予使用电子支票的权利。

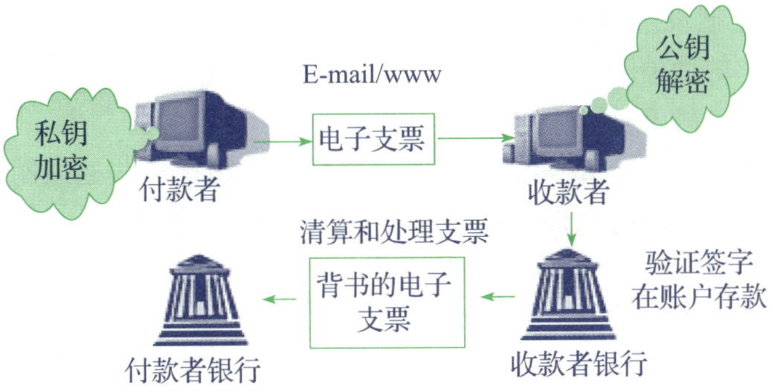

图 4－2　电子支票的支付流程

（3）顾客通过互联网选购商品，并通过 CA 信用认证体系确认商家，此后填写订单，相关信息处理完毕后，使用电子支票生成器和开户行发放的授权证明文件，生成此笔交易需支付的电子支票，一同发往商家。

（4）商家将电子支票信息通过支付网关连接银行内部网，发往收单行请求验证，此时单据处理中心对相关单据进行存储和处理。此后，收单行将通过银行专用网络验证后的顾客相关信息再传回商家。

（5）经验证确认顾客提供的支票有效后，商家就可以确认顾客的购物行为，并组织相关机构完成发货等环节。

（6）商家于支票到期前，将支票向收单行背书提示，请求兑付即实现转账。

（三）电子钱包

电子钱包（E-wallet 或 E-purse）是用于线上或线下支付，并且能够保存交易记录的软件或硬件。在电子钱包内可存放电子货币，如电子现金、电子零钱、电子信用卡等。

1. 电子钱包的特点

（1）安全。电子钱包用户的个人资料存贮在服务器端，通过技术手段确保安全，不在个人电脑上存贮任何个人资料，从而避免了资料泄露的危险。

（2）独立。用户在申请钱包成功后，即在服务器端拥有了自己的档案，当外出旅游或公务时，不用再随身携带电子钱包资料，即可进行网上支付。

（3）方便。电子钱包内设众多商户站点链接，用户可通过链接直接进入商户站点进行购物。

（4）快速。一般情况下，通过电子钱包完成一笔支付指令只需 10 ～ 20 秒。

2. 电子钱包的分类

（1）智能卡电子钱包，是实物形态的电子钱包，持卡人预先在卡中存入资金，交易时直接从账户中扣除交易金额，如工行闪付卡。

（2）软件形态电子钱包，是用户用来进行安全电子交易和存储交易记录的加密银行账户软件。可以分为服务器端电子钱包和客户端电子钱包。如中银电子钱包。

（四）电子现金

电子现金是一种以数据形式存在的现金货币，是纸币现金的电子化，是虚拟货币的一种。它把现金数值转化为一系列的加密序列数，通过这些序列数来表示现实中各种金额的币值。

1. 电子现金的特点

电子现金是一种比较成熟的电子支付手段，适用于那些通过网络进行支付的小额交易。电子现金的特点如下：

（1）安全性。传统的纸币伪造相对容易，而电子现金融合了现代密码技术，是高科技的产物，其防伪能力强、安全性高。

（2）方便性。电子现金是通过网络进行支付的，可以脱离实物载体，不受时间、空间的限制，使用非常方便。

（3）经济性。传统纸币的交易费用和交易金额是成正比的，随着交易量的增加，纸质货币的印刷、运输等成本也随之增加，而电子现金则不存在运输成本，同时其发行成本和交易成本也比较低。

2. 电子现金的分类

电子现金可以根据不同的分类方法划分为不同类型。

（1）根据交易的载体，可以分为基于账户的电子现金系统和基于代金券的电子现金系统。基于账户的电子现金系统一般是消费者在提供电子现金服务的银行开立了账户，消费者进行交易时就从该账号上进行电子现金支付；而基于代金券的电子现金系统一般是指基于电子代金券的支付，电子代金券是有固定面值且有一定有效期的电子券，消费者在消费时可从电子代金券里面扣除所兑换商品的金额。

（2）根据消费时是否需要与银行进行联机验证，可以分为联机电子现金系统和脱机电子现金系统。联机电子现金的支付是离不开网络的。

（3）根据电子现金的使用功能，可以分为专门用途型电子现金和通用型电子现金。专门用途型电子现金使用的范围较小，比如腾讯的 Q 币就属于专门用途型的电子现金。

（4）根据支付时是否可以合法的进行多次支付，可以分为可分电子现金与不可分电子现金。

（5）根据电子现金的使用形式，可以分为基于卡的预付款电子现金和纯电子形式的电子现金。

（五）第三方支付工具

所谓第三方支付就是以非金融机构的第三方支付公司为信用中介，通过与国内外各大商业银行签订有关协议，进行某种形式的数据交换和相关信息确认，在消费者与各银行以及最终收款人或商家（企业）之间建立一个支付的流程。

目前，国内的第三方支付平台有许多种，例如易趣的“安付通”、阿里巴巴的“支付宝”、中国在线支付网的“ IPAY”、惠聪网的“买卖通”、上海环迅的智能网关“IPS”、云网的“支付 @ 网”、腾讯的“财付通”、易达信动的“Q pay”等。

1. 第三方支付的特点

（1）网上购物和在线支付更便捷。第三方支付平台提供一系列的应用接口程序，将多种银行卡支付方式整合到一起，负责交易结算中与银行的对接，使网上购物更加快捷、便利。

（2）支付操作更简单和易于接受。第三方支付平台提供了一系列应用接口程序，将多种银行卡支付方式整合到一个界面上。对支付者而言，他所面对的是友好的界面，操作极其简单。交易时，用户将信用卡或银行账户信息仅告知第三方支付平台，便可完成操作。

（3）有效破解网上交易中的信用和安全难题。第三方支付作为中立的一方，具有公信度。一旦发生交易纠纷，第三方支付会对消费者和商家采取双向保护，在交易双方之间进行公平、公正的协调处理，确保双方的合法利益得到最大限度的保护。

2. 第三方支付的分类

（1）互联网型支付企业。以支付宝、财付通为代表的互联网型支付企业，它们以在线支付为主，捆绑大型电子商务网站，迅速做大做强。

（2）金融型支付企业。以银联商务、快钱、汇付天下、易宝、拉卡拉等为代表的金融型支付企业，侧重行业需求和开拓行业应用。

（3）支付信用中介。以非金融机构的第三方支付公司为信用中介，这类移动支付产品通过和国内外各大银行签约，具备很好的实力和信用保障，是在银行的监管下保证交易双方利益的独立机构，在消费者与银行之间建立数据交换和信息确认的支付流程，如乐富支付。

实例分享

拉卡拉深入供应链进行赋能升级，业绩显著

拉卡拉重点开发的云超门店数字化经营平台能为商户提供一站式采货的云掌柜、帮助数字化经营的云当家，以及智能订单、智能仓储、智能配送等五大系统，对接品牌商、经销商、仓配平台、门店以及银行，为商户提供支付、货源、物流、金融、品牌、营销等全维度的服务。据其2021年报数据，云超门店数字化经营平台在七个城市试运行，入驻经销商超过500家，接入零售门店1.2万家，复购率超过55%，虽然受疫情影响，依然实现了3.15亿元GMV（商品交易总额）。

资料来源：佚名．支付行业进入综合实力竞争阶段，拉卡拉优势逐渐显现．百家号，2022-07-13.

思考讨论：

像拉卡拉这样的金融型支付企业如何为供应链进行赋能？

扫描二维码，了解更多案例信息。

学有所思

大学生们应该如何树立正确的网络消费价值观？

配套微课

任务三

网上银行的应用

任务前导学习单

<table>
<tr><td>项目名称</td><td>电子商务支付</td><td>任务名称</td><td>网上银行的应用</td></tr>
<tr><td rowspan="3">任务目标</td><td>知识目标</td><td colspan="2">• 掌握网上银行的概念。
• 熟悉网上银行的优势和分类。
• 掌握网上银行的应用流程。</td></tr>
<tr><td>能力目标</td><td colspan="2">• 能够分析网上银行的优缺点。
• 能够应用网上银行。</td></tr>
<tr><td>素养目标</td><td colspan="2">• 提升数字化和信息化素养，培养求真务实的职业精神。
• 了解在抗击疫情期间网上银行所起的作用，树立责任担当意识。</td></tr>
<tr><td>任务导入</td><td colspan="3">数字化环境和技术的发展变化，给银行业的发展带来新的机遇和挑战。正是在这样的背景下，为了降低服务成本、获取行业竞争优势，各大银行纷纷推出网上银行服务，设立互联网金融部、数字金融部等，打造数字化银行，为银行业务打开了新的电子虚拟市场空间。</td></tr>
<tr><td>任务分析</td><td colspan="3">银行在电子商务中扮演两种角色：一是通过网上银行为从事电子商务的各方提供网上支付服务，是电子商务的积极推动者；二是电子商务的积极参与者，通过网上银行为其客户提供服务。网上银行是建立在传统的电子银行基础之上的，是电子银行的一个发展阶段，要了解电子商务的运行机制，就必须掌握网上银行的基本知识、基本原理。</td></tr>
<tr><td>任务准备</td><td colspan="3">• 观察自己身边都有哪些应用属于网上银行的范畴。
• 分析网上银行应用的流程。</td></tr>
</table>

任务知识充电站

一、网上银行的概念

网上银行又叫在线银行、网络银行或虚拟银行，很多组织和学者从不同的角度对网上银行的定义给出了不同的解释，综合多种解释，目前网上银行的定义有广义和狭义两种。狭义的网上银行，是指在互联网上开展一类或几类银行实质性业务的银行，这些业务包括简单的银行交易和所有银行业务，但不包括一般的信息和通信服务，执行传统银行的部分基本职能。广义的网上银行，是指在网上拥有独立的网站，并为客户提供服务的银行，这种服务可以是一般的信息和通信服务、简单的银行交易、所有银行业务。广义的网上银行几乎涵盖了所有在互联网上拥有网页的银行，尽管这种网页有可能仅仅是一种信息介绍，而不涉及具体的银行业务。

课堂讨论

表 4-3 中的业务哪些属于网上银行的应用范畴？请在你认为属于网上银行的应用范畴的业务后打钩。

表 4-3 网上银行应用范畴判断

业务	是否属于网上银行的应用范畴	业务	是否属于网上银行的应用范畴
企业网上银行		在银行 App 上购买理财产品	
在实体店购物，通过支付宝支付		通过个人所得税 App 进行报税	
通过手机银行跨行转账		给合作公司发送电子邮件	

二、网上银行的优势

（一）降低运营成本

网上银行能大大降低银行经营成本，有效提高银行盈利能力。开办网上银行业务，利用公共网络资源，不需设置物理的分支机构或营业网点，减少了人员费用，实行无纸化管理，可节省文件处理费用，提高了银行后台系统的效率。

（二）打破时间和地域限制

网上银行业务打破了传统银行业务的地域和时间限制，能在任何时候、任何地方、以任何方式为客户提供金融服务，这既有利于吸引和保留优质客户，又能主动扩大客户群，开辟新的利润来源。

（三）提供多种类和个性化服务

网上银行有利于服务创新，向客户提供多种类、个性化服务。通过银行营业网点销售保险、证券和基金等金融产品，往往受到很大限制，主要是由于一般的营业网点难以为客户提供详细的、低成本的信息咨询服务。网上银行能够满足客户咨询、购买和交易多种金融产品的需求，为客户提供个性化和场景化金融服务，提高客户满意度。

（四）提供无接触金融服务

网上银行依托金融科技能力，充分发挥数字化、全线上、无接触的作业优势，将快捷、高效、绿色的金融服务送达客户身边，满足人民群众的金融服务需求。

实例分享

网上银行助力抗击新冠疫情

新冠疫情期间，不少银行包括招商银行、广发银行等通过运用各类媒介，例如微信公众号、手机 App、官方网站，引导客户更多运用线上办理服务渠道，减少网点客流聚集。

2020 年 2 月 1 日，央行、银保监会等五部门联合发布的《关于进一步强化金融支持防控新型冠状病毒感染肺炎疫情的通知》中指出，金融机构要加强全国范围特别是疫情严重地区的线上服务，引导企业和居民通过互联网、手机 App 等线上方式办理金融业务，而防疫需求也加速了银行线上业务能力的拓展。

资料来源：佚名．疫情之下的银行：柜面业务受影响，线上业务迎拓展．百家号，2020-02-14.

思考讨论：

网上银行在新冠疫情期间的表现体现了其哪些特点？

扫描二维码，了解更多案例信息。

三、网上银行的分类

（一）按服务对象分

1. 企业网上银行

主要针对企业与政府部门等企事业组织客户。企事业组织可以通过企业网上银行服务实时了解企业财务运作情况，及时在组织内部调配资金，轻松处理大批量的网上支付和工资发放业务，并可处理信用证相关业务。

2. 个人网上银行

主要适用于个人与家庭消费支付与转账。客户可以通过个人网上银行服务，完成实时查询、转账、网络支付、存款理财、生活缴费等功能。

（二）按组织形式分

1. 纯网上银行

纯网上银行又称为虚拟银行，是专门提供在线银行服务的独立银行，因此也被称为“只有一个站点的银行”。

2. 依托传统银行发展的网上银行

这是指现有的传统银行将互联网作为新的服务手段，建立银行站点、提供在线服务的网上银行。

课堂讨论

网上银行和传统银行在企业业务和个人业务服务方面有哪些区别？

四、网上银行的支付流程

（一）企业网银转账支付流程

（1）操作员插入U盾；
（2）核对确认订单信息，输入操作员U盾密码；
（3）核对信息，确认签名；
（4）复核员查看待审批项目；
（5）复核员批准。

（二）个人网银转账支付流程

（1）在购物支付页面选择网银支付；
（2）页面跳转至网银页面；
（3）输入账号、密码，登录网银；
（4）核对订单信息；
（5）输入短信支付确认码或者UKey密码；
（6）查看扣款信息，核对购物订单。

学有所思

科技创新推动网上银行快速发展，请大家本着创新、开放、发展的思维，思考网上银行的未来发展趋势如何。

配套微课

任务四

第三方支付和移动支付的应用

任务前导学习单

项目名称	电子商务支付	任务名称	第三方支付和移动支付的应用
任务目标	知识目标	• 了解第三方支付和移动支付的含义。 • 熟悉第三方支付工具和流程以及手机移动支付的特点。 • 掌握第三方支付和移动支付的使用。	
	能力目标	• 能够区分第三方支付、移动支付和传统支付。 • 能够应用第三方支付和移动支付。	
	素养目标	• 培养敬业、诚信、守法的价值观。 • 培养爱国精神和四个自信。	
任务导入	第三方支付改变了企业的运作方式和消费者的消费习惯。我国正在逐步走向无现金社会，移动支付日趋成熟。移动支付将互联网、终端设备、金融机构有效地联合起来，形成了一个新型的支付体系，使电子货币开始普及。		
任务分析	第三方支付是公司在运营过程中采用的一种新型支付结算方式。移动支付是互联网时代一种新型的支付方式，其以移动终端为中心，通过移动终端对所购买的产品进行结算支付，主要表现形式为手机支付。作为电商从业者，需要了解第三方支付、移动支付与传统支付三者之间的关系，掌握第三方支付和移动支付的特点及应用。		
任务准备	• 观察日常生活中常见的移动支付方式有哪些。 • 关注第三方支付的交易流程。		

任务知识充电站

一、第三方支付

第三方支付（third-party payment）机构是非银行支付机构，指的是独立于商户和银行并且具有一定实力和信誉保障的独立机构，为商户和消费者提供转接支付服务。第三方支付行业发展迅速，首信易、支付宝、连连支付、快钱、财付通等第三方支付机构相继成立，为线上商业活动提供支付渠道。

2010 年，中国人民银行发布了《非金融机构支付服务管理办法》，并向符合条件的机构颁发支付业务许可证，这些举措确认了非金融机构支付业务的合法性地位，通过将其纳入监管，规范了企业经营、保障行业长期有序发展。自 2010 年起，在网络购物、社交红包、线下扫码支付等不同时期不同推动力的作用下，第三方支付交易规模经历高速发展，截至 2022 年底，中国第三方移动支付交易规模为 319.2 万亿元，较上年增加 45.1 万亿元，同比增长 11.2%。第三方支付凭借其便捷、高效、安全的支付体验，使得中国的支付市场成为国际领先的支付市场。

课堂讨论

请上网检索国家颁布的与第三方支付相关的监管政策，并填写在表 4－4 中。

表 4－4　国家关于第三方支付的监管政策

颁布时间	政策名称	主要侧重点

（一）第三方支付交易流程

第三方支付交易流程如图 4－3 所示。

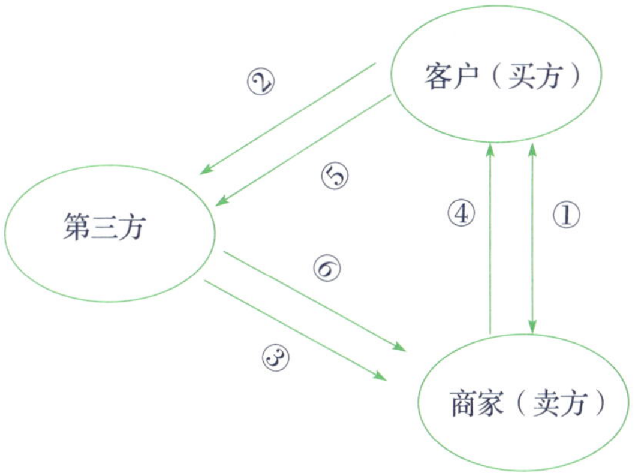

图 4－3　第三方支付交易流程

（1）客户在网上购物，选择第三方支付货款；
（2）货款划拨到第三方支付平台中间账户；
（3）第三方支付平台通知商家客户已付款；
（4）商家收到付款信息后发货；
（5）客户验收后在第三方支付平台付款；
（6）第三方支付平台将货款划入商家账户。

课堂讨论

通过网络检索相关材料，讨论我国主要的第三方支付平台服务商有哪些。

（二）第三方支付的发展历程

第三方支付自 2000 年诞生，到目前大致经历了萌芽阶段、发展阶段、转型升级阶段、制度化监管阶段。

1. 萌芽阶段（2000—2003 年）

第三方支付平台是随着电子商务的出现而出现的。2000 年，为有效解决电子商务中出现的资金流问题，环迅支付和首信易支付两家企业成为首批提供第三方网上支付服务的企业，为电商企业搭建在线支付平台，为中国电子商务提供网关和基础应用服务。2001 年，环迅支付成为当时国内唯一支持 Visa、Master Card 的在线实时支付服务平台。2003 年，支付宝等支付企业相继成立，加入了中国网上支付行业。随着越来越多支付企业的进入，中国第三方支付行业逐步发展起来。

2. 发展阶段（2004—2006 年）

萌芽阶段，整个市场规模只有 10 亿元左右，买卖双方互不信任，支付存在着巨大瓶颈，阻碍了电子商务的发展。为解决这一问题，2003 年底支付宝在全球率先推出了“担保交易”的模式。这一担保交易的推出，解决了网上交易及付款中的信任问题，为网上信任文化的普及打下了基础，促进了中国电子商务的发展。面对电商企业不断增加的在线支付需求，中国网上支付企业开始在原先单纯的网关支付的基础上研发多样化、多类型的支付产品，让企业可以选择到适合自己业务的支付产品，满足交易主体的多样化需求。

3. 转型升级阶段（2007—2010 年）

随着越来越多的企业加入第三方支付行列，第三方支付市场竞争加剧。在竞争过程中，第三方支付企业开始认识到第三方支付平台作为电子商务基础服务的价值，认识到不同行业对于资金安全、风险控制、资金管理和行业应用等的复合需求不断增加，为满足来自各行业的需求，网上支付企业开始不断深入到不同行业中，为行业开发定制化资金解决方案，第三方支付平台开始独立运作，逐步向平台之外的商家开放。短短几年内，第三方支付的业务范围已经覆盖了 B2C 购物、航空机票、旅游、教育缴费、虚拟游戏、房产等众多领域。

4. 制度化监管阶段（2010 年底至今）

2010 年 6 月，中国人民银行颁布了《非金融机构支付服务管理办法》（中国人民银行令〔2010〕第 2 号）。2010 年 12 月，中国人民银行颁布了《非金融机构支付服务管理办法实施细则》。这两个办法对第三方支付的定义和性质、申请与许可、监督与管理、罚则进行了规定。这两个规定的出台，对第三方支付产生了深远的影响，在此阶段，各第三方支付企业在努力发展业务的同时，还要注重合规性发展，按照规定的要求规范业务，申请许可，深化改革，适应监管。2015 年 12 月，中国人民银行出台《非银行支付机构网络支付业务管理办法》，明确第三方支付行业是中国支付体系的补充，需要做好客户信息安全、资金安全，以及风险防范。2016 年，中国人民银行发布《非银行支付机构分类评级管理办法》，极大地促进了行业的良性发展。

（三）第三方支付的应用

根据艾瑞咨询发布的《2022 年第三方支付行业研究报告》，数字化浪潮下第三方支付价值凸显，提升资金流和信息流流转效率，为构建产业数字化建立枢纽。面向 C（消费者）端，支付服务更加标准化，与商业生态相辅相成，支付导流金融服务和生活服务，容易形成规模效应；面向 B（企业）端，支付服务相对定制化，行业属性较强，拓展多元服务支撑能力，助推企业产业数字化布局。面向 C 端的个人支付是第三方支付稳定增长的基础，面向 B 端的企业支付打开了第三方支付新局面。

实例分享

中国支付大有可为，拓展“一带一路”沿线区域支付市场步伐加快

移动支付的成功经验让中国创新支付走在世界前沿，银联国际将境内移动支付发展经验运用到国际市场，为境外居民提供基于银联卡的移动支付服务。输出芯片卡标准之后，银联国际将移动支付标准输出到国外。银联移动支付接入门槛低、硬件改造成本少，以“云闪付”为主的移动支付产品和银联二维码，覆盖了众多境外小额支付场景，打通了线上线下支付渠道。

在银联的助力下，“一带一路”沿线建设起了互联互通的支付网络，合作也由传统银行卡业务拓展升级到了支付技术和标准建设。银联国际的“携、帮、带”受到了“一带一路”沿线国家的欢迎，银联芯片卡标准成为它们的用卡标准，这些国家开始大规模发行银联卡。《尼尔森报告》显示，2021 年银联亚太地区交易量在各大国际卡组织中位居第一，“一带一路”沿线区域累计发行银联卡超 1.5 亿张。

资料来源：张浩东，项西．银联国际成立十年：银联卡境外发行突破 2 亿张．网易，2022-12-30.

思考讨论：

中国支付市场的发展趋势如何？

扫描二维码，了解更多案例信息。

二、移动支付

移动支付是通过移动终端对所购买的产品进行结算支付的支付方式。移动支付的类型多样，不同的移动支付类型可以满足用户在不同场合的需求，易获得消费者的青睐。目前手机支付是移动支付的主要表现形式。随着企业数字化转型升级，以及直播电商等新领域的迅速发展，移动支付的业务量和交易金额将持续增长。

实例分享

疫情之下，移动支付的社会价值凸显

比起现金支付，使用移动支付工具显然就要“卫生”得多：只需拿出手机动动手指，扫码后再输入密码，即可在线上或者线下完成所有的支付流程，完全不受时间和空间所限，既绕开了有可能成为病毒间接传播源的纸币，防止疫情通过

一张张经过转手的钞票而扩散，又有效地避免了人们在线下聚集，还方便了广大消费者对于生活物资的获得与相关业务的办理，以及企业之间的各种业务资金往来，继而保障经济的顺利重启。

事实上，在疫情的冲击之下，其他国家也都逐渐开始意识到移动支付的价值，欧盟、非洲国家、新加坡、日本等都纷纷在疫情期间采取相应措施，鼓励和推广移动支付。相比之下，我国在移动支付领域早已领先全球，这也给国内支付企业出海布局提供了契机。

资料来源：付一夫. 疫情之下，移动支付的社会价值正在凸显. 凤凰网，2020-10-14.

思考讨论：

移动支付的社会价值体现在哪些方面？

扫描二维码，了解更多案例信息。

（一）移动支付的分类

移动支付主要分为两种：近场支付和远场支付。

1. 近场支付

近场支付是指通过具有近距离无线通信技术的移动终端，实现本地化通信，进行货币资金转移的支付方式。例如，用手机刷卡的方式坐车、买东西等。

2. 远场支付

远场支付是指通过移动网络，利用短信、GPRS 等空中接口，和后台支付系统建立连接，实现各种转账、消费等支付功能。例如，用手机交话费等。

实例分享

加强近场移动支付使用，更好地抗击疫情

疫情期间，深圳地铁积极提倡乘客使用无接触式支付方式，加强推广乘车二维码、银联卡等多种移动支付方式。数据显示，2020 年 12 月深圳地铁乘客移动支付的出行占比达到 72%，同比提高了 17%，单程票使用率全国最低，降至不足 1%。

资料来源：李秀瑜. 深圳地铁全年客运强度居全国前列，2020 年中国城市轨交蓝皮书发布. 百家号，2021-10-26.

思考讨论：

近场移动支付对抗击疫情起到了什么样的作用？

扫描二维码，了解更多案例信息。

课堂讨论

请从技术方式、优劣势、产业链成熟度和影响等几个方面对近场支付和远场支付的实现方式加以区分，并填入表 4－5 中。

表 4-5　移动支付实现方式区分

分类	技术方式	优势	劣势	产业链成熟度和影响
近场支付				
远场支付				

（二）移动支付的价值链构成

移动支付的价值链主要由金融机构、电信运营商、商家、消费者、移动设备提供商、移动支付服务提供商等多个环节构成，如图 4-4 所示。

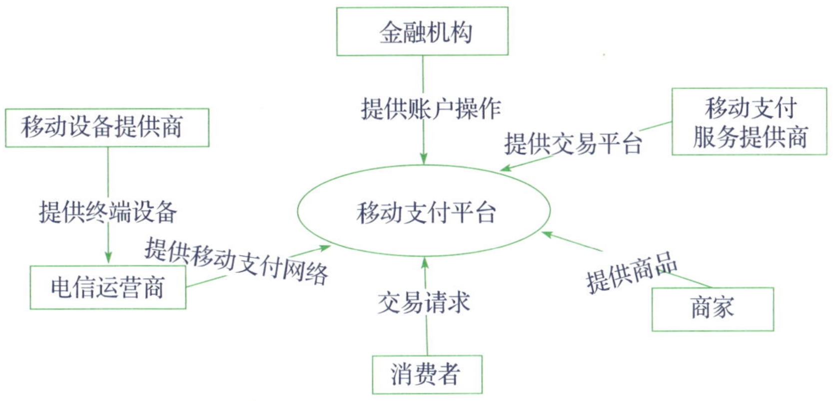

图 4-4　移动支付的价值链构成

在整个移动支付的价值链中，消费者的需求是起点，而商家是价值链的终点，金融机构在整个价值链中占据着核心地位。消费者在进行移动支付活动时，需要利用移动设备这个重要的工具和手段，通过电信运营商提供接入及增值服务来完成整个支付过程。第三方支付机构在移动支付价值链中则扮演着价值发现和创造者的角色。

（三）移动支付的应用

1. 二维码支付

二维码支付是一种基于账户体系搭起来的新一代无线支付方案。在该支付方案下，商家可把账号、商品价格等交易信息汇编成一个二维码，并印刷在报纸、杂志、广告、图书等载体上发布。

二维码支付手段在国内兴起主要与我国信息技术的快速发展以及电子商务的快速推进有关。信息技术的日渐成熟，推动了智能手机、平板电脑等移动终端的诞生。与此同时，国内电商也紧紧与“移动”相关，尤其是 O2O 的发展。有了大批的移动设备，也有了大量的移动消费，支付成本就变得尤为关键。因此，二维码支付便应运而生。

2. NFC 支付

NFC 支付是指消费者在购买商品或服务时，即时采用 NFC 技术通过手机等手持设备完成支付，是一种新兴的移动支付方式。支付的处理在现场进行，并且在线下进行，不需要使用移动网络，而是使用 NFC 射频通道实现与 POS 收款机或自动售货机等设备的本地通信。

3. 刷脸支付

刷脸支付的原理是人脸识别技术，人脸识别是生物识别的一种方式。生物识别其实就是教机器认人——让机器来判断现在正在使用账号的人到底是不是账号的所有者，以此进行身份验证。

学有所思

移动支付能创造哪些新的社会价值？

知识巩固与技能提升

一、单项选择题

1. 电子支票付款时，付款方怎么确保电子支票的不可否认性？（　　）

A. 用付款方的公钥加密　　B. 用付款方的私钥加密

C. 用收款方的私钥加密　　D. 用收款方的公钥加密

2. 汇付天下属于以下哪种第三方支付企业？（　　）

A. 金融型支付企业　　B. 互联网型支付企业

C. 银行型支付企业　　D. 支付信用中介

3. 以下哪种支付方式不属于移动支付？（　　）

A. 二维码支付　　B. POS 机刷卡支付

C. NFC 支付　　D. 刷脸支付

4. 云闪付属于哪种电子钱包？（　　）

A. 多用途智能卡类电子钱包　　B. 单用途智能卡类电子钱包

C. 服务器端电子钱包　　D. 客户端电子钱包

二、多项选择题

1. 传统支付方式的局限性包括（　　）。

A. 企业资金回笼滞后，增加了资金运作规模

B. 业务流程复杂，运作成本较高

C. 安全问题较多，如空头支票、假币消费、现金携带风险等

D. 运作速度与处理效率比较低

2. “三票一卡”中的“三票”是指（　　）。

A. 汇票　　B. 发票　　C. 本票　　D. 支票

3. 网上支付系统的主体包括（　　）。

A. 客户　　B. 支付网关　　C. 银行

D. 商家　　E. 认证中心

4. 网上支付的安全威胁包括（　　）。

A. 虚假订单　　B. 电子货币数据丢失

C. 发货后未收到款项　　D. 机密性丧失

5. 按照服务对象分，网上银行可以分为（　　）。

A. 依托传统银行发展起来的网上银行
B. 企业网上银行
C. 个人网上银行
D. 纯网上银行

6. 第三方支付包括哪几种类型？（　　）

A. 金融型支付企业　　B. 银行
C. 互联网型支付企业　　D. 支付信用中介

三、判断题

1. 第三方支付的业务主要包括面向 C 端和面向 B 端的支付服务。（　　）
2. 中国移动支付在全球居于领先位置，是我们中国人的骄傲。（　　）
3. 移动支付的付款码是一次性的，而且是实时更新的。（　　）
4. 虚拟电子钱包可以保存交易记录。（　　）

四、简答题

1. 网上支付的特点是什么？
2. 网上支付的风险控制方法有哪些？

05

项目五

电子商务物流

- 任务一　电子商务物流认知
- 任务二　电子商务物流模式分析
- 任务三　智慧物流初探

项目框架图

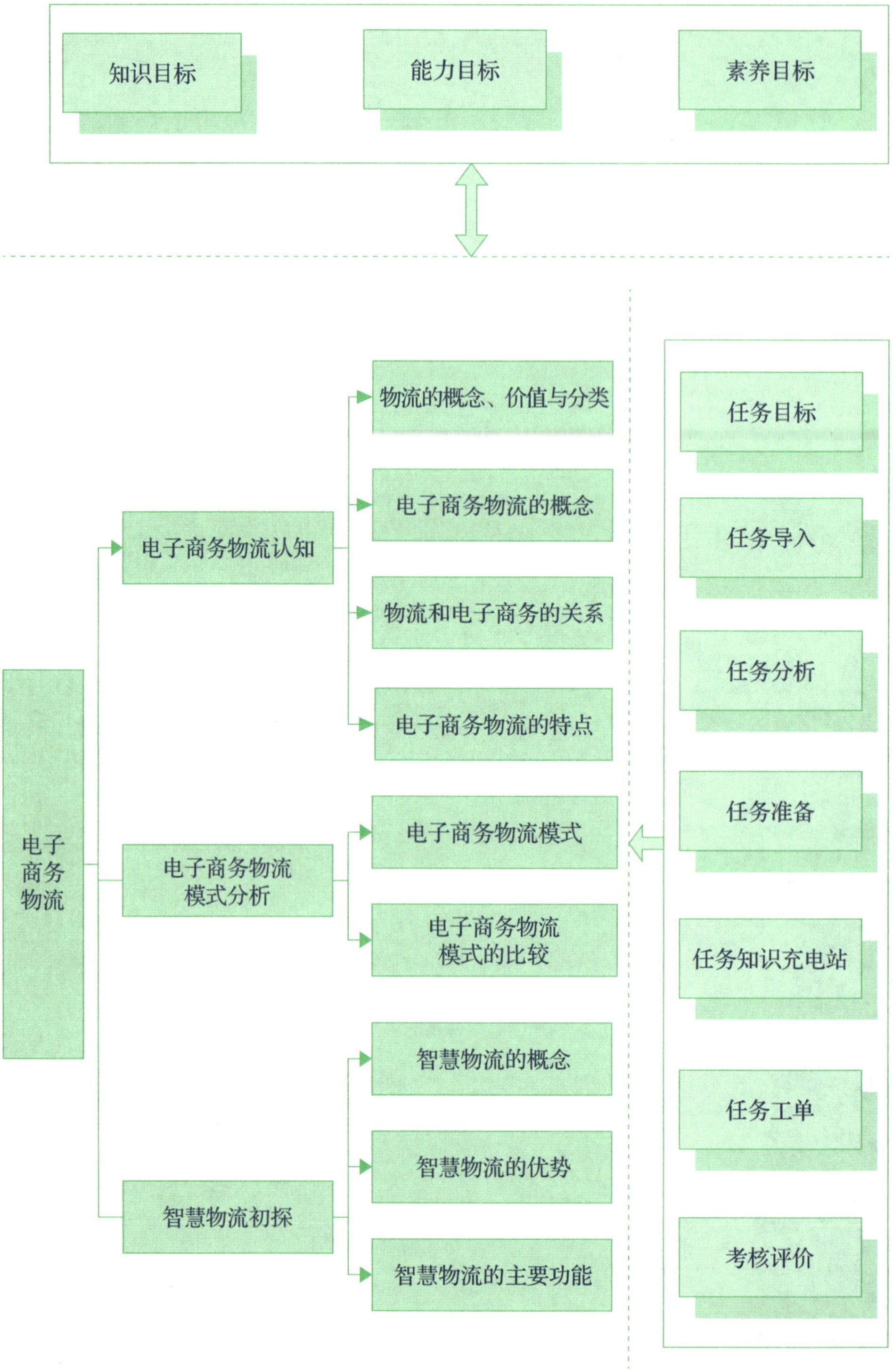
知识目标
能力目标
素养目标
电子商务物流
电子商务物流认知
物流的概念、价值与分类
电子商务物流的概念
物流和电子商务的关系
电子商务物流的特点
电子商务物流模式分析
电子商务物流模式
电子商务物流模式的比较
智慧物流初探
智慧物流的概念
智慧物流的优势
智慧物流的主要功能
任务目标
任务导入
任务分析
任务准备
任务知识充电站
任务工单
考核评价

任务一

电子商务物流认知

配套微课

任务前导学习单

<table>
<tr><th>项目名称</th><th>电子商务物流</th><th>任务名称</th><th>电子商务物流认知</th></tr>
<tr><td rowspan="3">任务目标</td><td>知识目标</td><td colspan="2">• 掌握电子商务物流的概念。
• 熟悉电子商务和物流的关系。
• 了解电子商务物流的特点。</td></tr>
<tr><td>能力目标</td><td colspan="2">• 能够分析绿色物流如何开展。
• 能够分析电子商务与物流的关系。</td></tr>
<tr><td>素养目标</td><td colspan="2">• 关注电子商务物流的发展及新技术的应用，培养开放、共享、发展的职业精神。
• 培养绿色环保意识。</td></tr>
<tr><td>任务导入</td><td colspan="3">物流对电子商务具有支撑作用，电子商务对物流的影响也非常大。因此，需要了解哪些活动是电子商务物流活动，理解物流在电子商务中的作用、电子商务物流有哪些特点、电子商务物流和传统物流之间的具体关系如何。</td></tr>
<tr><td>任务分析</td><td colspan="3">电子商务物流是什么？需要从电子商务和物流之间的关系去理解。为了更好地把物流与电子商务进行结合，需通过案例来分析电子商务物流的实际应用，更好地掌握电子商务物流的特点和重要性。</td></tr>
<tr><td>任务准备</td><td colspan="3">• 观察自己身边有哪些电子商务物流应用。
• 对比传统物流和电子商务物流的流程。</td></tr>
</table>

任务知识充电站

一、物流的概念、价值与分类

物流是物质实体的流动过程，具体包括运输、储存、配送、装卸、保管、物流信息管理等各种活动。对于少数商品和服务来说，可以直接通过网络传输的方式进行配送，如各种电子出版物、信息咨询服务等。而对于大多数商品和服务来说，物流仍要经由物理方式完成。

（一）什么是物流

供应链管理专业协会（Council of Supply Chain Management Professionals，简

称 CSCMP）对物流的定义是：“物流是以满足客户需求为目的，对商品、服务和相关信息从起始点到消费点的流动和储存进行有效率、有效果的计划、执行和控制的供应链过程。”7R 定义法：恰当的产品（right product）、恰当的数量（right quantity）、恰当的条件（right condition）、恰当的地点（right place）、恰当的时间（right time）、恰当的顾客（right customer）和恰当的成本（right cost）。物流系统的内在特征在目的上表现为实现物流的效率化和效果化、较低成本和较优服务，在原则上表现为实现 7R。

中华人民共和国国家标准《物流术语》（GB/T 18354-2021）将物流定义为：物品从供应地向接收地的实体流动过程。根据实际需要，将运输、储存、装卸、搬运、包装、流通加工、配送、信息处理等基本功能实施有机结合。2001 年 3 月，我国六部委（国家经贸委、铁道部、交通部、信息产业部、外经贸部、民航总局）在《关于加快我国现代物流发展的若干意见》的通知中，对现代物流的定义是：“现代物流泛指原材料、产成品从起点至终点及相关信息有效流动的全过程。它将运输、仓储、装卸、加工、整理、配送、信息等方面有机结合，形成完整的供应链，为用户提供多功能、一体化的综合性服务。”

课堂讨论

表 5－1 中的业务哪些属于物流活动？请在你认为是物流活动的业务后打钩。

表 5－1　物流活动范畴判断

业务	是否属于物流活动	业务	是否属于物流活动
各种商品的配送		垃圾的运输	
天然气的管道运输		商品在两地间的运输	
货物的运输		原材料在工厂的搬卸装运	

（二）物流的价值

1. 场所价值

供给者和需求者之间往往处于不同的场所，物从供给者到需求者之间有一段空间差。由于改变这一空间差而创造的价值称作“场所价值”。从集中生产场所流入分散需求场所创造价值；从分散生产场所流入集中需求场所创造价值；从甲地生产场所流入乙地需求场所创造价值。

2. 时间价值

物从供给者到需要者之间有一段时间差，由于改变这一时间差而创造的价值，称作“时间价值”。

3. 加工附加价值

物流主体根据自己的优势从事一定的补充性的加工活动，这种加工活动不是创造商品的主要实体、形成商品主要功能和使用价值的，而是带有完善、补充、增加性质的加工活动，这种活动必然会形成劳动对象的附加价值。如在物流中心，通过改变包装形态与发送批量等，都可以创造价值。

（三）物流的分类

1. 宏观物流和微观物流

宏观物流是指社会再生产总体的物流活动。这种物流活动的参与者是构成社会总体的大产业、大集团，宏观物流研究的是社会再生产总体物流、产业或集团的物流活动和物流行为。微观物流是消费者、生产者所从事的实际的、具体的物流活动。如企业物流、生产物流、供应物流、销售物流、回收物流、废弃物物流、生活物流等。

2. 社会物流和企业物流

社会物流是指以社会为范畴、面向社会为目的的物流。社会物流研究再生产过程中随之发生的物流活动，研究国民经济中的物流活动，研究如何形成服务于社会、面向社会，又在社会环境中运行的物流，研究社会中物流体系结构和运行，因此具有宏观性和广泛性。企业物流是从企业角度来研究与之有关的物流活动，是具体的、微观的物流。企业物流可细分为企业生产物流、企业供应物流、企业销售物流、企业回收物流、企业废弃物物流。

3. 国际物流和区域物流

国际物流是现代物流系统发展快、规模大的一个物流领域，国际物流是伴随和支撑国际经济交往、贸易活动和其他国际交流所发生的物流活动。相对于国际物流而言，一个国家范围内的物流、一个城市的物流和一个经济区域的物流称之为区域物流。

4. 一般物流和特殊物流

一般物流指物流活动的共同点和一般性，物流系统的建立及物流活动的开展必须有普遍的适用性。带有特殊的制约因素、应用领域、管理方式、劳动对象、机械装备特点的物流，皆属于特殊物流范围。按劳动对象的特殊性有水泥物流、石油及油品物流、煤炭物流、危险品物流等；按数量及形体的特殊性有多品种、少批量、多批次产品物流，超长超大产品物流等；按服务方式及服务水平的特殊性有“门到门”的一贯物流配送等；按装备及技术的特殊性有集装箱物流、托盘物流等；按组织方式的特殊性有加工物流等。

二、电子商务物流的概念

电子商务物流就是在电子商务环境下，依靠计算机、互联网、电子商务技术等信息技术所进行的物流（活动），也就是利用新兴技术，如大数据、云计算、物联网等，对传统物流管理进行改造，实现企业内和企业间物流资源共享和优化配置的物流方式。

近年来，国家相继出台了很多促进电子商务发展的政策，以促进电子商务与快递物流协同发展不断加深。如 2018 年 1 月，国务院办公厅印发《关于推进电子商务与快递物流协同发展的意见》，提出要深入贯彻落实习近平新时代中国特色社会主义思想，落实新发展理念，提高电子商务与快递物流协同发展水平。

三、物流和电子商务的关系

物流与电子商务的关系是极为密切的。物流对电子商务的实现很重要，电子商务对物流的影响也很大，物流在未来的发展与电子商务的影响是密不可分的。电子商务与现代物流最基础的关系就是相互协助和配合。物流本身的矛盾促使其发展，而电子商务恰恰提供了解决这种矛盾的手段；反过来，电子商务本身矛盾的解决，也需要物流来提供手段，新商务模式要求有新物流模式。

（一）物流对电子商务的影响

1. 物流是电子商务的重要组成部分

广义的电子商务包括物流电子化过程。电子化的对象是整个交易过程，不仅包括信息流、商流、资金流，还包括物流；电子化的工具也不仅仅指计算机和网络通信技术，还包括叉车、自动导向车、机械手臂等自动化物流工具。

2. 物流是电子商务概念模型的基本要素

电子商务概念模型是对现实世界中电子商务活动的一般抽象描述，它由电子商务实体、电子市场、交易事务和信息流、商流、资金流、物流等基本要素构成。

3. 物流是实现电子商务的保证

物流是实现“以顾客为中心”理念的根本保证。缺少了现代化的物流技术，电子商务将无法给消费者带来购物的便捷。

（二）电子商务对物流的影响

1. 电子商务改变人们传统的物流观念

电子商务作为一种新兴的商务活动，为物流创造了虚拟的运动空间。在电子商务环境下，人们在进行物流活动时，物流的各种职能及功能可以通过虚拟化的方式表现出来。

2. 电子商务改变物流的运作方式

传统的物流活动是以商流为中心，而在电子商务环境下，物流以信息为中心，电子商务对物流实现网络的实时控制。同时，网络对物流的实时控制是以整体物流来进行的。

3. 电子商务改变物流企业的经营形态

一方面，电子商务改变物流企业对物流的组织和管理。电子商务要求物流从社会的角度进行组织和管理，打破传统物流的分散状态。另一方面，电子商务将改变物流企业的竞争状态。在电子商务环境下，企业之间存在竞争与合作并存的状态，以实现物流高效化、合理化和系统化。

4. 电子商务促进物流技术与管理水平的提高

首先，电子商务将促进物流基础设施的改善，例如良好的交通运输网络、通信网络等。其次，电子商务将促进物流技术的进步，包括物流“硬技术”（组织物流过程中所需的各种材料、机械和设施）和“软技术”（组织高效率的物流所需的计划、管理、评价等技术和方法）。最后，电子商务将促进物流管理水平的提高。

5. 电子商务对物流人才提出了更高的要求

电子商务要求物流人才具有较丰富的电子商务知识，并在实际的运作过程中，具有较高的物流管理水平。通晓电子商务知识并具有较丰富物流管理水平的人才，将成为电子商务物流管理水平提高的至关重要的因素。

实例分享

电商与物流互促发展

时代在发展，电商平台不断扩充自己的物流通道。拼多多推出一系列物流服务，以确保更快、更有效地向用户交付产品，在人工智能和大数据技术的支持下，新的物流系统能为商家提供路线规划、自动化仓储、包裹分拣和特定系统等服务，以提高新鲜农产品的配送效率。

资料来源：佚名．电商跨界物流，看亚马逊与联邦快递的案例．搜狐，2019-10-15.

思考讨论：

除了上述应用外，还有哪些电子商务与物流相互促进发展的案例？

扫描二维码，了解更多案例信息。

四、电子商务物流的特点

电子商务时代的来临，给全球物流带来了新的发展，使物流具备了一系列新特点。

（一）信息化

物流信息化表现为物流信息的商品化、物流信息收集的数据库化和代码化、物流信息处理的电子化和计算机化、物流信息传递的标准化和实时化、物流信息存储的数字化等。

常用的信息化技术手段有：条码技术、数据库技术、电子订货系统（electronic ordering system，简称 EOS）、电子数据交换（electronic data Interchange，简称 EDI）、快速反应（quick response，简称 QR）等。

知识链接

EOS、EDI、QR 等的含义

（二）自动化

自动化的基础是信息化，自动化的核心是机电一体化，自动化的外在表现是无人化，自动化的效果是省力化，自动化还可以扩大物流作业能力、减少物流作业的差错、提高劳动生产率等。物流自动化的设施有条码／语音／射频自动识别系统、自动分拣系统、自动存取系统、自动导向车、货物自动跟踪系统等。

（三）网络化

一方面是物流配送系统的网络化，物流配送中心系统通过网络连接供应商、制造商、下游顾客以及货物流动中的各个环节；另一方面是组织的网络化，即所谓的企业内部网。物流的网络化是物流信息化发展的必然结果，是电子商务下物流活动的主要特征之一。全球网络资源的可用性及网络技术的普及为物流的网络化提供了良好的外部环境。

（四）智能化

智能化是物流自动化、信息化的一种高层次应用。为了提高物流现代化的水平，智能化已成为电子商务环境下物流发展的一个新趋势。

物流作业中存在大量的运筹和决策，如库存水平的确定、运输路径的选择、自动导向车的运行轨迹和作业控制、自动分拣机的运行、物流配送中心经营管理的决策支持等问题，这些都需要借助智能化技术手段。

知识链接

CIMS、MRP、ERP的含义

（五）柔性化

柔性化本来是为实现“以顾客为中心”的理念而在生产领域提出的。柔性化要求根据消费者需求的变化来灵活调节生产工艺，没有配套的柔性化的物流系统就不可能达到目的。柔性管理技术和方法有现代集成制造系统（contemporary integrated manufacturing systems，简称 CIMS）、物资需求计划（material requirement planning，简称 MRP）、企业资源计划（enterprise resource planning，简称 ERP）等，将生产、流通进行集成，根据需求组织生产，安排物流活动。

（六）绿色化

“推动绿色发展”，“加快节能降碳先进技术研发和推广应用”，各行各业积极贯彻党的二十大精神，物流行业利用先进物流技术规划和实施运输、储存、包装、装卸、流通加工等物流活动，降低对环境的污染，减少资源消耗，助力实现绿色生产生活。

学有所思

在新冠疫情期间，电商和物流企业是如何携手应对发展中的问题的？

任务二 电子商务物流模式分析

配套微课

任务前导学习单

项目名称	电子商务物流	任务名称	电子商务物流模式分析
任务目标	知识目标	• 了解电子商务物流的模式。 • 熟悉各种电商物流模式的特点。 • 掌握电商物流模式的比较应用。	
	能力目标	• 能够分析电子商务物流模式的适用性。 • 能够分析对比三种电子商务物流模式。	
	素养目标	• 关注新业态、新技术、新产业的应用，培养发展创新的职业精神。 • 树立专业自信。	
任务导入	电子商务的发展需要适合其特点的物流支持。那么，适合不同电子商务企业的物流模式有哪些？它们有哪些优缺点？		
任务分析	与传统物流相比，电子商务物流运用了新的技术，运作模式也发生了变化。电商从业者需要了解电子商务物流模式有哪些，其适用性如何，以及具体是如何应用的。		
任务准备	• 思考常见的电子商务物流模式有哪些。 • 对比分析电子商务物流模式的优缺点。		

任务知识充电站

一、电子商务物流模式

各电商平台的物流模式是不同的，主要有以下几种物流模式。

（一）自营物流

自营物流简单来说就是企业自身经营的物流模式。自营物流就是企业自行组建物流配送系统，经营企业的物流配送过程。目前我国采取自营物流的企业主要有两类：一类是资金实力雄厚且业务规模较大的电子商务公司；另一类是大型的制造企业。

（二）物流联盟

物流联盟是企业基于相互协议上建立的物流合作联盟。参加联盟的企业共同获得利益，同时企业间也保持各自的独立性。物流联盟在企业间形成了相互信任、共担风险、共享收益的物流伙伴关系。在选择联盟企业的时候，要注意物流服务提供商的种类及产品经营策略。

知识链接

物流代理的含义

（三）第三方物流

第三方物流是独立于买家和卖家之外的专业化物流公司，以长期合作的形式承接委托的物流服务，全方位地为企业解决物流问题，使企业的产品快速向市场移动，从而降低物流成本，提高经济效益。第三方物流不参与商品的买卖，为客户提供个性化的物流代理服务。它也是电商的主要物流模式，且更方便快捷。

课堂讨论

通过网络检索相关材料，总结 B2B、B2C、C2C 等电子商务企业分别采用什么样的电子商务物流模式。

二、电子商务物流模式的比较

（一）自营物流的优缺点

自营物流的优点在于速度快，时效性好，用户体验好，企业对物流环节有较强的控制能力，能够更好地掌握货物信息，货物准时达，促进与客户的联系，对于维护自有品牌的形象起到积极作用。缺点是仓库和物流配送前期投入成本大，且达到一定规模才能实现效益，同时随着物流体系的扩大而增加成本，资金投入大。

该模式适用于具有一定规模和资源的企业，如京东物流。

实例分享

京东自营物流，高效率服务提高客户满意度

京东商城在北京、上海、广州、成都这四座城市都建设了自己的物流体系，以华东物流中心为例，京东每日能正常处理 2.5 万个订单，日订单极限处理能力达到 5 万单。北京的货品基本都是由京东自己的配送队伍配送，一般都是当日或是次日送达。2009 年京东宣布成立自己的快递公司，投资 2 000 万元在上海成立快递公司，欲在全国范围内建立起自己的配送网络。与此同时，在苏州、杭州、天津、深圳、南京、无锡、宁波这七个城市开通配送站，并在华东物流中心旁建一座比其更大的物流仓储中心。也正是因为有了自营配送模式的支持，京东在 2010 年 4 月正式推出了“211 限时达”服务，即每天 11 点前下订单，当日下午送达；23 点前下订单，次日上午送达。高效率的服务获得了更高的客户满意度，同时也使得京东的订单量呈上升趋势。

资料来源：佚名．京东物流配送模式分析．应界毕业生网，2022-03-02.

思考讨论：

自营物流的代表企业还有哪些？

扫描二维码，了解更多案例信息。

（二）物流联盟的优缺点

物流联盟的优点在于通过物流联盟，每个成员都能分享更多的资源，并借助更大范围内的资源整合和优化利用，实现彼此间的优势互补，从而产生“1+1>2”的效应，获得远比独自发展更多的利益，也能共同承担风险。物流联盟模式的缺点是由于涉及多个企业，因此面临着诸多不确定性因素，难以保证运行效率。当物流联盟由于运作不良导致成员无法获得预期的利益，或者联盟利益分配不合理时，都可能导致成员采取消极合作的态度，从而无法充分发挥成员的优势互补价值。另外，在实际运作中，会造成货主企业对物流供应商的依赖。

该模式适用于区域配送系统完善、物流内容相对单一、物流规模较稳定的企业，如菜鸟。

实例分享

菜鸟联合全球物流企业开通免费运输绿色通道，为武汉输送救援物资

2020 年 1 月 25 日，菜鸟联合中通、申通、韵达、圆通、百世、德邦等中国主要快递物流企业，以及 AirCity 国际物流集团、辛克物流、丹马士物流、4PX 递四方、宏远物流、斑马物流等国外物流企业联合发布公告，正式开通国内及全球绿色通道，免费从国内外各地为武汉地区运输社会捐赠的救援物资。各地捐赠机构如有物资运输需求，可以拨打菜鸟武汉物资捐赠免费运输热线进行联系。该绿色通道面向各地政府、企事业单位、社会团体、公益组织、商业机构和医疗用品生产企业开放，优先确保口罩、消毒液、护目镜、防护服等防护用品第一时间送达。菜鸟全球供应链在国外多地开通捐赠物资接收通道，经北京、上海、武汉等口岸通关入境。

资料来源：李禾．菜鸟联合全球物流企业开通武汉救援物资免费运输绿色通道．雪球，2020-01-25.

思考讨论：

在抗疫期间菜鸟是否采用了物流联盟的模式？

扫描二维码，了解更多案例信息。

（三）第三方物流的优缺点

第三方物流的优点在于物流专业性能强，仓储管理能力高，货物安全系数高。第三方物流企业投资少，风险系数低，有利于企业全身心地投入自身核心业务的发展中去，进一步提升企业业务。缺点是企业不能获得直接控制物流职能的权利，对于维护与顾客的长期友好关系不利。如果第三方配送企业经营出现问题了，有可能会殃及企业自身的经营。

该模式主要适用于不具备现代物流技术手段，无法满足自身对物流系统需要的企业。

实例分享

中远海运物流赋能中欧班列数智应用推广

中远海运物流是以航运物流为核心的国际化综合性物流企业，业务包括综合货运、仓储物流、船舶代理、工程物流、电子产品物流以及供应链管理等六条产品线，打造综合物流、船舶代理和专业物流三大核心业务板块及“互联网+”供应链，提供涵盖海运、陆运、空运、多式联运、内河运输、驳运、仓储、报关报检、分拨、集拼、配送在内的端到端全程供应链物流服务。

中欧陆海快线是在服务于国家“一带一路”倡议背景下开发的，以希腊比雷埃夫斯港作为地中海最大枢纽港并衔接铁路，延伸到中东欧内陆地区的新通道。中欧班列是从远东到欧洲的第二条通道，即全铁路运输通道。

资料来源：佚名. 中远海运物流赋能中欧班列数智应用推广. 网易，2021-09-10.

思考讨论：

在电子商务环境下，和中远海运物流采用相同物流模式的企业还有哪些？

扫描二维码，了解更多案例信息。

学有所思

新冠疫情期间，企业是如何创新使用电子商务物流模式的？我们应如何培养创新的职业精神？

任务三

智慧物流初探

配套微课

任务前导学习单

项目名称	电子商务物流	任务名称	智慧物流初探
任务目标	知识目标	• 掌握智慧物流的概念。 • 了解智慧物流的基本构成。 • 熟悉智慧物流的优势。	
	能力目标	• 具备判断智慧物流范畴的能力。 • 具备分析对比传统物流与智慧物流的能力。	
	素养目标	• 关注新业态、新技术、新产业的应用，培养开放、创新、共享、发展的职业精神。 • 熟悉智慧物流的优势，培养爱国情怀和专业自信。	
任务导入	随着物联网技术和智能制造日渐成熟，智慧物流发展起来。《“十四五”现代物流发展规划》指出要大力发展智慧物流，并谋划了智慧物流发展的新路径。那么，究竟什么是智慧物流？和传统物流相比较，智慧物流有哪些优势和特征？		
任务分析	与传统物流相比，智慧物流有很多新的基本构成，运用了新的技术，运输流程也发生了变化。对于智慧物流的概念，需要从智慧和物流两个角度去理解，也要注意狭义概念和广义概念的区别。智慧物流具有传统物流所没有的优势，高质量发展是智慧物流的主基调，数字智慧是智慧物流发展的新引擎，绿色低碳将成为智慧物流可持续发展的主色调。		
任务准备	• 观察并总结智慧物流在生活中的应用。 • 对比分析传统物流和智慧物流。		

任务知识充电站

一、智慧物流的概念

随着移动互联网、大数据、云计算、物联网等新技术在物流领域的广泛应用，网络货运、数字仓库、无接触配送等“互联网＋”高效物流新模式、新业态不断涌现，使智慧物流快速发展。国家大力支持智慧物流的发展，推进物流降本增效有关工作，着力营造物流业发展良好环境。党的二十大报告指出“建设高效顺畅的流通体系，降低物流成本”。国务院办公厅印发的《“十四五”现代物流发展规划》指出，到 2025 年要基本建成供需适配、内外联通、安全高效、智慧绿色的现代物流体系。智慧物流到底是什么呢？与传统物流有什么不同？

（一）什么是智慧物流

智慧物流是以信息化为依托并广泛应用物联网、人工智能、大数据、云计算等技术工具，在物流价值链上的基本环节（运输、仓储、包装、装卸搬运、流通加工、配送、信息服务）实现系统感知和数据采集的现代综合智能型物流系统。

我国对智慧物流业发展高度重视，从政策上加强引导，加大扶持力度，出台了一系列鼓励政策。

课堂讨论

请上网检索国家颁布的促进智慧物流发展的政策，并填写在表 5－2 中。

表 5－2　国家促进智慧物流发展的相关政策

政策名称	颁布部门	主要侧重点

（二）智慧物流的主要特征

知识链接

泛在网络的含义

1. 应用多元化的数据采集、感知技术

智慧物流是基于物联网的，其面对的各类数据是形式多样、信息关系异常复杂的，多元化的数据采集、感知技术，为智慧物流提供了基本的技术支撑。

2. 应用泛在网络数据传输技术

随着物联网的发展，泛在网络成为通信网络的基础设施，在与其他网络融合的基础上，为智慧物流提供可靠的数据传输技术，为人们准确地提供各类信息。

二、智慧物流的优势

（一）提高物流效率

智慧物流可以在货物的装载、仓储、管理，以及物流信息的追踪等方面实现智能化和自动化，使物流企业对货物进行分拣、运输、派送等过程更快捷、高效。

（二）保障货物安全

企业通过物联网技术，任何货物都可以做到从原材料到生产流通，最终到用户手中的全程溯源，从而有效保障货物本身以及物流运输过程中的安全性。

（三）提升管理效率

智慧物流实现了企业对货物、车辆、人员的智能化管理，智能调度以及智能配送等，有效提升企业运作的效率。

（四）打造智能仓储

智慧物流可实现自动化储存、分拣、搬运和发货等，无须人员值守，既便捷高效，又能有效提升物流企业的服务水平及竞争力。

（五）完善供应体系

智慧物流可以对用户需求做出更准确的预测，同时自动完善供应链。这样企业就能够更好地服务用户，提升竞争力。

实例分享

日日顺智慧物流升级，促进高质量发展

日日顺供应链科技股份有限公司（以下简称“日日顺”）顺应制造业产业集群化发展趋势，运用云计算、大数据等技术，把传统的仓储和运输服务发展为云仓和云配的服务体系，把服务延伸到制造企业供应链的前后端，构建了服务数智化、流程透明化、衔接标准化、全程一体化的物流服务体系。

日日顺智慧物流不断进行升级，基于大数据预测，建立线上线下库存共享的分布式三级云仓网络，通过打通线上线下库存，可实现实时监控产品库存，制订生产计划，降低客户的库存资金压力，将合理的库存放在离用户最近的地方，缩短配送周期，提升用户体验。日日顺建设大件物流首个全自动化智能仓库，基于硬件设备（无人仓/无人车）和软件系统（信息系统和用户服务平台）的搭建和开发，联合仓储、干线、配送、送装同步的全流程资源，搭建端到端的全链条用户服务体系。

日日顺通过智慧物流的建设，取得了良好的效果。以日日顺即墨智能仓储项目为例，节省人力 40～50 人、机械设备（夹抱车、电动地牛等）15 辆，储存效率提升 3 倍以上，出入库效率较传统仓储提升 5 倍以上。通过物流全流程系统监控，提升仓储和配送服务质量，为用户提供差异化的用户体验（送装同步、用户订单轨迹监控、车辆轨迹优化），提升用户交互水平。同时也整合了网点/专卖店资源，实现专卖店入仓，线上线下库存共享，减少中间多级转运环节，提升物流全流程运行效率。

资料来源：佚名．日日顺智慧物流引擎升级．政研室，2021-12-17.

思考讨论：

上述案例中体现了智慧物流的哪些特点？

扫描二维码，了解更多案例信息。

三、智慧物流的主要功能

智慧物流是在物流各环节实现感知功能、规整功能、智能分析功能、优化决策功能、及时反馈功能、自动修正功能的现代综合性物流系统。

（一）感知功能

智慧物流利用各种先进技术获取物流各环节的信息，包括商品运输、存储、搬运、流通、配送、信息服务等环节，对物流数据进行实时采集，以便对货物、车辆、仓库等信息做出准确掌握，让感知智慧初步实现。

（二）规整功能

借助互联网将通过感知收集到的信息传送到数据中心，构建数据库，对数据类型进行科学划分，之后根据这个分类将数据加入数据库，让各类数据按要求进行规整，从而使数据的联系性、开放性、动态性等特性得以有效实现。借助数据与流程的标准化让跨网络系统实现整合，让规整智慧得以实现。

（三）智能分析功能

利用智能的模拟器模型对各种物流问题进行分析。物流企业要根据问题提出假设，在实践的过程中对假设进行验证，并找出新问题，将理论与实践结合起来。在运行的过程中，系统会自行调用原有的经验数据，发现物流活动中的漏洞，实现发现智慧。

（四）优化决策功能

物流企业根据特定需求，结合不同的情况对物流成本、物流时间、物流质量、物流服务、碳排放等因素进行评估，基于概率风险进行预测分析，协同制定决策，找出最合理、有效的解决方案，从而做出科学、准确的决策，实现创新智慧。

（五）及时反馈功能

对于系统修正与完善来说，反馈环节必不可少，应贯穿于智慧物流的每个环节，实现物流信息实时更新，让从业人员可以实时了解物流运行情况，使物流系统问题得到更好的解决。

（六）自动修正功能

以前面各项功能的实现为基础，系统自动按照最佳的问题解决方案、最快捷的路线运行，对问题进行自动修正，并自动备份，为日后查询提供方便。

课堂讨论

表 5-3 中的业务哪些属于智慧物流？请在你认为属于智慧物流范畴的业务后打钩。

表 5-3　智慧物流范畴判断

业务	是否属于智慧物流	业务	是否属于智慧物流
利用无人驾驶车配送快件		企业雇佣工人进行产品包装	
企业使用机器人分拣商品		居民使用智能快递柜取快递	
消费者自助查询货物源头		消费者利用自动识别技术取件	

学有所思

请查阅资料，学习《“十四五”现代物流发展规划》，分析智慧物流的发展趋势。

知识巩固与技能提升

一、单项选择题

1. 下述哪项不是物流的价值？(　　)

A. 生产价值　　B. 加工附加价值　C. 时间价值　　D. 场所价值

2. 物流是指(　　)。

A. 物质价值从需求者向供应者的物理移动

B. 物质价值从供应者向需求者的物理移动

C. 物质实体从需求者向供应者的物理移动

D. 物质实体从供应者向需求者的物理移动

3. 菜鸟属于(　　)。

A. 第三方物流　B. 第四方物流　C. 物流联盟　D. 自营物流

4. 以下属于物流基本功能的是(　　)。

A. 生产、运输　B. 采购、保管　C. 包装、批发　D. 运输、保管

5. 下列不属于电子商务物流配送的特点的是(　　)。

A. 信息化　B. 社会化　C. 自动化　D. 智能化

6. 京东超市使用的物流是什么类型的？(　　)

A. 第三方物流　B. 物流联盟　C. 自营物流　D. 第四方物流

二、判断题

1. 一般来说，中小企业适合自营物流模式。(　　)

2. 采用可循环利用的包装属于绿色物流。(　　)

三、简答题

自营物流、物流联盟、第三方物流模式的含义是什么？请举例说明。

四、资料题

在一家街头的零售店里，某饮料企业的一位理货员来送货，以下是他和零售店老板之间的对话。

企业理货员：“张老板，我来给您送货。”

零售店店主：“你们公司送货怎么这么慢呢？我订的货应该在昨天就送到，可现在你才来！你看，我的客户都跑掉了！”

企业理货员：“对不起，我们公司那边出了点问题。”

零售店店主：“怎么你们送来的货与我的订单内容不一样啊？”

企业理货员：“是吗？”

零售店店主：“这个产品不对，我要的是150毫升的饮料，你送的是500毫升的；这个产品也不对，我要30瓶，你们只拿了20瓶！真是乱七八糟！像你们这样送货，客户全都得跑光。产品不对、时间也不对！我要退货，真是受不了你们，我不会再和你们打交道了！”

问题：

请用7R定义法分析案例中饮料企业物流存在的问题。

06

项目六 电子商务模式

项目框架图

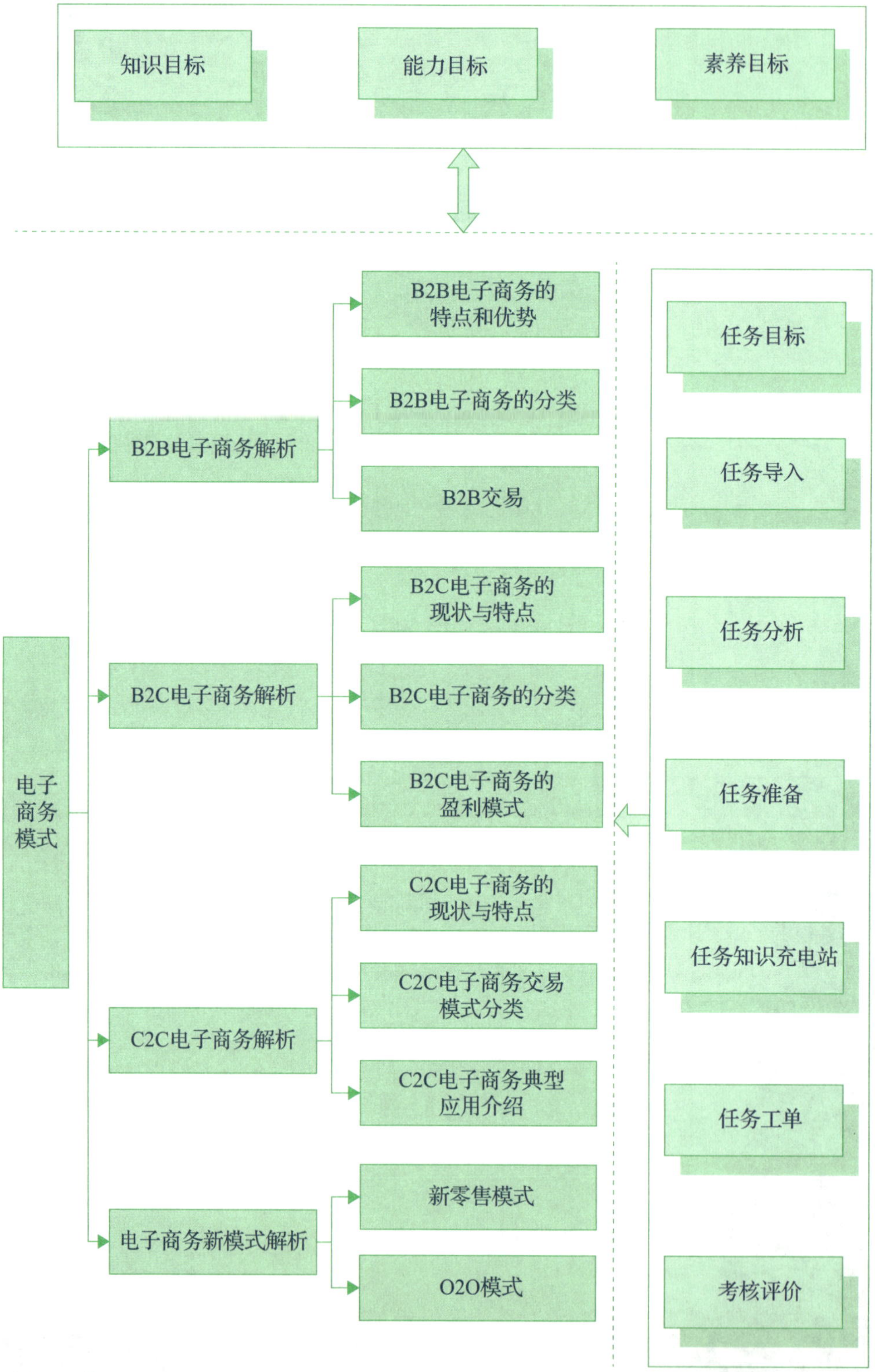
知识目标
能力目标
素养目标
电子商务模式
B2B电子商务解析
B2B电子商务的特点和优势
B2B电子商务的分类
B2B交易
B2C电子商务解析
B2C电子商务的现状与特点
B2C电子商务的分类
B2C电子商务的盈利模式
C2C电子商务解析
C2C电子商务的现状与特点
C2C电子商务交易模式分类
C2C电子商务典型应用介绍
电子商务新模式解析
新零售模式
O2O模式
任务目标
任务导入
任务分析
任务准备
任务知识充电站
任务工单
考核评价

任务一

B2B 电子商务解析

配套微课

任务前导学习单

项目名称	电子商务模式	任务名称	B2B 电子商务解析
任务目标	知识目标	• 掌握 B2B 电子商务的特点和优势。 • 掌握 B2B 电子商务的分类。 • 了解 B2B 电子商务平台的主要交易过程。	
	能力目标	• 能够判断 B2B 电子商务平台的类型。 • 能够分析 B2B 电子商务平台的优势和特点。	
	素养目标	• 关注电子商务新模式的产生与应用，培养创新的职业精神。 • 培养责任担当意识和家国情怀。	
任务导入	电子商务可以按照多种方式来划分，较为常见的分类方式是按照交易的对象进行划分。不同种类的电子商务，其特点和盈利模式有所不同。B2B 电子商务是电子商务领域中最为成熟的形式，市场交易额占比最高。那么，B2B 电子商务有什么特点？可以划分为哪些模式？交易流程是怎样的？		
任务分析	B2B 电子商务行业的环境不断改善，新的市场主体不断涌现，现在 B2B 平台众多，究竟它们有什么不同，需要从 B2B 电子商务的特点和分类进行区分了解，同时还需掌握它们的交易流程。		
任务准备	• 了解生活中常见的 B2B 平台。 • 登录 B2B 平台，查看对比各 B2B 平台的异同。		

任务知识充电站

一、B2B 电子商务的特点和优势

传统企业之间的交易，无论是销售、采购还是分销都消耗企业大量的资源和时间，随着信息技术的发展和社会经济增长的需求，企业为了降低成本、节省周转时间，并扩大收入来源，逐步开始通过网上完成整个业务流程，就催生了 B2B 电子商务模式。

（一）B2B 电子商务的特点

B2B 是非常典型的一种电子商务模式，相较于 B2C、C2C 而言，它具有如下特点：

1. 交易金额大

B2B 模式是以企业为交易主体的，多数是大额交易，所以每笔交易的购买数量、交易金额都会比较大，交易次数相对较少。

2. 交易对象广泛

B2B 交易平台为买卖双方提供一个供需匹配的平台，双方在平台上交易的商品品类并不受网络交易的限制，交易对象可以是成品，也可以是半成品或原材料等，即可以是任何一种商品。

知识链接

B2B 电子商务典型交易流程

3. 交易过程复杂

B2B 模式的交易过程涉及交易磋商、合同签订、售后服务等环节，在这些环节中，需要沟通多个部门和不同层次的人员，信息交互较多，交易过程复杂且控制严格。

4. 交易操作规范

由于 B2B 模式涉及的交易对象广泛，交易过程复杂，所以交易操作方面就更加规范，比如合同的签订要注意法律的有效性，条款要明晰。

目前，B2B 模式的发展条件较为成熟，是当前电商发展的主流，具有较大的发展潜力。

（二）B2B 电子商务的优势

1. 降低成本，提高效率

企业采用 B2B 模式，可以实现从交易谈判、合作商家搜寻、讨价还价、合同签订、合同履行到售后服务等整个业务流程的网络化，这样有助于企业减少许多事务性的工作流程，降低管理费用，大大减少企业的经营成本，提高商务效率。

2. 强化管理，优化计划

随着大数据的使用，企业通过 B2B 平台可以清晰地了解到自己产品在不同区域的需求情况，可以根据产品在平台上的点击率、回购率等数据预测市场供求信息，进而对企业自身库存商品、物流、生产等进行更为合理的规划和管理，以期实现即时生产，让企业获得较大的经济效益。

3. 缩短周期，增加机会

B2B 电子商务基于网络，可以实现一周 7 天、一天 24 小时不间断运作，打破时空的界限，企业可以将市场开拓到传统营销人员和广告无法触及的范围，增加更多的商业机会。电子商务可大大减少信息滞后和差错等问题，加速企业的资金流、信息流、物流和商流的流转，缩短整个生产销售周期。

实例分享

多家药企携手“药师帮”，共享产业互联网价值

2021 年西普会上，白云山、碧生源、华润三九等十多家知名药企携手“药师

帮”，深入线上布局，共享产业互联网的价值。

“药师帮”从创立之初就通过对软件化、在线化、数字化的持续投入，不断打通产业链各个节点，实现医药产业链各环节链接和业务协调，逐步形成智能化能力，比如实现库存周转天数低于20天。产业互联网助力产业各方实现实时互动协同，共生共荣，极大提升产业效率。

资料来源：佚名．药师帮西普会专场引热烈反响，广阔市场用户数据报告现场首发．腾讯网，2021-09-26.

思考讨论：

如何理解产业互联网？产业互联网最大的价值是什么？这个案例对于其他行业有什么借鉴意义？

扫描二维码，了解更多案例信息。

二、B2B电子商务的分类

B2B电子商务平台按照不同的划分方式可以分为不同的模式。

（一）按行业类型划分

1. 垂直型B2B模式

垂直型B2B模式主要面向制造业或商业，聚焦在某一个具体的细分领域，主要分为两个方向，即上游和下游。生产商与上游供货商形成供货关系，比如海尔公司与上游的压缩机、材料等制造商就是通过这种方式进行合作；或与下游采购商形成销货关系，比如思科与其分销商之间进行的交易。这一类网站其实就是企业网站。其优点是盈利模式灵活；缺点是行业规模受限，产业链容易断裂。

2. 综合型B2B模式

这种交易模式是水平的B2B，主要面向中间交易市场，将各个行业中相近的交易过程集中到一个场所，为买卖双方提供一个交易的机会，比如环球资源网、阿里巴巴1688等。在该模式下，平台即不拥有产品，也不经营商品，只提供一个平台，让交易双方可以在其网站上查询到对方及商品的信息。该模式的优点是平台能够提供一站式采购的服务，方便快捷；缺点是缺少专业化人才。

（二）按贸易类型划分

1. 内贸型B2B模式

内贸型B2B模式主要针对国内的市场，是指国内供应商与采购商进行交易服务的电子商务模式，比如中国网库。

2. 外贸型B2B模式

外贸型B2B模式主要针对国际市场，是指为国内与国外的供应商和采购商提供服务的电子商务市场。相较于内贸型B2B模式，外贸型B2B模式的业务流程更加复杂，专业性更强，需要突破语言、文化、法律法规、关税汇率等各方面的障碍。

对于按照行业与贸易类型划分的B2B模式，其关系如图6-1所示。

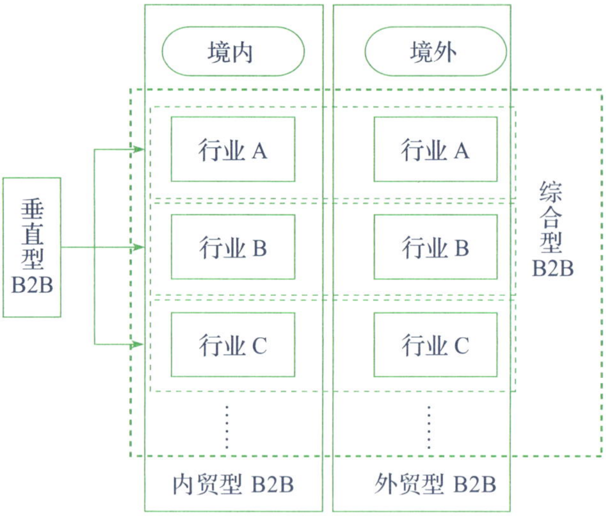

图 6－1　内贸型 B2B、外贸型 B2B 与垂直型 B2B、综合型 B2B 关系图

(三) 按构建主体划分

1. 基于企业自有网站的 B2B 模式

基于企业自有网站的 B2B 网站一般是由大型企业建立，主要是自用，通过这个网站将其合作伙伴及相关部门等链接起来，以实现本企业的采购、销售等商务活动。典型代表如海尔企业购等。

2. 基于第三方中介网站的 B2B 模式

第三方中介网站专门为销售商和采购商提供交易平台，而自己并不参与交易。这类平台既不生产产品，也不销售产品，仅是提供一个平台将销售商和采购商汇集在一起进行交易。典型代表如阿里巴巴等。

课堂讨论

根据不同的划分方法，表 6－1 中的网站分别属于哪类 B2B 电子商务模式？请在后面的空格中填上对应的模式。

知识链接

国内知名 B2B 网站简介

表 6－1　B2B 电子商务模式判断

网站	按照行业类型分类	网站	按照贸易类型分类
中国制造网		阿里巴巴	
海尔企业购		中国网库	
环球资源网		敦煌网	

实例分享

直播带货走入 B 端，探索新模式

2020 年 3 月 5 日，继“亿元产业链‘战疫’支援计划”之后，国联股份多多电商宣布，为支援产业链全面复产，同时探索 B 端直播带货模式，平台于 3 月 11 日正式开启工业品、原材料带货直播季，旗下涂多多将担纲首发，行业用户可通

过涂多多官方商城参与活动并拼购下单。此次直播初探以工业原材料为主，以专业人士为主播，积极探索直播带货模式在工业领域的应用和实践，进一步促进多多平台的服务体系建设。基于工业品直播带货的特性，主播必须是行业内的专业人才，拥有专业的知识。4月12日，国联股份针对行业工程师、行业分析师、企业技术顾问、一线业务人员等启动了工业品主播培养计划。7月27日，为深度服务第三方平台注册商家，国联股份多多电商大力开展“百位BOSS上直播”活动，涂多多、卫多多、纸多多、玻多多、肥多多、粮油多多联袂展播，为满足直播的不同需求，采用异地多房间直播、现场连线、App屏幕展示以及手持移动端工厂全场直播的方式，使工业直播呈现多样化，为当下企业发展寻找新的突破口。

资料来源：佚名．年终盘点：市值超240亿元的国联股份2020年十大动向．雪球，2020-12-23.

思考讨论：

除了案例中直播带货新模式的探索，B端还有哪些新的探索？

扫描二维码，了解更多案例信息。

三、B2B交易

根据交易平台的构建主体，可将B2B交易分为基于企业自有网站的B2B交易和基于第三方中介网站的B2B交易。

（一）基于企业自有网站的B2B交易

企业自有网站的建立者可能是供应商也可能是采购商，所以对于企业自建网站的B2B交易也可以分为两个方向。

1. 采购商网站的B2B交易

基于采购商网站的B2B交易主要是指采购商通过自建平台，与上游供应商进行的各种商务活动，主要是网络采购活动。在我国，网络采购主要通过公开招投标或邀请招投标的形式实现网上招投标，其主要流程如图6－2所示。

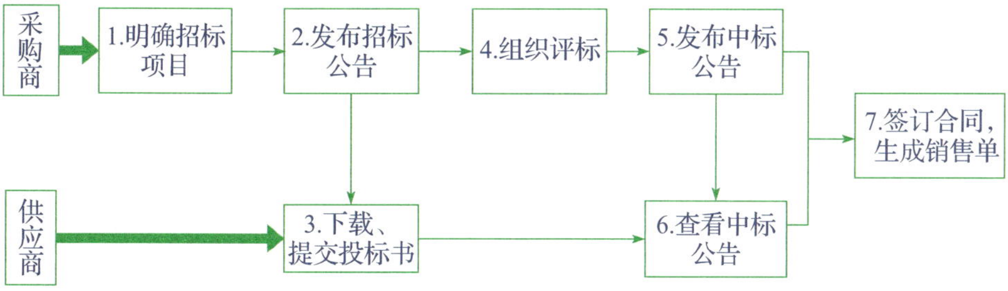

图6－2　网上招投标流程图

具体流程包括：（1）采购商明确招标项目，在平台新建招标项目；（2）采购商在自己的网站上发布招标公告，根据采用的招标形式邀请相应的供应商参加项目竞标；（3）供应商登录采购商网站，下载投标书，撰写完成后以电子化方式提交投标书；（4）截标后，采购商组织专家进行评审，确定中标单位；（5）采购商将中标信息发布在自己的网站上；（6）供应商登录采购商网站查看中标公告；（7）中标单位与采购商签订合同，并生成销售单。

实例分享

海尔诚信交易，与供应商实现共赢

BBP平台是海尔为供应商搭建的公平、互动、双赢的采购协作平台，通过平台，海尔所有的供应商均可在网上接受订单，并通过网上查询计划与库存状态，及时补货，实现JIT供货。海尔的JIT采购物流出厂严控质量，发货后一般不能退货，无逆向物流，不取消订单。这样的诚信交易，为供应商提供了良好的供货体验，形成较强的供货黏性。

供应商在采购平台上还可以接收图纸与技术资料，使技术资料的传递时间缩短了一半。此外，海尔与招商银行联合，实现网上货款支付，每年为供应商节约上千万元费用。通过BBP采购平台，海尔加快了整条供应链的反应速度，供应订单周期缩短，及时性、准确性提高，与供应商真正实现了双赢。

资料来源：佚名．优秀案例解析：海尔的采购与供应链管理．微博，2021-06-08.

思考讨论：

海尔与供应商的合作模式对其他企业有什么借鉴意义？

扫描二维码，了解更多案例信息。

2. 供应商网站的B2B交易

供应商网站的B2B交易主要是指传统供应商通过自建平台与其下游企业链接，下游企业可以通过这个平台进行电子化分销或网络直销等各种商务活动。

供应商网站一般能够提供信息发布、资格申请与审查、商务洽谈、订单管理、合同签订等功能，具体交易流程如图6－3所示。

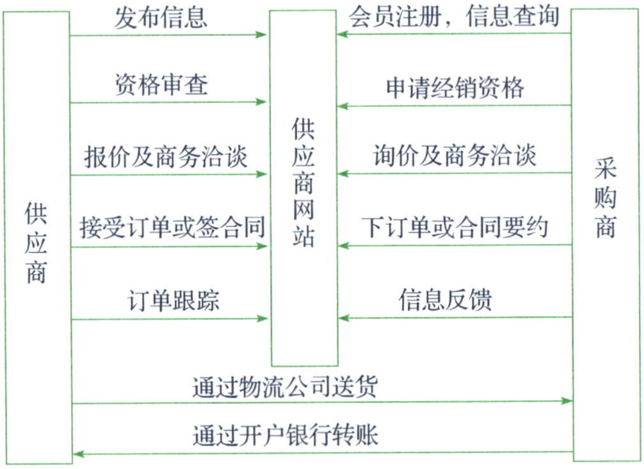

图6－3　基于供应商网站的B2B交易流程

(二) 基于第三方中介网站的B2B交易

第三方中介网站的提供者并不参与买卖，以中立的立场为买卖双方提供一个电子商务交易服务平台，买卖双方均需要注册成为该平台的会员，才可以借助平台进行交易，平台提供的主要功能如图6－4所示。基于第三方中介网站的B2B交易过程中，参与的主体包括认证机构、采购商、供应商、第三方中介网站、物流配送中心和网上银行等。

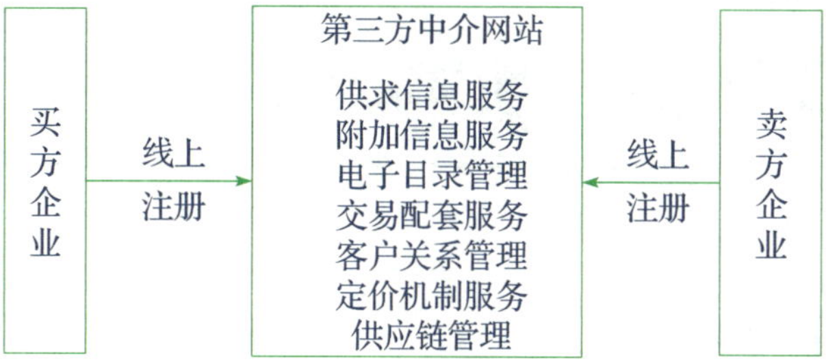

图 6-4　B2B 第三方中介网站的主要功能

实例分享

不忘初心，助力中小企业降本增效

中国制造网是 B2B 平台的代表企业，也是全球贸易的重要参与者，通过升级生态圈与全链路的供应链体系，助力中小企业降本增效。2022 年 4 月 15 日，中国制造网升级在线交易服务，将在线交易升级为普惠性跨境交易服务，对于开通交易功能的中国供应商，保证金由最高的 3 000 美元调整为 0 元；在支付板块，实施“0 费率”优惠政策，免收提现手续费。这些举措降低了中小企业参与跨境交易的门槛，使更多的企业能够融入全球贸易中，帮助中国商家在全球竞争格局中发挥自身优势。

资料来源：佚名．中国制造网在线交易升级 0 保证金 0 费率助力全球生意．经济网，2022-04-15.

思考讨论：

B2B 平台在助力中小企业发展过程中做了什么？这体现了什么企业家精神？

扫描二维码，了解更多案例信息。

课堂讨论

基于第三方中介网站的 B2B 平台也可以根据面向的行业范围，进一步划分为垂直 B2B 电子商务交易平台和水平 B2B 电子商务交易平台。请分析这两类平台的特点和优缺点，将信息填入表 6-2 中。

表 6-2　垂直 B2B 电子商务交易平台和水平 B2B 电子商务交易平台对比

平台类型	特点	优点	缺点
垂直 B2B 电子商务交易平台			
水平 B2B 电子商务交易平台			

学有所思

B2B 电子商务在发展的过程中存在哪些问题？企业主应如何解决这些问题？

配套微课

任务二

B2C 电子商务解析

任务前导学习单

项目名称	电子商务模式	任务名称	B2C 电子商务解析
任务目标	知识目标	• 掌握 B2C 电子商务的现状和特点。 • 熟悉 B2C 电子商务的分类。	
	能力目标	• 能够判断 B2C 电子商务平台的类型。 • 能够分析 B2C 电子商务平台的经营模式的异同。	
	素养目标	• 培养精益求精的匠心精神及责任担当意识。 • 培养创新精神。	
任务导入	现在我们几乎可以从网络上买到所有我们想要的东西，越来越多的企业也涌入 B2C 电子商务领域拓展自己的线上业务。那么，B2C 电子商务有什么特点？它有哪些形式？其盈利模式又是怎样的？		
任务分析	B2C 电子商务在网络零售中占据着重要的地位，B2C 电子商务的特点可以从用户规模、体系完善程度、服务等方面进行分析。B2C 电子商务根据网站提供的内容可以分为门户网站、电子零售商等，按照参与主体类型及在商务流中的位置可以分为厂商直销模式、中间商模式等，这些模式各有什么特点？它们的盈利模式是什么？		
任务准备	• 了解常见的 B2C 平台。 • 对比不同 B2C 平台的异同。		

任务知识充电站

一、B2C 电子商务的现状与特点

（一）B2C 电子商务的现状

“互联网 +”产业战略实施以来，越来越多的传统产业也开始加入 B2C 电子商务领域，积极探索在线零售业务。据电子商务研究中心检测数据，从 2015—2021 年，网络零售交易规模持续增长。2015—2017 年增长速度保持在 30% 以上，2018—2021 年增速为 20% 左右。2022 年增速有所趋缓，同比增长 4%。根据国家统计数据，2022 年我国网上零售额达 13.79 万亿元，B2C 电子商务仍然是网络零售的主力军。

课堂讨论

请查看最新的《中国网络零售B2C市场季度监测报告》及网络资讯，分析B2C市场份额占比情况以及市场发展特点。

实例分享

没有企业的时代，只有时代的企业

企业的发展离不开时代的支持，离不开国家的政策助力。京东作为B2C企业的成功代表，在企业做强做大之后，不忘回报社会。面对突如其来的新冠疫情，京东秉持走正道的价值观，积极承担社会责任，率先向社会做出保障供应不涨价的承诺，全面开放供应链、物流、技术、服务等核心能力，投入十几亿元用于抗疫情、保民生、撑经济、稳就业。

京东跟随国家政策方针，加强技术创新，服务三农，助力乡村振兴等，因为京东明白“没有企业的时代，只有时代的企业”。

资料来源：佚名．京东集团因抗击疫情表现突出获两项国家级荣誉．百家号，2020-09-09.

思考讨论：

京东在企业壮大的过程中做对了什么？

扫描二维码，了解更多案例信息。

（二）B2C电子商务的特点

在我国B2C电子商务模式具有如下特点：

1. 用户群体庞大

B2C电子商务因为通过网络进行交易，打破了时空的界限，深受用户的喜爱。同时，随着智能手机的普及和网络的不断升级，越来越多的群体加入线上消费的群体中，所以B2C的用户群体庞大。

2. 品类繁多

随着信息技术的不断迭代更新，物流系统的不断壮大，各类商品都可以通过B2C平台进行交易，平台提供的商品和服务包括衣食住行等方方面面，品类多种多样。

3. 体系完善

B2C电子商务模式目前已形成了较为完善的体系，包括安全体系、物流体系、支付体系等。

4. 快捷高效

B2C电子商务平台依托完善的支付、物流、安全体系等，为用户提供了快捷、高效的网络购物环境，保障消费者的合法权益。

5. 服务健全

B2C电子商务行业已形成了包括在线答疑、处理用户投诉、解决用户难题等在内的较为健全的服务体系，可以为用户提供多方面的服务，越来越多的企业也不断创新服务理念，提供个性化的服务。

二、B2C 电子商务的分类

B2C 电子商务按照不同的划分方式可以分为多种模式，常见的分类方式如下。

（一）按照平台经营内容划分

1. 门户网站

门户网站主要指在一个网站上向用户提供集成的综合性服务与内容，比如搜索、新闻、娱乐等。最初门户网站以提供搜索服务为主，是引导网民进入互联网的“门户”，而现在的门户网站提供更多的服务与内容。门户网站主要依靠广告费、订阅费以及交易费等来盈利。常见的门户网站如新浪、网易、搜狐等。

2. 电子零售商

电子零售商也叫在线零售店，提供在线零售服务。电子零售商大致分为两类：一类是“鼠标 + 水泥”型，是将传统实体店与网络商店相结合形成的，比如天虹网上商城；另一类是“鼠标”型，就是只有网上商店，比如当当网等。这种类型的平台主要通过销售产品获取收入以及广告费、交易费等。

3. 内容提供商

内容提供商以提供信息和娱乐服务为主，通过信息中介向最终消费者、专门信息需求者提供信息、数字产品或定制信息等内容。优质的信息内容是内容提供商模式的关键因素。内容提供商主要通过收取内容订阅费、会员推荐费、广告费等获得盈利。常见的内容提供商如央视网、新华网等。

4. 交易经纪人

交易经纪人是指为消费者处理个人交易的网站，采用这种模式的有网上人才市场、在线金融服务、旅游服务等。交易经纪人主要通过收取每次交易的佣金来盈利，比如在线上进行股票或基金的交易时，每进行一次交易，平台会按照单一费率或浮动费率收益一次佣金。这类平台有携程网、去哪儿网等。

5. 社区服务商

社区服务商是为有相似兴趣、经历以及需求的人搭建的网上平台，在这里大家可以进行交易、交流以及共享信息。社区服务商的构想主要源于现实的社区服务，但在现实中社区服务常常受到地域的限制，无法提供个性化的服务，而社区服务商则可以提供一个快速、方便、一站式的平台，使用户可以根据自己的兴趣、爱好自由选择，满足其个性化需求。社区服务商主要通过收取广告费、订阅费、会员推荐费等来盈利。

（二）按照平台经营产品品类划分

1. 综合型 B2C 平台

综合型 B2C 平台通常拥有丰富的产品线，类似于传统的商城，只是将传统的购物场所用网上平台来代替。综合型 B2C 平台通过不断扩大其产品品类来满足用户的各种需求，让客户可以在一个平台上完成所有的购买。一般而言，综合型

B2C平台拥有庞大的购物群体、稳定的网站平台、完备的诚信安全体系等，用以促进买卖双方自由、安全的交易。此类平台有天猫、京东商城、当当网、苏宁易购等。

2. 垂直型B2C平台

垂直型B2C平台具有“小而精”的特点，主要针对某一人群或某种需求，仅销售单品类、单品牌产品或者是单一品类下多个品牌的产品。垂直型B2C平台要想吸引足够的流量，需要不断强大品牌影响力，充实这一细分市场的产品品类。这类平台的典型代表如小米商城、红孩子等。

（三）按照参与主体在商务流中的位置划分

1. 厂商直销模式

厂商直销模式就是生产商不经过中间商而将商品直接销售到顾客手中的一种销售模式，这种模式能够减少中间环节和销售成本，从而降低产品价格，使消费者和厂商都获利。目前常见的厂商直销模式有两种：一种是只有网络销售；另一种是网络销售兼有实体店铺，比如小米。

2. 中间商模式

中间商模式是指企业不进行生产，而仅作为中间商在网络上销售商品。根据其平台销售商品的品类的多少又可以分为两类：一类是垂直型中间商模式，比如易迅、聚美优品等；另一类是综合型中间商模式，比如唯品会、京东商城等。

3. 传统零售商模式

传统零售商模式是传统零售商将其店面零售经验与电子商务有机结合，整合传统零售业务的店面资源、供应链及物流体系等。当然，这种模式也会使线上线下产生竞争关系，较难处理线下店与网上营销的关系。这类型的代表企业有天虹、国美、苏宁等。

4. 第三方交易平台模式

第三方交易平台模式是指平台自身不参与产品销售与流通的过程，仅仅是为企业提供交易的平台，大大节约了入驻商家自建商务网站的成本。平台主要是通过为进驻平台的企业提供开店服务、广告、支付等服务进行盈利。这类型的平台有天猫等。

课堂讨论

根据不同的划分方法，表6－3中的网站分别属于哪类B2C电子商务模式？请在后面的空格中填上对应的模式。

知识链接

国内知名B2C网站简介

表6－3　B2C电子商务模式判断

平台	按照平台经营内容分类	平台	按照参与主体在商务流中的位置分类
唯品会		小米	
百合网		小红书	
前程无忧		红孩子	

续表

平台	按照平台经营内容分类	平台	按照参与主体在商务流中的位置分类
百度		海尔	
爱奇艺		苏宁易购	
小红书		天猫	

实例分享

B2C新模式助力农业渠道链通

各类电商平台利用新技术创新各种新模式，减少交易环节，精准匹配需求，降低流通损耗，助力农产品快速触达消费者，如产地直供、直播销售、社群电商等。充分发挥电商渠道优势，帮助农产品进入城市消费市场，快速触达消费者。有的企业通过开通“绿色通道”模式助力农产品快速送达消费者。比如京东在疫情初期开通“全国生鲜产品绿色通道”，给予生鲜产品供应链、运营资源等方面的支持；上线“京喜助农”会场，开辟绿色通道，助力农户及商家快速入驻开店；在“618”期间，通过“京心助农”“百大县长直播团”直播带货等模式为原产地直供搭建最短通路。有的企业则利用新技术探索农业数字化转型新模式，比如采用“原产地直发”模式，最大限度缩短流通供应链条。拼多多推动农产品从田间地头“最初一公里”直连餐厅厨房“最后一公里”，同时，利用新技术网上“农耕云拼”体系，创新“农货智能处理系统”，将分散的农产品进行整合并直达平台。农业生产者也通过各种数字化工具，开展线上线下一体化自主运营，增强快速触达和服务消费者的能力。利用新技术、新模式，全面链通农业渠道。

资料来源：中国电子商务报告2020. 商务部电子商务和信息化司，2021-09-15.

思考讨论：

除了案例中的“绿色通道”“原产地直发”创新模式，还有哪些新模式助力农业渠道链通？

扫描二维码，了解更多案例信息。

三、B2C电子商务的盈利模式

B2C电子商务的盈利模式主要由其经营模式决定，不同模式的B2C电子商务企业其盈利模式也是不同的。盈利模式主要有产品销售收入、交易费用、会员费、广告费、服务费等。

（一）产品销售收入

平台通过销售本行业产品、衍生产品或产品租赁获得的收入。本行业的产品是指平台自己生产的或加盟厂商生产的产品，比如海尔通过网站销售自己生产的产品，扩大销量获取利润；衍生产品指与本行业相关的产品，比如小米除了卖电子设备外，还有卖相关的配件，如路由器、智能设备等；产品租赁主要指提供租赁服务，比如海星租房从事品牌公寓的租赁服务，通过租赁公寓获得收益。

（二）交易费用

交易费用主要适用于第三方交易平台模式，由于其只是为入驻企业提供线上虚拟交易场所，自己并不参与自营产品的销售，因此其收入来源主要靠入驻企业所产生的交易费用提成或扣点。

（三）会员费

这是平台向注册会员收取的费用。教学、资料下载类等平台一般都会向网站会员收取一定的费用，而会员也会享受到相应的权益。

（四）广告费

中间商模式及第三方交易平台模式的平台上有众多的品牌厂商，这些厂商想要让其产品的展现量提高，获取更多的流量，就要进行付费广告，比如在综合性商城上，要使自身的产品搜索排名靠前，就要进行竞价排名广告的投入。

（五）服务费

服务费一般在平台提供技术服务或业内厂商提供咨询服务等时产生，比如厂商要在天猫商城上开店，就要向平台缴纳年费、软件服务费等。

学有所思

假设你是一名企业家，面对快速变化的市场环境，你将如何设计自己企业的B2C商业模式？

配套微课

任务三

C2C 电子商务解析

任务前导学习单

项目名称	电子商务模式	任务名称	C2C 电子商务解析
任务目标	知识目标	• 掌握 C2C 电子商务的现状和特点。 • 熟悉 C2C 电子商务的分类及典型应用。 • 了解 C2C 电子商务平台的典型应用。	
	能力目标	• 能够分析所学电商模式的差异。 • 能够判别 C2C 电子商务的类型。 • 能够判断网店平台货源选择。	
	素养目标	• 培养精益求精、脚踏实地的精神。 • 培养创新精神、社会责任感。	
任务导入	C2C 电子商务是继 B2B 和 B2C 之后出现的一种电子商务模式，是所有电子商务模式中最活跃、最繁荣的模式。那么，C2C 电子商务模式的特点是什么？如何分类？它的典型应用是怎样的？		
任务分析	C2C 电子商务的出现具有深刻的社会意义，是实现绿色经济和可持续发展的有效途径，是消费者之间基于诚实和互利的商业交流。我们可以通过与其他电商模式对比来分析 C2C 电子商务的特点，并通过实例来了解 C2C 电子商务的不同分类以及典型应用等。		
任务准备	• 了解常见的 C2C 平台。 • 对比不同 C2C 平台的异同。		

任务知识充电站

一、C2C 电子商务的现状与特点

C2C 电子商务形式具有明显的大众化买卖特点，即经过 C2C 网站，卖家能够在网站上展出想要出售的产品信息，买家能够从中挑选并购买自己需要的物品，还可以有效利用二手商品的价值。全世界最早的 C2C 网站是由耶尔·奥米迪亚在 1995 年开创的拍卖网站——易贝（eBay）。1999 年，C2C 电子商务模式开始在中国发展，随着网络走进千家万户，C2C 电子商务成为最活跃的一种电子商务模式。

（一）C2C 电子商务现状

1999 年，邵亦波在上海创立了易趣网，开创了中国国内 C2C 电子商务网站的先河，标志着中国 C2C 电子商务模式开始发展。此后，越来越多的企业开始进军 C2C 电子商务领域，比如阿里巴巴于 2003 年创立了“淘宝网”，腾讯公司在 2005 年推出了“拍拍网”，搜索引擎百度公司在 2007 年推出了“有啊”网站，各种各样的 C2C 电子商务网站不断涌现，中国迅速进入 C2C 电子商务的蓬勃发展期。

C2C 电子商务凭借低门槛、市场体量大、产品品类齐全，一度成为国内电商零售市场的主体部分。随着消费者对品牌及质量需求的提升，2015 年，B2C 的市场占比首次超过 C2C，但 C2C 模式仍然是网络零售市场的重要组成部分。

实例分享

拍拍网落幕，C2C 引质疑

2015 年“双十一”当天，京东宣布关闭拍拍网，称其将于 2015 年底停止提供拍拍网的服务，并于 2016 年 4 月彻底关闭拍拍网。京东关闭拍拍网的理由是 C2C 模式的电子商务监管难度较大，无法有效杜绝假冒伪劣商品，C2C 电商模式再次引发质疑。

资料来源：佚名. 拍拍网结束颠沛流离的一生，C2C 模式再引质疑. 搜狐，2016-04-07.

思考讨论：

拍拍网失败的原因是什么？C2C 电商模式应怎样适应时代的发展？

扫描二维码，了解更多案例信息。

（二）C2C 电子商务的特点

从理论上讲，C2C 电子商务模式能体现互联网的精神和优势，它跨越时空，消费者群体庞大，交易量巨大，节约了大量的市场沟通成本。与其他电子商务模式相比，C2C 电子商务的主要特点如下：

1. 辅助性

C2C 电子商务是对人们正常购买行为的辅助，它为买卖双方进行网上交易提供了互换有无、互相方便的信息交流平台，同时为买卖双方提供一系列的配套服务。

2. 节约性

C2C 电子商务的节约性体现在信息搜索成本的节约、买卖过程的节约，而表现最为突出的是生活资源的节约。C2C 交易主要是二手商品的交易，这种二手商品的再次利用本身就是对地球资源的节约。

3. 繁杂性

C2C 电子商务的准入门槛低，使平台拥有的用户数量庞大，而且用户既可以是买家也可以是卖家，身份复杂。此外，C2C 平台上商品信息多但质量参差不齐；交易次数多，但单笔交易金额一般较小；交易形式随意且多元等。这些都体现了 C2C 电子商务的繁杂性。

4. 创造性

C2C 电子商务是广大消费者具有创意的交易形式，他们在 C2C 交易时，可以选择物物交换、议价交换、拍卖方式等任意一种交易方式，当然，网络消费者还可以继续创造出新的交易方式。

课堂讨论

请分别选择 B2C 和 C2C 平台进行购物体验，根据表 6-4 中的指标进行两类电子商务模式购物体验比较。

表 6-4 B2C 和 C2C 平台购物体验比较

指标	B2C 电子商务平台	C2C 电子商务平台
售前咨询		
商品搜索便捷性		
商品质量		
商品价格		
支付		
物流		
售后服务		
结论		

二、C2C 电子商务交易模式分类

知识链接

国内知名C2C网站简介

（一）按交易的商品类型分类

1. 实物交易平台

该类平台上交易的商品是有形货物或服务，需要依靠一些传统渠道才能完成交易。这类平台上交易的商品品类繁多，包括图书、服饰、家居用品等。这类平台代表如淘宝网、转转等。

2. 智慧交易平台

该类平台上交易的是企业或个人的智慧，比如个人通过互联网解决别人的技术、工作、生活或学习等方面的问题，让自己的智慧、知识、能力、经验等转换成实际收益。平台用户按照其行为可以分为提问者和回答者。这类平台代表有知乎、百度知道等。

实例分享

时间财富网为你的想法提供舞台

时间财富网的前身是威客中国网，威客们可以通过这个平台进行科学、技术、生活、学习等方面问题的交流，同时也可以通过悬赏项目的方式为悬赏者找到合作威客。

平台上的威客年龄一般为 18～35 岁，主要群体为在校大学生和在职人员，通过时间财富网将自己的知识、智慧、创意等转化为真金白银。在这里，只要你有好点子就能拿到悬赏金，为知识和智慧提供了实现价值的舞台。

思考讨论：

时间财富网的模式有什么好处？

扫描二维码，了解更多案例信息。

课堂讨论

判断表6-5中的C2C电子商务平台分别属于什么类型，请在对应的平台类型处打钩。

表6-5　C2C电子商务模式类型判断

平台	实物交易平台	智慧交易平台
贴吧		
易趣		
闲鱼		
百度知道		
心耳在线		
淘宝网		
时间财富网		

（二）按交易平台的运作模式分类

1. 拍卖平台模式

在这种模式下，电子商务企业为买卖双方搭建网络拍卖平台，让商品所有者或某些权益所有人在其平台上可以独立开展以竞价、议价方式为主的在线交易，平台则按比例收取交易费用。这种模式会涉及四类拍卖主体，分别是竞买人、买受人、委托人、拍卖人。拍卖的方式主要有增加拍、美式拍和减价拍三种。

知识链接

三种拍卖方式简介

2. 店铺平台模式

该种模式是C2C电子商务企业提供交易平台，以会员制的方式，让个人用户在平台上开设店铺，其主要靠收取会员费、交易提成、广告费等来盈利。在现实中，拍卖平台模式和店铺平台模式一般没有明确的界限，比如淘宝网既有店铺平台，也有拍卖平台。

实例分享

闲鱼来到转型路口

闲鱼取自“闲余”，系阿里巴巴旗下的闲置交易平台，初创时定位为“卖闲置，淘二手”的C2C平台。截至2022年6月，闲鱼拥有月活跃用户数超1亿，总用户数超3亿，居二手闲置交易类App首位。随着人民物质生活水平的提高、互联网流量的见顶，闲鱼面临着转型。

2022年10月初，闲鱼发布《闲鱼社区七天无理由退货规范》的新规，这项规定大部分针对全新品和职业卖家，这也是闲鱼主要的变化，让闲鱼不再只是做二手的闲鱼，推动平台走向高质量发展。

资料来源：佚名. 闲鱼，不再“闲余”. 腾讯网，2022-11-21.

思考讨论：

你认为未来电商二手市场的发展趋势如何？

三、C2C电子商务典型应用介绍

网络拍卖和网上交易是C2C电子商务的典型应用，对应的也就是网络拍卖平台和店铺平台。

（一）网络拍卖平台的形式

买卖双方欲在网络平台上进行拍卖交易，就要在平台上进行注册。其基本运作方式是：卖家在平台上展示欲出售的商品信息，买家通过平台浏览商品信息并选择自己想要购买的商品进行出价竞拍，并查看整个拍卖过程。

目前常见的拍卖网站主要有两种，分别是专业拍卖网站和平台式拍卖网站。

1. 专业拍卖网站

专业拍卖网站一般是由传统拍卖公司或拍卖公司联合搭建的，以实现其线下拍卖业务向线上空间拓展。目前，专业拍卖网站的数量并不是很多，此类平台具有明确的目标市场，所以较平台式拍卖网站更具优势。这样的网站有嘉德在线、华宇拍卖等。

拓展学习

嘉德在线

嘉德在线全称是北京嘉德在线拍卖有限公司，成立于2000年5月，是中国嘉德国际拍卖有限公司与日本软银、中国香港电讯盈科有限公司共同投资建设的专业性拍卖公司。

华宇拍卖

华宇拍卖隶属于上海华宇拍卖有限公司，该公司是一家专业的艺术品拍卖公司，为国家文物部门所认定的第一、二、三类拍卖公司（即可以拍卖文物）。旗下主要分为两大运营模式，是中国唯一一家将现场拍卖与在线拍卖相结合运营的拍卖公司。

2. 平台式拍卖网站

平台式拍卖网站多数依托传统电商平台，为网络拍卖提供拍卖服务和交易流程，通过平台链通买家和卖家。这类拍卖网站并不参与交易活动，经营目的是促成拍卖交易，主要采用C2C和B2C模式。网上拍卖的内容涵盖了资产交易、珍品拍卖、拍卖服务以及司法拍卖等。目前，我国经最高人民法院公布的具有司法拍卖资格的企业有七家，包括淘宝、京东、公拍网等。

实例分享

河南新乡“三大件”创新司法拍卖

2019 年 12 月，河南新乡红旗区法院联手阿里拍卖开启法院资产处置直播，首次将直播间设置在待处置房源，局长化身带货主播，向网友们介绍房屋具体情况。同时，网拍员在房屋上拍时将 VR 全景展示技术引入挂拍房展示，让竞买人实现掌上全方位、无死角看房。2020 年 4 月，红旗区法院与阿里巴巴集团、广发银行新乡分行、中国人寿财险新乡市中心支公司及河南庆善助拍网络技术有限公司“五力合一”，在全市基层法院率先推出“司法网络拍卖贷款”机制，对价款较高的拍卖标的，可采取贷款方式参与拍卖。司法拍卖“三大件”助力司法网拍，实现多方共赢。

资料来源：禹亚光．河南新乡：创新网络司法拍卖机制实现多方共赢．河南省法院切实解决执行难信息网，2020-04-27.

思考讨论：

创新在各行各业都非常重要，在网络拍卖中还有其他创新举措吗？请举例说明。扫描二维码，了解更多案例信息。

（二）店铺平台形式

店铺平台形式是 C2C 最常见的应用形式，主要进行实物商品或无形服务的交易。用户在店铺平台上进行宝贝搜索，与卖家进行联系，确定需求后下单支付，卖家再通过线下快递方式将货物寄送给买家，买家收到货后再回到平台进行确认收货、评价。店铺平台能否成功，关键在于货源的选择，货源的好坏将直接影响店铺的动态评分，影响网店的运营。其主要的货源渠道有官方平台、产业带工厂、线下批发市场、当地特色产品。

1. 官方平台

有些平台上就有相应的货源信息，比如阿里巴巴平台上的货源种类繁多，覆盖面广，对于商品的品质、供应链情况等则需要进行商家销量、评价和复购率等的比较，在选择时要注意查看图片质量、店铺单品及销售情况、诚信通年限等。淘宝网卖家可以利用阿里巴巴的货源做代理，在阿里巴巴网上进货，然后上架到自己的店铺。此外，天猫供销平台上也提供品质商品。

课堂讨论

某一淘宝店铺为网上代理商，当客户在其店铺中下单后，淘宝店铺怎样操作发货？由谁来提供售后服务？

2. 产业带工厂

产业带是区域经济发展的一个显著特征，是一条带状的链条产业集中区域，是相关或相同的产业基地，在此区域内形成产业集聚效应，资源也会获得更好的利用和配置。比如广州的美妆、杭州的服装、云南的鲜花、佛山的卫浴用品等。在阿里巴巴“源头好货—产业带—产地地图”即可查看到不同品类产品的产业带，以及相应的联系方式。一般产业带工厂价格便宜、货源充足、供应链可把控，但要求进货量大，这对于小规模的卖家而言就存在资金压力，容易出现压货的情况。所以多数产业带工厂也不愿意和小规模的卖家打交道。

3. 线下批发市场

线下批发市场一般商品更新速度快、品类多。国内线下批发市场较多，比如义乌商贸城、重庆朝天门批发市场、厦门夏商小商品批发市场等，这也是网店货源的不错选择，但是线下批发市场容易出现断货的情况，品质相对不易把控。

4. 当地特色产品

每个地区都有自己的特色产品，在当地产量很多，网店店主可以直接联系农户，这样不仅可以节约成本，而且也能帮助农户增收。

课堂讨论

哪些商品禁止在网上销售？

学有所思

在“大众创业、万众创新”的倡议下，C2C平台该如何结合创新、创业获得可持续发展？

任务四

电子商务新模式解析

配套微课

任务前导学习单

项目名称	电子商务模式	任务名称	电子商务新模式解析
任务目标	知识目标	• 掌握新零售、O2O 模式的概念。 • 熟悉新零售模式的特点。 • 了解新零售、O2O 模式的分类。	
	能力目标	• 能够分析常见电商平台模式的类型。 • 能够进行不同电商模式的分析对比。	
	素养目标	• 培养勇于创新、勤于思考的精神。 • 培养爱国情怀、责任担当意识。	
任务导入	党的二十大报告中不断强调创新，指出创新是第一动力，要深入实施创新驱动发展战略，开辟发展新领域、新赛道，不断塑造发展新动能、新优势。在信息技术高速发展的时代背景下，面临大环境的变化，电子商务企业应如何突破？唯有创新。电子商务新业态、新模式不断涌现，融合创新态势不断深化。目前较为成功的电商新模式有哪些？它们的特点是什么？又是如何分类的？		
任务分析	随着互联网和人工智能技术的应用，电商企业也在不断升级、创新，电子商务模式迎来新发展、新突破。现在比较热门的模式主要有新零售、O2O 等，我们可以从定义、特点以及分类等来了解这些模式。		
任务准备	• 了解电商新模式的应用。 • 对比不同电子商务新模式的异同。		

任务知识充电站

为深入贯彻落实党中央、国务院关于发展数字经济、建设数字中国的总体要求，进一步推动“十四五”时期电子商务高质量发展，2021 年，商务部、中央网信办和发展改革委编制了《“十四五”电子商务发展规划》，指出“十四五”时期，电子商务将充分发挥联通线上线下、生产消费、城市乡村、国内国际的独特优势，全面践行新发展理念，以新动能推动新发展，坚持守正创新，规范发展，鼓励电子商务模式业态创新。

知识链接

《关于推动实体零售创新转型的意见》

一、新零售模式

2016 年 11 月 11 日，国务院办公厅印发《关于推动实体零售创新转型的意见》

(国办发〔2016〕78 号),明确了推动我国实体零售创新转型的指导思想和基本原则,在调整商业结构、创新发展方式、促进跨界融合、优化发展环境、强化政策支持等方面作出具体部署。随着人们对消费过程的体验和感受的重视,“新零售”模式逐步落地。

(一)什么是新零售

对于新零售的概念,各界有不同的理解,有学者认为新零售模式是指企业以互联网为依托,通过运用大数据、人工智能等先进技术手段,对商品的生产、流通与销售过程进行升级改造,进而重塑业态结构与生态圈,并对线上服务、线下体验以及现代物流进行深度融合的零售新模式。阿里研究院对新零售的理解是“以消费者体验为中心的数据驱动的泛零售形态”。亿欧智库将目前对新零售的各种说法进行了归纳,认为新零售是“通过新零售的表现形式,将人、货、场三要素重构,达到满足需求,提升行业效率的目标,从而实现人人零售、无人零售、智慧零售的最终形态”。从多方概念可见,新零售的目的是要满足消费者的多元需求,核心有三点“人、货、场”,其本质是通过“重构人、货、场”,打破时空的界限,让消费者可以在任何渠道、任何时间、任何地点,以任何支付方式、任何取货方式购买自己需要的任何商品。

知识链接

新零售下如何重构人、货、场

新零售要推行线上线下一体化进程,依托新物流实现线下实体店终端与线上互联网力量的真正意义上的合力。所以新零售可总结为“线上 + 线下 + 数据 + 物流”,也就是要将线上线下打通,实现各渠道资源的共享。

(二)新零售的特点

1. 生态性

新零售是要将线上服务、线下体验以及现代物流进行深度融合,提升消费者购物过程的便利性与舒适性,以此增加用户黏性。以自然生态系统思想去“重构人、货、场”的商业生态必然由主体企业、共生企业群及消费者所共同构成,涵盖网上页面、实体店面、支付终端、数据体系、物流平台、营销路径等诸多方面,并嵌入购物、娱乐、阅读、学习等多元化功能,形成一种联系紧密、动态平衡、互为依赖的状态。

2. 无界性

新零售是要实现整个商业生态链的互联互通共享,所以通过高效整合的线下线上平台、有形无形资源,以“全渠道”方式清除各零售渠道间的种种壁垒,模糊界限,打破传统经营模式下的时空边界、产品边界等,达到人员、资金、信息、技术、商品等的合理顺畅流通。在“无界化”的零售体系下,消费者可轻松实现在任何时间、任何地方,以任何方式、任何渠道去购买任何商品。

3. 智慧性

新零售在“重构人、货、场”的过程中,要满足人们在购物过程中个性化、即时化、便利化、互动化、精准化、碎片化等要求,必定要借助“智慧型”技术,使购物过程及购物场景等具备“智慧型”特征,打造一条链接消费需求、顾客全程参与、购物无打扰、支付无感的智能零售之路。

4. 体验性

随着人们物质生活水平的不断提高及人均可支配收入的不断增加，人们的消费观念逐渐从价格消费向价值消费过渡和转变，此时，购物体验的好坏成为决定消费者是否愿意买单的关键性因素。在生活中，人们对某商品、某品牌的认知和理解更多来自线下实体店的体验或感受，而新零售采用“体验式”经营，就是利用线下实体店，将商品嵌入所创设的各种真实生活场景中，赋予消费者全面深入了解商品和服务的直接机会，从而触发消费者视觉、听觉、味觉等方面的综合反馈，在增进消费者参与感与获得感的同时，也使线下平台的价值进一步被发现。

（三）新零售的框架

根据阿里研究院发布的新零售研究报告，新零售的框架包括前台、中台、后台三个维度，如表 6－6 所示。

表 6－6　新零售的框架

<table>
<tr><td>前台</td><td colspan="3">人（消费者）、货（商品）、场（场景）</td></tr>
<tr><td>中台</td><td colspan="3">营销、市场、流通链条、C2B 生产模式</td></tr>
<tr><td rowspan="2">后台</td><td rowspan="2">基础设施</td><td rowspan="2">技术</td><td>3D/4D 打印、AR/VR</td></tr>
<tr><td>传感器、物联网、人工智能</td></tr>
</table>

1. 前台：重构

在前台要做的就是进行“人、货、场”的重构，由传统的货—场—人，重构为人—货—场。

传统零售条件下，品牌商对消费者的画像是模糊的，它们只能凭借过往的经验来进行供货，线上线下是割裂的。而在新零售条件下，借助数据处理技术，可以获得全面清晰的消费者画像，利用最优的供应链和智慧制造技术等让企业能够按消费者的需求来智能供货，依托移动设备、智慧终端、VR 设备等打造无处不在的消费场景，实现人、货、场的重构。

2. 中台：变革

新零售模式呼吁对营销、市场、流通链、生产模式等进行变革。首先，形成以消费者为核心的全域营销，实现数据可视、可追踪、可优化，打通消费者从认知到分享反馈的全链路，为品牌运营提供全方位数据精细支撑。其次，形成具有全球化、全渗透、全渠道等特征的统一市场。再次，重塑高效流通链，包含新生产服务、新金融服务、新供应链综合服务、新门店经营服务。最后，实现以消费者为中心的个性化定制模式，即消费方式逆向牵引生产方式的新生产模式。

3. 后台：赋能发展

基础环境、新兴技术的应用共同促进新零售的发展。

（1）基础环境。

基础环境包括流量、物流、支付、技术、物流选址等，如图 6－5 所示。以腾讯、阿里巴巴、京东等为首的互联网巨头是当前新零售基础环境的主要提供者，主要提供技术支持和平台建设保证。新零售基础环境的变化使得某些要素成本下降，许多原来的行业壁垒也不再是壁垒，为新业态的孵化提供了新的机会。

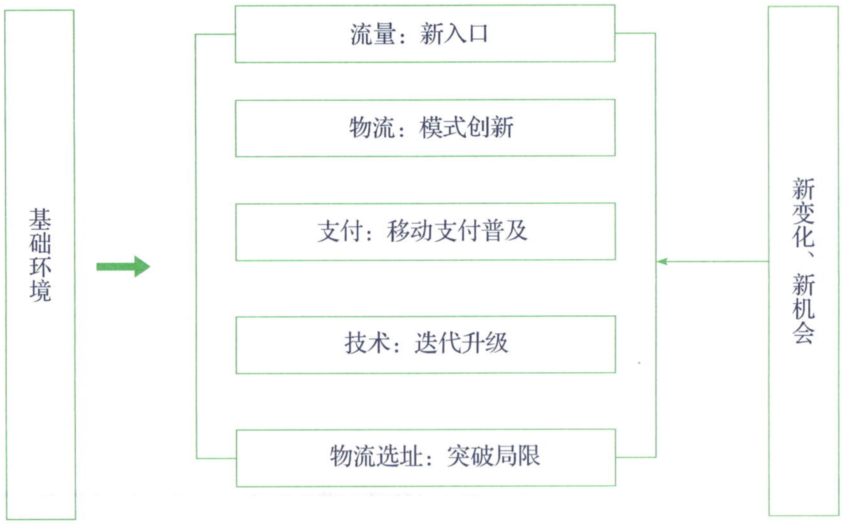

图 6－5　新零售的基础环境

（2）新兴技术。

3D、4D 打印技术的应用，改变了产品的生产方式；VR（virtual reality）技术的使用为用户创建了虚拟仿真实景，让用户有身临其境的感觉，为购物、试驾、旅游体验等省下不少时间和精力；AR（augmented reality）技术的使用实现了真实世界信息和虚拟世界信息的“无缝”集成，能让用户将商品的虚拟形象覆盖到真实的世界中，感受到商品的真实效果。传感器和物联网的使用使门店能够实现自动结账、优化布局、消费者跟踪、个性化促销、库存优化等，提升门店的消费体验。在新零售全过程中贯穿着人工智能技术的应用，能实现预测需求、自动化操作等。

课堂讨论

VR 和 AR 技术有什么异同？电子商务中分别有哪些 VR 和 AR 的应用？

实例分享

无人超市阿里“淘咖啡”

阿里“淘咖啡”是国内，也是全球第一家真正落地的无人超市体验店，成为新零售元年标杆性的事情之一。

“淘咖啡”无人售卖依托三大核心技术，即生物特征自动感知和学习系统、结算意图识别和交易系统、目标检测与追踪系统。整个购物过程只需三步：第一步，用“手机淘宝”App 扫码获得电子入场券，并签署数据使用、支付宝代扣协议等，顾客将手机放在认证闸机上通过验证即可入店购物，之后全程无须再使用手机；第二步，顾客选购自己心仪的商品；第三步，通过结算门进行支付，结算门设置两道门，第一道感应顾客离店，顾客走过这个门后系统就开始对顾客所购货物进行识别与结算，当结算完成后第二道门会自动开启，顾客便可离店。

资料来源：沈积慧. 无人超市鼻祖诞生在杭州，比亚马逊无人店还早半年. 百家号，2018-02-07.

思考讨论：

在电商场景中还有哪些新兴技术应用？请举例说明。

扫描二维码，了解更多案例信息。

（四）新零售模式的分类

1. 品牌商自建

采用品牌商自建模式的新零售企业一方面要有足够大规模的业务和充沛的现金流，因为这一模式的前期投入成本较高，企业要有足够的实力才能挺过前期。另一方面要具备研发能力。企业零售客户端的程序大部分是企业自己研发的，结合企业之前的成功实践根据自身所处的市场环境、定位等不断调整，形成反向输出，把自己的实践和研发能力推至市场，进而降低维护成本。代表企业有超级物种、钱大妈、屈臣氏等。

拓展学习

超级物种

超级物种是永辉超市不断孵化与进化的产物，是继永辉红标店、绿标店、精标店、会员店之后的第五种业态。超级物种采用“超市 + 餐饮”，并结合工坊系列实现多重餐厅的模式，共享永辉超市供应链。超级物种通过自建电商平台进行线上引流，线上订单约占 20%，顾客平均年龄在 40 岁以下，改变了永辉的客群结构，链接线上消费与线下体验。

2. 平台渠道模式

这类公司大都是从电商平台、O2O 平台旧的业务延伸出来的，以平台化的服务、轻量级的接入成本为零售提供线上增量销售。这种模式对于平台来说具备规模化效应，但因为其缺乏对零售企业深入、彻底的效率改造，所以这个模式对新零售的介入并不深，仅仅介入零售端，提供线上流量。代表企业有京东到家、美团等。

拓展学习

高德地图

高德地图聚集了大量用户、流量和渠道等，和商家合作共建基于位置服务的生态圈。消费者通过高德地图可以进行景点门票预订、美食查找等，根据高德地图上的位置定位，查找就近的门店进行消费，再回到线上平台完成下单支付。线上卖家也借助该平台获得了更多的地理位置与实体店邻近的买家，实现多方共赢。

3. SaaS 模式

SaaS 是 software as a service 的缩写，即软件服务化，它是一种软件布局模式。采用这个模式的企业首先与某个细分领域的关键企业合作，倾听诉求，深入参与供应链、门店运营改造提效，同时在 SaaS 服务上追求可拓展性、抽象性，提升规模效益，建立行业标杆，之后将这个模式进行复制，抢占市场份额。在使用这个模式时要考虑合作企业的稳定性，确定是选择企业定制服务还是 SaaS 公共服务等。代表企业有掌贝、腾讯智慧零售等。

拓展学习

腾讯智慧零售

腾讯智慧零售借助互联网技术和商业工具，从用户、数据、链接三个维度与零售行业结合。在用户层面，为零售商开辟新的获客和流量来源；在数据层面，借助互联网技术与工具，发挥数据的能效，逐步建立数字化运营的能力；在链接层面，融通线上线下，形成一体化的消费体验。

商家可以借助腾讯智慧零售实现线上获客、推广，线下进店进行精准推荐和高效转化，全方位客户运营的全链路运营效率提升。

资料来源：佚名. 腾讯智慧零售理念是什么. 海商，2021-07-05.

课堂讨论

请判断表 6－7 中的电商平台分别属于哪一类新零售模式。

表 6－7　新零售模式类型判断

平台	新零售模式	平台	新零售模式
盒马鲜生		淘鲜达	
饿了吗		名创	
餐道		美团	
百果园		掌贝	
京东到家		苏宁	

实例分享

多点 Dmall 赋能新零售

在物美集团的超市里，一套“全员创客，一码到底”的系统，正在改变着传统超市的营销模式。这套模式以物美集团作为全员推广售卡平台，以单个员工为最小单位的推广渠道，以线下线上全渠道作为来源，实现流程可追溯、效果可量化、业绩可视化的营销场景，让每个门店的所有业绩都透明化。这样的方式还能推动员工去引导顾客使用线上充值渠道，从而可以线上及线下购物通用，对于实现全渠道会员黏性转化有很大帮助。物美集团之所以能够实现全渠道数字化，都归功于多点 Dmall。

多点 Dmall 成立于 2015 年，是一站式全渠道数字零售解决方案服务商。多点 Dmall 在与商超合作时，采用的是系统级打通模式，承担了两部分的功能：一部分是给传统零售商做升级，通过互联网技术提升其店内管理效率；另一部分则是提供完整的电商能力，使其具备成为电商平台的基因。

资料来源：佚名．全渠道营销背后，多点 Dmall 赋能零售行业的“成功密钥”是什么．百家号，2021-03-06.

思考讨论：

多点 Dmall 是什么模式的新零售企业？其成功的关键是什么？

扫描二维码，了解更多案例信息。

二、O2O 模式

（一）什么是 O2O

O2O 是 online to offline 的缩写，即线上到线下的意思。从狭义上讲，O2O 指消费者通过线上平台进行购买并支付 / 预订，然后到线下实体店进行体验 / 消费，或是消费者在实体店体验后通过扫描二维码登录线上平台进行支付。从广义上讲，O2O 指通过线上营销推广将消费者从线上平台引到线下体验店，或通过线下营销推广的方式，将消费者从线下转移到线上的方式。可见，狭义的 O2O 强调的是在线支付或预订，而广义的 O2O 并不强调要通过线上支付或预订来完成交易。

知识链接

常见 O2O 平台简介

（二）O2O 模式的分类

1. O2O+SNS

SNS 是 social networking services 的缩写，即社会化网络服务，代表应用有微博、微信等。这些 SNS 平台存有大量的用户，O2O 运营商结合微博、微信等社交软件平台，可以很好地实现流量转化。

拓展学习

车商群聚小红书

小红书 App 从“种草神器”发展为国内最大的生活方式分享社区。2022 年 2 月，其月活跃用户已超过 2 亿，这其中，“90 后”等年轻群体的占比达到 72%，已成为青年消费社群最重要的一个 SNS 平台。其自带品牌商城以及与众多商家合作“种草”，起到了很好的电商营销效果，其底层逻辑正是 O2O 模式。

小红书的用户群体以女性为主，这个消费群体的特性是喜欢闲逛，经常漫无目的地逛商城。据此，小红书打破常规思维，在首页就出现各种题材的内容，制造差异化。2022 年 4 月，小红书上线了针对汽车内容领域的“RCC 飞驰计划”。计划主要针对汽车行业头部专业媒体等，并对内容创作、账号运营、商业变现等多个场景进行赋能。小红书的汽车生活相关内容快速增长，仅以“汽车”为搜索关键词，相关笔记就多达250万篇。与此同时，伴随着用户需求增加，一批知名汽车/机车博主也纷纷转战小红书。

资料来源：佚名．小红书上线汽车内容专项扶持“RCC飞驰计划”．电商报，2022-04-20.

2. O2O+LBS

LBS是location based service的缩写，即基于位置服务，这是移动互联网的一个典型应用。LBS本身也是线上线下的结合，用户也可以进行周边商户、商品的查找与购买。与O2O不同的是，LBS并不是以产生购买行为为唯一目的，有的运营商通过LBS聚集用户，然后在此基础上去发展其他的盈利模式，而O2O则关注用户的购买需求。O2O与LBS的结合，可以让O2O在此基础上聚集用户，为平台用户提供一系列的增值服务。代表企业如盒马鲜生、百度地图等。

拓展学习

大众点评网

通过大众点评网，用户可以查找商家信息，通过团购、优惠券等在线支付，然后到线下消费。比如一位上海用户到广州出差，对广州不熟，他只需拿出手机定位，立刻就能找到周边有什么好吃的，而找餐馆用的是碎片化时间，在地铁上三五分钟就可以完成。

资料来源：佚名．大众点评网模式：做O2O+LBS的精准营销．TechWeb网，2012-02-27.

知识链接

二维码的综合应用

3. O2O+二维码

二维码又叫二维条码，是用某种特定的几何图形按一定规律在平面分布的、黑白相间的、记录数据符号信息的图形。二维码的应用随处可见，如广告、宣传品、地铁、公交等。商家可以利用二维码撬动O2O的入口，二维码有助于拉近商家与消费者之间的距离，消费者通过手机扫描二维码可以瞬间获得网址、访问移动互联网，获得商品信息，也可以下订单等。商家也可以利用二维码推出更多服务，与消费者形成更多互动，实现最大的商业价值。

拓展学习

二维码引领O2O潮流

互联网时代，流量的关键入口在于二维码，越来越多的品牌商已经开始利用一物一码二维码系统布局O2O商业。腾讯2015年开始加大了微信与二维码的整合，用二维码进军O2O领域，二维码成为线上线下结合的关键入口。

恒大冰泉在2015年就已经推出一物一码二维码促销活动，即一个瓶子一个独立二维码，也称为“一瓶一码”。这种二维码具备防伪溯源的功能。消费者打开瓶盖扫码后，便可立即获取该瓶水的水源地、身份编号、生产批次、产品规格等身份信息。二维码的创新运用不仅让恒大冰泉拥有了品质保证，也创造了7亿元的销售业绩。这种一物一码二维码促销创新玩法引起了业界的纷纷关注。

资料来源：佚名．二维码引领O2O潮流．搜狐，2016-06-06.

实例分享

疫情时代，智慧社区O2O服务来助力

建行贵州分行依托建融慧家平台优势，升级O2O服务，从疫情防控、便民服务及金融赋能三个方面多措并举，落实防疫工作部署，助力疫情防控攻坚战。

一是推出“疫情防控”专栏，做好疫情防控宣传。2020年2月1日以来，建融慧家App在社区陆续开设“疫情防控”专栏，上线包括疫情追踪、线上门诊、知识普及、相关查询等6项服务功能，提供疫情信息的实时报道以及防范知识，同时，不定期推出防疫物资预约免费送等服务。二是新增便民功能，做好业主居家服务。为解决业主物资采购困难问题，联合“京东到家”等O2O平台，支持商品及药品的线上购买及配送服务。三是丰富金融赋能，做好业主银行服务。建融慧家支持线上开立账户，提供“社区钱包”线上支付及线下扫码等功能。

资料来源：佚名．智慧社区升级O2O服务，硬核助力疫情防控攻坚战．美篇，2020-02-09.

思考讨论：

疫情期间，社区O2O帮助社区居民渡过难关，除此之外，O2O模式还在哪些方面助力抗疫呢？

扫描二维码，了解更多案例信息。

（三）O2O模式的交易流程

O2O平台搭建起商家和消费者的沟通渠道，消费者通过平台搜索所需要的商家信息，进行筛选对比，在线提交意向订单或在线咨询客服人员，了解活动并确定是否参与活动；确定购买后，在线支付费用，生成订单；随后凭订单信息到指定线下商铺进行消费，完成交易后可进行线上信息反馈，具体流程如图6-6所示。

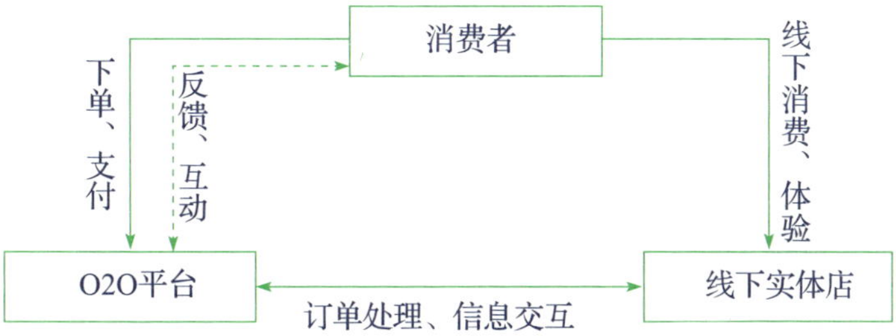

图6-6　O2O模式交易流程图

学有所思

结合自己家乡的电商发展情况，想想还有哪些新模式新业态，思考这些模式得以发展的基础是什么。

知识巩固与技能提升

一、单项选择题

1. 蘑菇街属于哪种 B2C 零售模式？（　　）

A. 社区服务商　B. 电子零售商　C. 交易经纪人　D. 门户网站

2. 按行业类型划分，中国制造网属于哪种 B2B 电子商务模式？（　　）

A. 综合模式　B. 垂直模式　C. 内贸模式　D. 外贸模式

3. 下面哪项服务不属于 B2B 网站为客户提供的增值服务？（　　）

A. 贸易供求信息　B. 企业认证

C. 行业数据分析报告　D. 搜索排名

4. 在电子商务体系中，目前主流（市场占比最大）的电子商务模式是（　　）。

A. C2C　B. B2C　C. B2B　D. B2G

5. 以下属于 B2C 电子商务模式的是（　　）。

A. 阿里巴巴　B. 环球资源网　C. 当当网　D. 闲鱼

6. 中国最早的 C2C 模式的电子商务网站是（　　）。

A. 淘宝网　B. 易趣网　C. eBay　D. 拍拍网

7. 按照交易的商品类型划分，知乎属于（　　）。

A. 智慧交易平台　B. 实物交易平台　C. 店铺平台　D. 拍卖平台

8. 下面关于新零售模式的叙述不正确的是（　　）。

A. 新零售就是在传统零售基础上加上先进技术手段

B. 新零售可以总结为“线上 + 线下 + 物流”

C. 新零售是要实现各渠道资源的共享

D. 新零售的目的是要通过“重构人、货、场”满足消费者的多元需求

9. 基于位置服务的简称是（　　）。

A. SNS　B. MCN　C. LBS　D. SaaS

二、多项选择题

1. 社区服务商的盈利方式主要包括（　　）。

A. 广告费　B. 产品销售　C. 订阅费　D. 会员推荐费

2. 中国 B2B 电子商务先后经历了哪几个阶段？（　　）

A. 撮合交易　B. 在线交易

C. 资源整合　D. 以大数据为核心的全产业链服务

3. 下列平台中属于中间商模式的有（　　）。

A. 唯品会　B. 国美　C. 小米　D. 聚美优品

4. 拍卖的方式主要有（　　）。

A. 竞拍　　B. 增加拍　　C. 美式拍　　D. 降价拍

5. 下列属于 SaaS 模式的有（　　）。

A. 多点 Dmall　　B. 京东到家　　C. 掌贝　　D. 美团

6. 下面关于 O2O 模式的表述正确的是（　　）。

A. 对商家而言，能够帮助其进行精准营销

B. 对消费者而言，能够及时了解商家活动信息

C. 对服务商而言，可以提高消费者的黏性

D. 对服务商而言，可以为商家提供其他增值服务

7. 随着互联网红利的逐渐衰减，电商行业不断涌现新模式，这体现了电商人的（　　）精神。

A. 创新　　B. 精益求精　　C. 开拓进取　　D. 实事求是

三、简答题

1. B2B 电子商务的典型交易流程是什么？

2. 如何理解网络零售？

3. C2C 电子商务的特点是什么？

4. 新零售模式的特点是什么？

5. O2O 模式的交易流程是什么？

6. 电子商务企业家的社会责任感体现在哪些方面？

四、技能训练题

1. 登录电商报、亿邦动力、36 氪等网站，查询阅读互联网及电子商务行业发展的最新资讯，了解更多电商模式新发展。

2. 电商新模式在助推乡村振兴方面发挥着怎样的作用？请通过具体案例来进行说明。

07

项目七

网络营销

- 任务一　网络营销认知
- 任务二　网络社群营销的运用
- 任务三　搜索引擎营销的运用
- 任务四　病毒性营销的运用
- 任务五　网络广告的运用
- 任务六　网络直播和短视频营销的运用

项目框架图

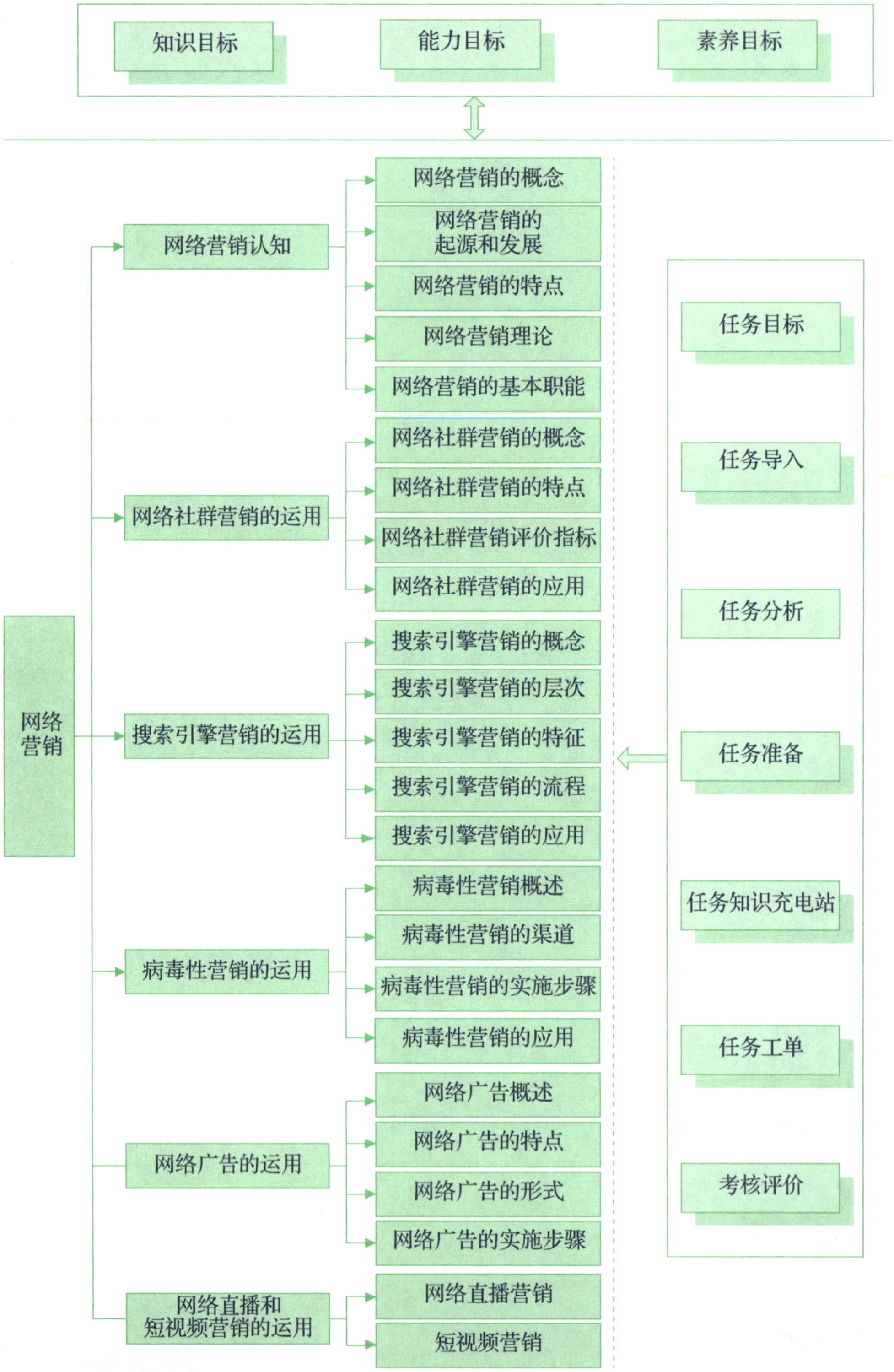
知识目标
能力目标
素养目标
网络营销
网络营销认知
网络营销的概念
网络营销的起源和发展
网络营销的特点
网络营销理论
网络营销的基本职能
网络社群营销的运用
网络社群营销的概念
网络社群营销的特点
网络社群营销评价指标
网络社群营销的应用
搜索引擎营销的运用
搜索引擎营销的概念
搜索引擎营销的层次
搜索引擎营销的特征
搜索引擎营销的流程
搜索引擎营销的应用
病毒性营销的运用
病毒性营销概述
病毒性营销的渠道
病毒性营销的实施步骤
病毒性营销的应用
网络广告的运用
网络广告概述
网络广告的特点
网络广告的形式
网络广告的实施步骤
网络直播和短视频营销的运用
网络直播营销
短视频营销
任务目标
任务导入
任务分析
任务准备
任务知识充电站
任务工单
考核评价

任务一

网络营销认知

配套微课

任务前导学习单

项目名称	网络营销	任务名称	网络营销认知
任务目标	知识目标	• 掌握网络营销的概念。 • 熟悉网络营销的特点及理论基础。 • 了解网络营销的职能。	
	能力目标	• 能够分析网络营销特点。 • 能够进行基本的网络营销活动，比如线上调研等。	
	素养目标	• 培养与时俱进、不断创新的精神。 • 培养爱国主义情怀、求真务实的态度、责任担当意识。	
任务导入	电子商务大大缩短了生产商和消费者之间的距离，减少了商品流通的环节，同时也推动市场营销进入了崭新的阶段——网络营销阶段。那么，什么是网络营销？它具有什么特点和职能？		
任务分析	网络营销是随着互联网进入商业领域而产生的，它涉及多门学科，而且随着网络环境的变化不断发生着变化，所以应结合网络时代特点来理解网络营销，去了解它的起源与发展，掌握它的特点与职能等。		
任务准备	• 查看最新的热点网络营销事件。 • 了解目前常见的网络营销方式。		

任务知识充电站

一、网络营销的概念

在不同时期，不同的学者从不同的角度对网络营销有不同的定义，有些人认为网络营销就等同于在网上销售产品，有些人认为网络营销就是为企业提供域名注册、网站建设等基础网络服务内容，还有人认为网络营销就是在网络上进行推广，这些认知都存在一定的片面性。

知识链接

网络营销概念新旧比较

从原则上来说，网络营销就是以互联网和社会关系网络为基础，连接企业、用户及公众，向他们传递有价值的信息和服务，为实现顾客价值和企业营销目标所进行的规划、实施及运营管理活动。网络营销是一种通过互联网或社会关系网络的“双向沟通”方式，如图 7－1 所示。企业可以将自己的产品、服务及广告信息等通过互联网或社会关系网络传递给消费者，消费者可以通过互联网或社会关系网络进行自己所需商品的订购及信息留言等。

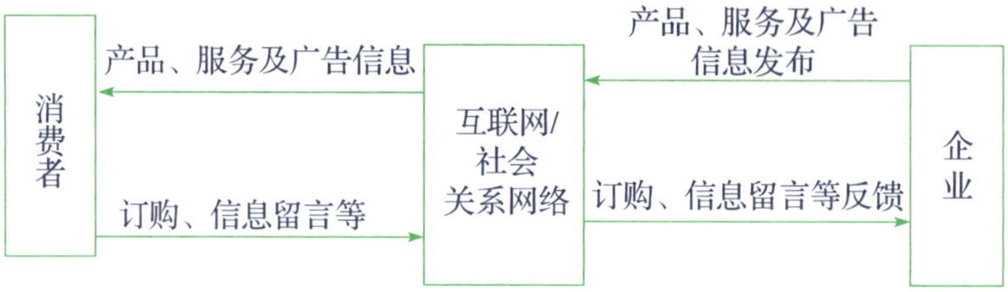

图 7－1　网络营销示意图

在理解网络营销的概念时，要注意三个方面：第一，网络营销不是孤立存在的。在很多情况下，网络营销可以理解为传统营销理论在互联网环境中的应用和发展，它不可能脱离一般的营销环境而独立存在，它是企业整体营销战略中的一个组成部分。第二，网络营销不等同于网络销售。网络营销和网络销售的侧重点不同，网络营销主要是为了实现产品或品牌的深度曝光、提升品牌形象而进行的活动，而网络销售是网络营销发展到一定阶段产生的结果，两者是不同的。第三，网络营销不等于电子商务。电子商务的内涵很广，强调交易方式和交易过程的各个环节，其核心是电子化交易。网络营销是为促成电子化交易提供支持的，只是电子商务中的一个重要环节。

二、网络营销的起源和发展

知识链接
网络营销发展的六个阶段

网络营销的产生是多种因素作用的结果，主要基于三大基础：互联网的发展是其产生的技术基础；价值观的变革是其产生的观念基础；竞争是其产生的现实基础。

随着互联网的发展，网络营销也逐渐成为推动企业发展的主力，我国的网络营销先后经历了六个阶段，即传奇阶段（1997 年前）、萌芽阶段（1997—2000 年）、应用和发展阶段（2001—2003 年）、高速发展阶段（2004—2008 年）、社会化网络营销阶段（2009—2015 年）、多元化生态体系阶段（2016 年至今）。

三、网络营销的特点

知识链接
社会化网络营销的特性

网络营销基于互联网和社会关系网将企业、用户及公众连接起来，其具有以下的特点。

（一）跨时空

由于互联网具有跨越时间和空间限制进行信息交互的特性，因此基于网络进行的营销活动也具有了突破时空界限的特性。

（二）多媒体

互联网可以传输如文字、图片、声音、视频等多种多媒体的信息，所以网络营销在进行信息的传递时可以充分发挥营销人员的创造性和能动性，有机结合多种形式，灵活运用。

（三）交互性

企业进行网络营销可以通过互联网展示商品信息，提供有关查询，进行产品测试与消费者满意调查等，实现供需互动与双向沟通。

（四）个性化

网络营销是一对一的、非强迫性的，能够有效避免推销员强势推销的干扰，实现以消费者为主导。这样一方面可使消费者获取自己想要的信息，另一方面有助于提升企业的服务质量。

（五）整合性

网络营销是一种全程的营销渠道，可以实现从商品信息到收款，再到售后服务的有机结合。企业可以进行统一的设计规划和协调实施，将不同的营销活动以统一的传播信息向消费者进行传达。

（六）高效性

计算机和互联网传送的信息数量与精确度等远超其他媒介，且更为高效，企业可根据市场变化及时更新产品、调整价格，有效了解并满足顾客的需求。

（七）经济性

相比于传统营销，在虚拟网络空间进行营销，不需要线下门店，不需要投入很多人员，不需要宣传材料的印刷与邮寄成本等，大大减少了企业的成本。

（八）技术性

互联网是以各种信息技术作为支撑的，所以基于互联网的营销活动必然要有一定的技术投入与技术支持。

知识链接

网络营销七定律

实例分享

北京冬奥，一“墩”难求

2022年2月4日晚上8点整，北京冬奥会正式开幕，此次开幕式用二十四节气的方式倒计时，网友们纷纷评论：“画面太浪漫高级了，向全世界讲出中国故事”。一时间各大热搜话题都是围绕冬奥会，而吉祥物冰墩墩在开幕式亮相之后也一跃成为新晋“网红”，线上售罄、“一墩难求”，在微博、百度、抖音接连热点刷屏，表情包等二次创作更是接连不断。

各大热搜关于冰墩墩的话题层出不穷，比如“为买冰墩墩有人提前12个小时排队”“一户一墩一融合”等。除了制造话题，官方媒体还通过抽奖等互动形式，实现“转发裂变”，为冰墩墩赢得了更多曝光。不少名人以及体育运动员自发在社交媒体上为冰墩墩宣传。同时，冰墩墩进行跨界营销，与不同IP、品牌进行联名，在呈现方式上也花样繁多。此后，有消息称冰墩墩将与光头强、大耳朵图图、齐天大圣等经典动画形象一起登上大电影《我们的冬奥》荧幕。该消息一经发出，话题“冰墩墩竟和光头强同框”登上微博热搜，相关话题阅读量达到9 172.3万，使得冰墩墩热度不减。

资料来源：郑宇轩. 冰墩墩从“无人问津”到火爆全网，运营做对了什么. 腾讯网，2022-02-11.

思考讨论：

上述案例中体现了网络营销的什么特点？冰墩墩的火爆给你什么启示？

扫描二维码，了解更多案例信息。

四、网络营销理论

网络营销的理论基础主要有网络整合营销理论、网络直复营销理论、软营销理论、网络关系营销理论和全球营销理论。

（一）网络整合营销理论

整合营销（integrated marketing communication，简称 IMC）理论是指在基于互联网的网络营销中，将传统的 4P 营销理论与以顾客为中心的 4C 营销理论进行有机整合，实现以消费者为中心的传播统一性和双向沟通，用目标营销的方法来开展企业的营销活动。在进行网络整合营销时，要求企业的分销体系与各个利益相关者、消费者整合在一起，从消费者的需求出发开始整个营销过程，将企业利益与顾客利益真正整合到一起。

（二）网络直复营销理论

直复营销（direct marketing，简称 DM）理论兴起于 20 世纪 80 年代。传统营销的效果评价困难，直复营销则从根本上解决这个问题。直复营销的“直”是“直接”的意思，指通过媒介直接链接企业和消费者；“复”是“回复”的意思，是企业与消费者之间即时交流与沟通，企业能快速统计消费者的购买意愿。互联网为直复营销提供了良好的环境，基于互联网的直复营销更加符合直复营销的理念，它的关键在于说明网络营销是可测试、可度量、可评价的，为制定科学的营销决策提供依据。

（三）软营销理论

软营销理论是针对“强式营销”而言的，这个理论认为企业进行市场营销活动时必须尊重消费者的感受，在消费者购物时，不仅应满足其生理需求，还应满足其高层次的精神和心理需求，让消费者自愿主动地接受企业的营销活动。网络社区和网络礼仪是网络营销理论的两个重要基本概念，是实施网络软营销的基本出发点。因此，网络软营销理论的一个主要特征就是对网络礼仪的遵循。

（四）网络关系营销理论

网络关系营销理论是指企业利用网络、通信设备和数字交互媒体等来实现营销目标。这种营销方式强调个性化营销，以消费者为导向，简化顾客购买程序，提高购物效率，降低交易成本，具有极强的互动性，是实现企业全程营销的理想工具。

（五）全球营销理论

全球营销理论试图解决向全球以同一方式提供同一产品的成本优势与营销策略按区域差异化的高效率之间的两难境地。这就要求企业提供标准化产品，这也是消费者们所需要的，有助于企业降低成本、树立统一的品牌形象。

课堂讨论

请上网查找相关资料，对比 4P 与 4C 营销理论的不同，填入表 7-1 中。

表 7-1 4P 与 4C 营销理论对比

内容	4C 营销理论	4P 营销理论
产品		
价格		
渠道		
促销		

五、网络营销的基本职能

（一）网站推广

网站推广是网络营销的核心工作，其目的就是让更多的用户对企业网站产生兴趣并访问企业网站，从而实现提升品牌形象、促进销售、增进顾客关系等。

（二）网络品牌

网络品牌建设是以企业网站推广为基础的，通过一系列的推广，提升公众对企业的认知和认可。网络营销的重要任务之一就是在互联网上建立并推广企业的品牌，以及让企业的线下品牌在线上得以延伸和拓展。

（三）信息发布

网络营销就是要采用不同的营销方式将一定的信息传递给目标人群，所以信息发布是网络营销的主要方法之一。信息发布的渠道资源主要有内部和外部两种，内部资源包括企业网站、注册用户电子邮箱等，外部资源包括搜索引擎、供求信息发布平台等。

（四）在线调研

在线调研主要是通过企业网站、电子邮件等工具来完成网上市场调研工作的。相比传统市场调研，在线调研具有高效率、低成本的特点。

（五）顾客服务

互联网提供了更加便利的在线顾客服务手段，包括常见问题解答、电子邮件、在线论坛等多种即时信息服务，实现顾客服务水平的提升。在线顾客服务具有成本低、效率高的优点。

（六）顾客关系

顾客关系是与顾客服务相伴而产生的一种结果，好的顾客服务必然伴随着稳固的顾客关系，而稳固的顾客关系对企业开发顾客长期价值又至关重要，也有助于企业创造和保持竞争优势。

（七）销售渠道

网上销售是企业销售渠道的线上延伸，当然，网上销售渠道不仅仅指企业网站本身，还包括与其有合作的电子商务网站等。所以网上销售并不是只有大企业才能开展，不同规模的企业都可以拥有适合自己的网上销售渠道。

（八）销售促进

大部分网络营销都能直接或间接地促进企业的销售，当然，这个销售有可能是线上销售，也有可能促进线下销售。

学有所思

互联网是一把双刃剑，网络营销从业者应该具备什么样的职业道德，才能利用好互联网这个工具？

任务二

网络社群营销的运用

配套微课

任务前导学习单

项目名称	网络营销	任务名称	网络社群营销的运用
任务目标	知识目标	• 掌握网络社群营销的概念。 • 熟悉网络社群营销的特点、方法及应用。 • 了解网络社群营销的评价指标。	
	能力目标	• 能够查找与分析网络社群营销的数据。 • 能够进行基本的网络社群营销策划与实践。	
	素养目标	• 培养责任担当意识和精益求精的工匠精神。 • 培养创新精神、刻苦学习精神。	
任务导入	在移动互联网时代，社群已不仅仅是亲戚和邻居了。网络社群已跨越地区限制，将五湖四海有共同兴趣爱好、相似经历等的人聚在一起。在现在这个时代，应如何理解网络社群？网络社群具有什么特点？可以有哪些应用？		
任务分析	在移动互联网时代，我们要从网络社群的目标出发对其进行定义，通过案例的学习分析网络社群营销的方法和应用。		
任务准备	• 看看自己的网络社群都有哪些。 • 了解知名的网络社群营销事件。		

任务知识充电站

一、网络社群营销的概念

知识链接

网络社区营销的含义

网络社群营销是网络营销中至关重要的一部分，是基于网络社区营销和社会化媒体营销发展起来的用户连接及交流更为紧密的网络营销方式。网络社群的概念出现在2006年前后，是依托Web2.0的发展和社交网络的应用逐步流行起来的。

网络社群营销是指通过互联网将有共同兴趣爱好的人聚集在一起，打造成消费家园，通过产品或服务来满足社群需求而产生的商业形态。网络社群聚集的人群会通过自己的圈子、人脉等各种关系延伸到陌生群体，最后形成一个更庞大的市场。它的载体有各种平台，比如微信、QQ群、微博、论坛等。网络社群营销主

知识链接

社会化媒体营销的含义

要通过链接、沟通等方式实现用户价值，采用人性化的营销方式，受到用户的接受与欢迎，并使其更可能成为继续传播者。

二、网络社群营销的特点

网络社群营销其实是一个口碑传播的过程。通过一些元素引起口碑，汇聚人群，口碑再扩散，周而复始。对于企业而言，它能够帮助企业获取某个特定的群体，是一种比较有效的营销方式。这种营销方式的特点主要有：

（一）多向互动

社群营销就是要让群里的成员可以多向性地进行互动交流，群里的成员可以自由地选择发布信息、传播分享信息等。通过用户之间的沟通交流，一方面可以让成员更加了解产品或服务；另一方面增进了商家与用户之间的沟通和了解，也会对销售额带来直接的影响。

（二）弱化中心、多元化活动链接

在社群中有一个中心，就是社群的建立者和管理者，但是在社群营销过程中这个中心是弱化的。在群里的每一位成员都拥有发言权，每一位成员也都是传播的主体，这样，社群才能真正建立起来，保持活力。此外，还应让群成员积极承担群活动的一定角色，慢慢扩大社群的链接兴趣点，从某一点扩展到面，从而扩大社群的内部链接，让社群更有凝聚力，带来新的商业合作机会。

（三）情感营销

企业进行网络营销可以通过互联网展示商品信息，提供有关查询，进行产品测试与消费者满意调查等，实现供需互动与双向沟通。而社群营销是通过传递有价值、有趣味的内容进行情感营销，让群成员感受到这种趣味性的氛围，进而更加喜欢这个社群，最后自愿成为社群的推广者，不断扩大群成员，这也是社群营销和别的营销方式的最大区别之处。

（四）利益替换，培养粉丝

社群营销是一个主动吸引和口碑传播的平台，加入社群的用户都是有着共同需求或共同爱好的人，这样的人很容易将其培养成“铁杆粉丝”。而社群营销想要长期发展，就要让群里的每一位成员产生价值，为社群做出贡献，如果群里存在不产生价值的成员就可以进行替换，保证群价值的形成。

（五）范围小而精准，个体影响力易放大

社群营销是定向需求、人际信任、口碑传播的，群里聚集的是有共同兴趣爱好或需求的用户，用户群体精准，范围相对较小，所以也可以称为范围经济。由于社群成员的规模有限，所以群里的任何发声或行为都会迅速被群成员看到，因此，个体的影响力就会被放大。基于此，加上群成员的高度流动性，群管理员应该设置一个严格的把控机制，设立入群门槛。

（六）时效久

社群营销是以人际关系、兴趣圈、口碑传播等为核心的营销方式，这些网络上的口碑随着时间的流逝并不会消失，随时可能被一些因素激活，能够二次甚至三次发酵。

实例分享

一条朋友圈筑起“助农”路

辰颐物语平台主要销售水果生鲜等产品，致力于改变传统农产品的销售模式。辰颐物语的创立是源于一条朋友圈，2016年创始人陈小丹在朋友圈看到了果农孤立无援眼睁睁地看着好果烂在地里的信息，就积极在朋友圈号召转发，为果农助力。她意识到现在全国各地还有很多优质水果因为地域信息差的原因而滞销，而另一边消费者又想要买到新鲜的水果，于是创立辰颐物语社群，链接产地农户和消费者。

辰颐物语主要采用微信进行社群营销，经过5年的运营，辰颐收获了150多万付费会员及10多万代理商，而且这个群体数量还在不断增加。平台坚持源头品控，形成从种植生产、仓储物流到产品销售、售后服务的全流程品控体系。在社群农产品销售时，常常出现早上开卖到下午就已经售空的情况。

辰颐物语的成功还在于将用户发展成辰颐物语的代理商，平台给予他们业务素材、培训，用户通过自己的社交圈、工作圈、交友圈为辰颐物语连接了新用户，现已形成生鲜电商社群，共同助农。

资料来源：佚名．辰颐物语的爱与“助农”之行．百家号，2021-10-20.

思考讨论：

辰颐物语的网络社群营销最核心的特点是什么？体现了什么企业家精神？辰颐物语主要采用微信进行网络社群营销，微信较其他渠道有什么优势？

扫描二维码，了解更多案例信息。

三、网络社群营销评价指标

常见的网络社群运营评价指标有两类，分别是结果导向型和过程导向型。结果导向型的评价指标主要有用户新增量、转化率、复购率、活动参与度、朋友圈点赞数等；过程导向型的评价指标主要有活跃度、活动频次等。总体而言，网络社群营销的评价指标主要有四个：用户新增量、群活动频次、活动参与度、转化率和复购率。

（一）用户新增量

用户新增量是社群运营最基本的考核指标，包括社群用户增长量和平台用户增长量。对这个指标的考核会导致一个弊端，就是为了考核指标，去添加与目标社群不匹配的用户，比如“僵尸粉”“无效粉”等，这样做就会拉低社群的总体质量，产生负面口碑。但如果一个社群很久都没有新增用户，则说明这个社群没有活力了。

（二）群活动频次

社群要保持群员对社群的认可度，提高群活跃性，常见的做法就是组织一些活动。有些社群会将群活动频次作为重要的考核指标之一，占整个考核权重的10%～15%。评估一个社群运营规范化主要看社群是否按节奏安排群活动，是否保持适当的频次。

（三）活动参与度

既然发布了活动，就要评估群员是否积极参与活动，在活动中是否保持一定的活跃度，这是评估一个社群运营质量的方式。

（四）转化率和复购率

如果社群有商业化的产品，就要考核转化率和复购率指标，转化率越高意味着回报率也越高，复购率越高意味着回报率越稳定。值得注意的是，想提高转化率和复购率，首先要提高用户黏性，并根据营销目标策划好营销内容，不要着急推广产品。

课堂讨论

以小组为单位，选择一个网络社群，查找并分析该社群的数据指标，将信息填入表 7－2 中。

表 7－2　网络社群数据

评价指标	数据	评价指标	数据
总人数		发言次数（次 / 人）	
活跃人数		群发布活动数（月）	
活跃比例		平均活动参与人数	
发言总数		平均活动参与度	

四、网络社群营销的应用

网络社群营销的应用是多方面的，有的用于商品推广，有的用于学习，有的用于提供服务。要实现这些应用目的，主要采用以下三种营销方法。

（一）灵魂人物营销

这类网络社群营销是以灵魂人物作为核心，通过灵魂人物的人格魅力、专业技能、影响力等吸引感兴趣的用户加入社群。该社群需要有专业团队对接灵魂人物，帮助社群更快、更稳地发展。这类网络社群营销的应用有吴晓波频道、罗辑思维等。

拓展学习

罗辑思维

罗辑思维是一个有中心的网络社群，这个中心就是罗振宇。罗振宇曾担任央视《经济与法》《对话》等节目制片人，2012 年与李天田联手制作了知识分享类节目《罗辑思维脱口秀》，这个节目主要分享罗振宇个人的读书收获，涵盖了历史、文化、经济等。经过多年的运营，该节目凭借罗振宇的个人魅力及优质的内容，吸引了众多粉丝，开启了网络社群营销道路。罗辑思维在构建社群时主要通过三步：第一，选人，通过邀请制寻找志同道合的人；第二，培养习惯，每天早上大约6:20发一段语音，以培养用户的阅读习惯；第三，线下互动，通过多样的线下活动增强人与人之间的联系，比如“爱与抱抱”“霸王餐”游戏等。短短几年，罗辑思维逐步发展成拥有脱口秀视频及音频、微信订阅号、会员体系、“得到”App等在内的一个庞大的知识社群。

（二）价值营销

此类网络社群营销注重价值的输出，主要通过讨论、活动、微信公众号、直播课四种方式输出内容，为群成员提供知识、经验等，帮助群成员成长、解决问题。比如正和岛，通过网络社群进行信息互通、资源匹配，实现合作共赢，促进企业家成长；再如秋叶社群，提供软件技巧、职场技能等干货知识，帮助大学生提升职场技能，顺利适应职场。

拓展学习

“大熊会”

自媒体人“万能的大熊”（本名宗宁）组建了“万能的大熊群”，起初这个群是为了方便大家进行电商交流，随着越来越多的人开始重视微商，加之“万能的大熊”产出了大量高质量文章，该群获得了众多的“粉丝”。“万能的大熊”开始将收费群更名为“大熊会”，帮助更多人通过微信、微博等工具打造自己的品牌和产品，实现最低成本创业。

（三）社群文化营销

此类网络社群营销通过传递社群文化氛围，包括目标、规则、口号、福利等的社群精神，使用户对社群产生好奇、好感，自发地了解社群、加入社群。在进行社群文化营销应用时要注意加强社群成员的信任、明确社群标签、树立社群价值观和提高社群成员归属感。比如小米社群，传递“为发烧而生”的产品理念，聚集一群手机“发烧友”，在群里他们可以讨论小米产品、参与趣味话题、交流玩机心得、第一时间测评体验小米新品、与小米开发组人员面对面交流等。

实例分享

社群深分，直连C端

樊登读书会成立于2013年，是目前国内最大的付费阅读社群，拥有超过3 600万用户。

樊登读书会是从线下起家的，创始人樊登在大学里授课的过程中发现了一个问题——很多同学有读书的意愿，但是没有时间读书，这使他萌发了创建社群的想法。樊登把书的精华内容压缩成PPT文稿，后来通过“视频+语音”的方式进行分享，解决大家读书难的问题。

樊登读书会采用付费模式，他的第一批用户就是他的学生，然后不断裂变。其采用的是“线上＋社群＋线下”的方式，这个模式成功的关键就是社群深分，也就是用授权加盟的方式创办各地的读书会分会。樊登读书会现已有 1 089 家县级授权分社群，通过各区域的微信社群矩阵和 App 社群共同链接用户，使线上自媒体品牌有了线下渠道的组织和动员能力。这一方面促进社群拉新，另一方面也让核心团队把主要精力投入讲书及产品打磨上。

资料来源：刘春雄．无 KOC，无社群：揭秘小米、拼多多、樊登读书会社群运营的奥秘．搜狐，2020-12-25.

思考讨论：

樊登读书会的网络社群营销的创新之处有哪些？你有加入过类似的读书会吗？你为什么会选择加入此类读书会？它们之间有什么区别？

扫描二维码，了解更多案例信息。

课堂讨论

在日常生活中，你还遇到过哪些网络社群营销的具体应用？请举例说明。

学有所思

大学里一般有哪些社群？如果让你来运营一个全新的社群，你会有什么创意？

任务三

搜索引擎营销的运用

配套微课

任务前导学习单

<table>
<tr><th>项目名称</th><td>网络营销</td><th>任务名称</th><td>搜索引擎营销的运用</td></tr>
<tr><th rowspan="3">任务目标</th><td>知识目标</td><td colspan="2">• 掌握搜索引擎营销的含义和层次。
• 熟悉搜索引擎营销的特点。
• 掌握搜索引擎营销的流程和应用。</td></tr>
<tr><td>能力目标</td><td colspan="2">• 能够分析搜索引擎营销策略的不同。
• 能够进行搜索引擎营销的设计。</td></tr>
<tr><td>素养目标</td><td colspan="2">• 培养一分为二看待问题的唯物辩证思维。
• 培养求真务实、创新的职业精神。</td></tr>
<tr><th>任务导入</th><td colspan="3">数字化时代，人们已经非常习惯通过互联网获取产品的信息，此时正是搜索引擎营销发挥作用的大好时机。我国互联网企业在搜索引擎领域继续进行深度布局，搜索用户数量持续增长。那么，什么是搜索引擎营销？它的特点和方式是什么？</td></tr>
<tr><th>任务分析</th><td colspan="3">当消费者对某一内容从关注转变为感兴趣时，无论信息是来自线下还是线上，他都会到搜索引擎进行搜索，此时也正是商家进行营销的好机会。对于搜索引擎营销的理解要从搜索引擎的作用着手，分析搜索引擎的原理，理解其层次、特点、流程、方式。</td></tr>
<tr><th>任务准备</th><td colspan="3">• 在不同搜索引擎中搜索同一个关键词，查看结果有什么不同。
• 了解目前常见的搜索引擎。</td></tr>
</table>

任务知识充电站

一、搜索引擎营销的概念

据中国互联网络信息中心数据显示，截至 2022 年 6 月，我国搜索引擎用户规模达 8.21 亿，占网民整体的 78.2%。企业或个人为了扩大影响力及知名度，必然会选择搜索引擎营销，它已成为最流行的营销方式之一。

知识链接

搜索引擎简介

搜索引擎原本是为用户提供检索服务的，根据用户的检索要求利用一定的策略、特定的计算机程序从互联网上搜集信息，再对信息进行组织和处理后反馈给用户。它的实质是专门为用户提供信息查询的网站，用户可以很方便地通过输入特定的字词（或关键词）来查找他们所需要的信息，这其中也包括了各类产品及服务信息，商家正是看到了搜索引擎的商业价值，开始了基于搜索引擎平台的网络营销，即搜索引擎营销。

搜索引擎营销（search engine marketing，简称 SEM）是指利用用户使用搜索引擎检索信息的机会，尽可能将相关的营销信息传递给目标用户。由于搜索引擎营销是基于用户主动搜索，所以具有很强的针对性。搜索引擎营销得以实现，需要具备五个基本要素，分别是：信息源、搜索引擎信息索引数据、用户的检索行为和检索结构、用户对搜索结果的分析判断、对选中检索结果的点击。

二、搜索引擎营销的层次

搜索引擎营销在不同的发展阶段具有不同的目标，最终的目标都是要将浏览者转化为真正的顾客。围绕这个目标将搜索引擎营销分为四个层次，分别是存在层、表现层、关注层和转化层，如图 7－2 所示。

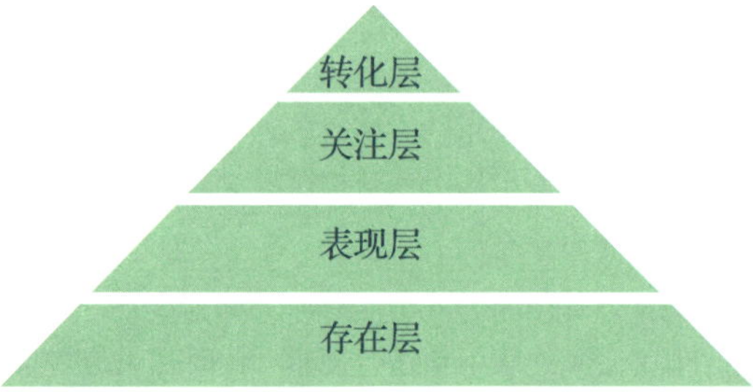

图 7－2　搜索引擎营销的四个层次

（一）存在层

存在层是搜索引擎营销的基础层。企业要想信息被用户搜索到，首先信息就需要被搜索引擎或分类目录收录，这样才有机会在用户搜索的时候呈现网页信息，增加网页的搜索引擎可见度。

（二）表现层

当信息被搜索引擎或分类目录收录后，就要考虑信息在搜索结果中的排名了，这就是搜索引擎营销的第二层目标——让信息在搜索引擎上尽可能排名靠前，在搜索结果中有良好的表现。大部分用户只会查看搜索结果前三页的内容，如果信息在搜索结果中排名靠后就很可能无法触达用户。如果信息排名不理想，此时就要考虑进行付费广告，比如竞价排名、关键词广告等来提升信息的搜索排名。

（三）关注层

从营销的角度看，信息仅仅是被搜索引擎收录、在搜索结果中排名靠前是不够的，更重要的是要被用户关注、点击，这也就是搜索引擎营销的第三层目标，其考核指标主要是网站的访问量，这将直接影响后续的转化率。而要让用户多点击网站并在网站上多停留，就主要看网站的情况，这就需要企业对网站进行整体的优化设计。

（四）转化层

这是搜索引擎营销战略层面的目标，是前面三个层次目标的进一步提升，也是企业进行搜索引擎营销最终实现效益的集中表现。当然，实现这一层次目标并不是搜索引擎营销的直接效果，它是在网站访问量增加的基础上，由网站的功能、服务和产品等多种因素共同作用的结果。

三、搜索引擎营销的特征

搜索引擎营销的基本思想就是让用户发现信息，并点击进入进行进一步的了解。它与其他营销方式比较具有如下特征。

（一）与企业网站密不可分

搜索引擎营销多数是以企业网站为基础进行推广的，如果没有建立网站，就很难被搜索网站收录。同时，网站设计的专业性又对网络营销产生直接的影响。

（二）用户主导

传统广告在信息传递过程中具有强迫性和被动性，而搜索引擎营销是基于用户自主搜索信息，没有强迫性，用户可以根据自己的兴趣和喜好来选择是否接受或接受哪些广告信息，更有利于广告有效到达。

（三）可以实现精准定位

搜索引擎营销较其他营销方式能更好地对用户进行精准定位，因为搜索引擎营销是基于用户搜索的关键词，通过关键词营销实现与用户搜索信息的高度相关，提高信息被关注的程度，最终实现营销的目的。

（四）营销效果表现为网站访问量增加

从搜索引擎营销的四个层次我们可以了解到，搜索引擎营销就是通过获得访问量来实现推广目的。

（五）需适应网络服务环境的发展变化

搜索引擎营销是搜索引擎服务在网络营销中的具体应用，依赖于网络营销的检索技术、服务模式等，所以搜索引擎营销的方法会随着搜索引擎检索方式和服务模式的变化而发生变化，具有一定的阶段性。

知识链接

搜索引擎推广简介

四、搜索引擎营销的流程

搜索引擎营销的思路就是利用用户在网络上搜索关键词时，将相关的信息推送给用户，让用户发现并点击信息，以实现营销转化，其具体流程如图 7－3 所示。

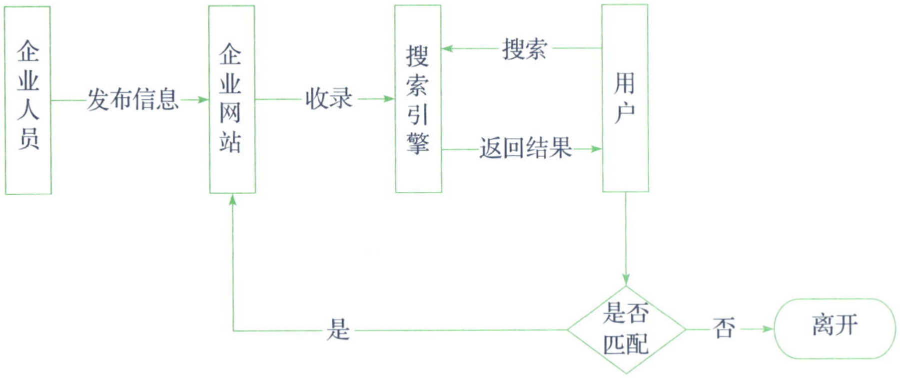

图 7－3　搜索引擎营销的流程

（1）企业工作人员在企业网站上发布信息，使信息成为以网页形式存在的信息源。

（2）信息源被搜索引擎收录到搜索引擎数据库中。

（3）用户在搜索引擎上通过关键词进行搜索。

（4）搜索引擎根据用户检索要求将检索结果罗列成相关的索引信息返回给用户。

（5）用户对检索结果进行选择判断，对于匹配的并感兴趣的信息进行点击，进入信息源所在的网页。

（6）用户浏览企业网站，实现转化。

五、搜索引擎营销的应用

知识链接

SEM 与 SEO 的区别

知识链接

PageRank 算法原理

知识链接

META 标签

搜索引擎营销推广的目的就是让用户了解到企业的网站或企业的信息，那么企业的网站或信息如何才能让用户找到呢？就需要通过搜索引擎注册，也就是把自己企业网站的基本信息提交给搜索引擎，让搜索引擎把网站收录进去。在申请搜索引擎登录之前要了解搜索引擎的计分方法，熟悉各网站的特点，做好搜索引擎登记计划列表。当网站被搜索引擎收录之后，就可以应用搜索引擎进行营销，常用的方法主要有两种：一是搜索引擎优化；二是搜索引擎广告。

（一）搜索引擎优化

搜索引擎优化（search engine optimization，简称 SEO）是通过分析搜索引擎的排名规则、检索特点等，对企业网站建设和网页设计进行优化，使其更符合搜索引擎的检索规则，能够被搜索引擎收录并获得自然排名靠前的一种方法。靠搜索引擎优化获得好的排名是免费的，也是网站专业化的标志之一。

搜索引擎优化的首要任务就是要了解搜索引擎的检索规则，包括它们是怎么抓取网页、如何索引等。比如百度是按照网页点击率进行排序，谷歌按照网页重要性 PageRank 值进行排序，之后才能根据检索规则进行网站的优化。搜索引擎优化包括内部优化和外部优化。内部优化可以通过 META 标签优化、内部链接优化、网站内容更新等方式实现；外部优化主要通过外链类别、外链运营、外链选择进行。

（二）搜索引擎广告

通过搜索引擎优化企业的网址可以提升其自然排名，但并不一定能够使其多个重要的关键词都获得好的排名，这时候最有效的方法就是付费的搜索引擎广告。搜索引擎广告是广告主根据自己的产品或服务内容、特点等，确定关键词，撰写广告并自主定价投放的一种方式。这种推广一般是用户点击网站之后才进行收费，如果不点击一般不收费。

实例分享

搜索引擎广告应守底线

2021 年 7 月，北京百度网讯科技有限公司（以下简称百度公司）将苏州闪速推网络科技有限公司（以下简称闪速推公司）告上法庭，原因是闪速推公司通过租用“高权重网站”的二级目录为客户创建推广网页提供“万词霸屏”排名服务，为广告主提升其网页的百度排名。这使得普通网络用户使用行业常用关键词进行搜索时，这些推广网页大量占据搜索结果首页位置，严重破坏了百度搜索引擎正常收录和排名秩序，影响搜索引擎用户体验，降低用户对百度搜索的信任，造成百度公司搜索引擎算法失准，导致企业大量的经济损失。2022 年 3 月，法院最终做出百度公司胜诉的判决。

资料来源：佚名．全国首例“万词霸屏”不正当竞争纠纷案，判赔 275.3 万元．百家号，2022-06-01.

思考讨论：

对这个判决结果你有什么感悟？这样的判决站在社会角度看有什么效果？

扫描二维码，了解更多案例信息。

搜索引擎广告包括关键词广告、竞价排名广告、地址栏搜索广告等形式，其基本形式是当用户检索某一关键词时，在检索结果页中就会出现与关键词相关的广告。

课堂讨论

搜索引擎优化和搜索引擎广告都是为了提高企业网站的搜索引擎排名，这两种方法有什么区别？

在进行搜索引擎营销时，比较关键的就是关键词的设置，所以无论是采用优化的方式还是广告的方式进行搜索引擎营销，在设置关键词时都要注意以下三点：

知识链接

关键词设置技巧

（1）用足关键词。在设置关键词时要明确搜索引擎的限制数量，比如要求 25 ～ 35 个关键词，你就最好用足这个数量，因为你的关键词越多，你的网站被找到的机会就会越大。

（2）关键字要能充分体现网站的特征。虽然关键词的热度很重要，但是在选择关键词时也不能偏离网站内容，选择最为贴切的两三个关键词，首先要在标题中出现，在正文中也要尽量重复出现这些关键词。

（3）考虑用户的搜索习惯。尽量少用生僻字，因为用户很少使用这些生僻字，设定生僻字作为关键词会成为无效的关键词。

学有所思

在新媒体环境下，应该如何认识搜索引擎营销在整合营销中的价值？

任务四

病毒性营销的运用

配套微课

任务前导学习单

项目名称	网络营销	任务名称	病毒性营销的运用
任务目标	知识目标	• 熟悉病毒性营销的基本思想和步骤。 • 熟悉病毒性营销的特点。 • 掌握病毒性营销的基本要素和应用。	
	能力目标	• 能够进行病毒性营销要素的分析。 • 能够进行病毒性营销设计。	
	素养目标	• 培养爱岗敬业的社会主义核心价值观和责任担当意识。 • 培养爱国主义情怀、创新的职业精神。	
任务导入	每一个人在网络空间中都有自己的圈子，他们彼此之间互相信任，相互分享各类信息。最好的营销方式就是让用户自愿主动地转发信息，这也就是病毒性营销。病毒性营销的定义和特点是什么？要如何实施病毒性营销？		
任务分析	病毒性营销如果运用得好，其效果远远超过投放大量广告的效果，其价值是巨大的。在理解病毒性营销时要从其原理入手，在理解概念的基础上去了解它的特点，归纳实施的步骤。		
任务准备	• 查看最新的病毒性营销热点事件。 • 了解常见的病毒性营销渠道。		

任务知识充电站

一、病毒性营销概述

（一）病毒性营销的定义

病毒性营销又称病毒式营销，是通过提供有价值的信息或服务，利用用户的积极性和人际网络，自发地进行传播和扩散，在短时间内将信息传向更多的受众。由于这种营销方式像病毒一样可以自动快速复制，迅速传播给数以千计、万计的受众，使信息的曝光率和影响力产生几何级增长，所以称为病毒性营销，常用于网站推广、品牌推广等。

（二）病毒性营销的基本思想

知识链接
病毒性营销的起源

病毒性营销与常说的“口碑传播”有类似之处，区别主要在于其运行的媒介是互联网。病毒性营销的基本思想就是通过提供有价值的信息或服务，利用用户之间的主动传播来实现网络营销传递的目的，其背后的实质是充分利用外部网络资源，尤其是免费的网络资源去扩大信息的网络传递渠道，其核心在于如何打动用户，找到营销的引爆点，即找到既能符合目标用户口味又能正面宣传企业的内容是关键。

知识链接
传统口碑传播简介

课堂讨论

请阅读“传统口碑传播简介”后思考病毒性营销与传统口碑传播的区别，从传播速度、传播媒介、传播环境、营销性质四个维度进行比较，填入表7-3中。

表7-3　病毒性营销与传统口碑传播的区别

项目	病毒性营销	传统口碑传播
传播速度		
传播媒介		
传播环境		
营销性质		

（三）基本要素

一般而言，一个成功的病毒性营销通常具备以下六个基本要素。

1. 提供有价值的产品或服务

这就需要企业对自己的产品进行深入挖掘，能够抓住消费者的兴趣，吸引他们的眼球。

2. 提供无须努力的向他人传递信息的方式

现在互联网即时通信工具使信息的传递变得容易而且廉价，同时我们也要将营销信息设计得简单易于传输。

3. 信息传递范围容易从小向大规模扩散

在进行病毒性营销之前要考虑到其传输方式能够实现从小到大的迅速改变，同时要对传输主体做好计划，以保证迅速扩大传递规模。

4. 利用公众的积极性和行为

病毒性营销最重要就是引起目标用户的自主转发，利用公众的积极性和行为，这就要求设计出符合目标用户的兴趣又能够正面宣传企业的引爆点。

5. 利用现有的通信网络

每个人都有自己的通信网络，这个网络中有家人、朋友、同事，人数达几十、几百甚至上千。将信息置于人们现有的通信网络中，才有可能达到信息迅速扩散的效果。

6. 利用别人的资源

病毒性营销通过别人转发实现营销目的，就是利用别人的资源实现自己的目的。

实例分享

《我不是药神》病毒性营销

2018年6月30日，《我不是药神》开启点映，点映后朋友圈被各种好评刷屏，总票房超600亿元，形成了高质量口碑、高票房收入、社会情绪契合的话题效应。这离不开病毒性营销的助力。

《我不是药神》在点映阶段，邀请了业内同行人群、各大影评人员等，让他们提前观影并发表真实感受，培育了第一批种子客户。他们观影后纷纷在自己的朋友圈发圈，到各大影评网站进行点评，为电影造势。上映前密集点映实现了从媒体到院线再到普通观众的口碑层层传播，为影片上映打下坚实基础。同时，影片的主演也发挥了不小的作用。从7月1日晚到2日短短一夜，关于影片主演的微博话题阅读量从1 700万飙升到了5 300万，影片话题阅读量超过3.8亿，借助核心人物实现超级用户裂变。

这个影片从项目确立、引流、种子用户积累、用户裂变，到最后用户购买电影票进行变现，实现了营销佳绩。

资料来源：佚名. 透过《我不是药神》剖析营销完整内幕. 百家号，2018-07-07.

思考讨论：

这个营销案例具备哪些营销要素？具体体现在哪里？

扫描二维码，了解更多案例信息。

二、病毒性营销的渠道

病毒性营销要基于用户的自主积极性，所以在选择传播渠道时要能够克服大多数人的传播惰性，这就需要选择大众熟悉且易于传播的媒介开展病毒性营销。比如QQ、微信、微博、论坛等渠道，这些渠道具有受众多、及时性强、互动性强、传播速度快等特点，是进行病毒性营销的常用渠道。

实例分享

"穿上军装"强势刷屏朋友圈

2017年建军90周年，为铭记光荣历史，让人民群众能够一起参与到建军节的互动中，《人民日报》推出了"正能量与刷屏同时在线"活动，制作了"快看呐！这是我的军装照"H5，该创意产品是由《人民日报》主导开发，腾讯天天P图提供图像处理支持，将1927—2017年这90年间的军装全部呈现出来，用户只需要上传自己的照片，后台利用人脸识别技术，就可以为用户生成属于自己的不同年代的军装照片，以圆人民群众的军旅梦。这个H5上线2天浏览量破2亿，每分钟在线人数约17万，连续刷屏热度只增不减，网友纷纷制作自己的军装照，并在朋友圈等进行转发。

资料来源：佚名．“快看呐！这是我的军装照”刷爆宝坻人朋友圈．搜狐，2017-07-31．

思考讨论：

军装照为什么能够刷爆朋友圈？这体现了国人的什么情感？

扫描二维码，了解更多案例信息。

三、病毒性营销的实施步骤

（一）进行病毒性营销方案的整体规划

在进行病毒性营销时要确认传播的信息或服务对用户是否有价值，这样的信息是否能够激起用户自主传播的意愿等。

（二）设计病毒性营销方案

病毒性营销之所以能够吸引用户自主传播就在于它的创新性，只有独创性的方案才最有价值，如果你的方案是跟风型的，就很难收到想要的效果，甚至会遭人反感。所以，在设计方案时，一定要注意将传播信息与营销目的有效结合，同时给用户带来有价值的独特创意，这样的病毒性营销方案对企业才具有价值。

（三）设计信息源与信息传播渠道

病毒性营销的信息虽然是靠用户自主传播的，但是对信息源和信息传递渠道也是需要进行精心设计的。我们需要对信息源进行筹划和设计，让其看起来很吸引人，让用户愿意转发。此外，还要考虑这个信息源的传播渠道，是放在某个网站还是运用文件方式让用户直接传递，抑或者是两者结合，这都需要对信息源和信息传播渠道进行合理规划设计。

（四）发布和推广原始信息

原始信息的发布将直接影响病毒性营销推广的范围，病毒性营销最终的大范围信息传播都是基于原本小范围的开始，所以对于原始信息的发布也要进行认真筹划，应该发布在用户容易发现且愿意传递这些信息的地方，比如用户活跃的社交平台、网络社区等。

（五）跟踪和管理病毒性营销的效果

大部分情况下当病毒性营销方案设计并开始实施之后，对于其最终效果往往无法控制，但这并不意味着我们不需要进行跟踪和管理。相反，我们对于病毒性营销效果进行跟踪，将有助于我们及时掌握营销的反响，发现存在的问题，及时进行改良，可以为下一次病毒性营销方案提供参考。

四、病毒性营销的应用

（一）电子邮件病毒性营销

电子邮件是病毒性营销的一个重要渠道。比如百度指数在推广其产品时，就采用了电子邮件发送邀请注册的方式，只有收到邀请信的用户才有资格注册账号，加入的会员也拥有了发放若干邀请的权限，一时间，转发和询问邀请成为热议。

（二）即时通信病毒性营销

QQ、微信等即时通信工具是病毒性营销最常使用的工具。

实例分享

“小朋友画廊”刷爆朋友圈

腾讯通过朋友圈开展了一场“小朋友画廊”的公益活动，活动一开始就刷屏朋友圈，这个线上画廊展示的是自闭儿童们的画作，并通过“一元购画”为这些小朋友捐一元钱，活动共收到捐款 1 500 万元，超 581 万人次参与。

资料来源：佚名. 腾讯公益“小朋友画廊”为什么这么火？一元购画刷爆朋友圈原因. 腾讯网，2017-08-29.

思考讨论：

腾讯的这场活动为什么能够刷屏朋友圈？

扫描二维码，了解更多案例信息。

（三）社交平台病毒性营销

网络社交平台是人们用来分享和共享的工具和平台，主要有抖音、微博、小红书、B 站等，这些社交平台拥有庞大的用户群，用户多具有共同的兴趣、爱好等，更易于病毒性营销的扩散。比如一个网友发布的“海底捞番茄牛肉饭”视频获得关注，一下子为海底捞带来了海量的线下流量，线下门店也抓住时机通过特定流程和话术引爆连锁反应，线上线下联动，又诞生了很多海底捞抖音“网红”吃法视频，企业实现了零成本病毒性营销。

课堂讨论

请同学们分组思考探讨目前热门的病毒性营销案例，并分析其属于哪一种病毒性营销应用以及成功的原因。

学有所思

在进行病毒性营销时，为了调动用户的积极性和主动性，我们要注意什么？

配套微课

任务五

网络广告的运用

任务前导学习单

项目名称	网络营销	任务名称	网络广告的运用
任务目标	知识目标	• 掌握网络广告的定义与要素。 • 熟悉网络广告的特点及形式。 • 了解网络广告的实施步骤。	
	能力目标	• 能够进行网络广告特点的分析。 • 能够依据网络广告实施步骤进行网络广告的设计与运用。	
	素养目标	• 利用网络弘扬正能量，树立正确的人生观、价值观与世界观。 • 培养遵纪守法、求真务实的精神和责任担当意识。	
任务导入	互联网的应用孕育出了新的广告模式——网络广告，现在网络广告随处可见，那么，网络广告具体指什么？它有什么特征？又有什么样的形式？网络广告要如何实施？		
任务分析	在网上冲浪时，我们可以看到各种各样的网络广告，在理解网络广告时要从其依托的平台入手，分析网络广告的特点，了解目前主要的网络广告形式及应用，进一步了解网络广告实施的步骤。		
任务准备	• 登录网站了解常见的网络广告形式。 • 了解最新的网络广告案例。		

任务知识充电站

一、网络广告概述

随着网络技术的兴起与发展，人们社会活动的重心不断向信息化、数字化转移，广告主也开始将广告活动注意力转移向网络，网络广告应运而生，影响着人们的媒介消费理念。

（一）什么是网络广告

网络广告又称为互联网广告，是主要的网络营销方法之一。它是以互联网为载体，通过文字、图片、音频、视频等多媒体形式向互联网用户传递企业的产品、服务或信息的一种高科技广告运作方式，其核心思想是引起用户的关注和点击。网络广告的出现和发展不仅影响了人们的媒介消费理念，也改变了整个广告业的格局，发展势不可挡，未来将继续保持增长。

知识链接

网络广告的起源

（二）网络广告的要素

网络广告和传统广告一样，具有五大要素，分别是：

1. 广告主

它是指具有发布网络广告需求的企业、单位或个人。广告主发布网络广告的方式主要有两种：一种是自行上网发布；另一种是通过其他人或组织机构在网上发布。

2. 广告媒体

这是指网络广告信息发布的媒介，它可以是互联网，也可以是移动网络、电子邮件等。

3. 广告受众

这是指网络广告所要送达的对象，也就是网络广告的接收者，一般是指活跃在网络上的受众。

4. 广告信息

即网络广告的具体内容，也就是所要传达的信息或商品，它的呈现形式可以是文字、图片、音频、视频等多种形式。

5. 广告费用

这是针对有偿广告而言的，是指发布网络广告所投入的资金。

二、网络广告的特点

网络广告相较于传统的广告，具有以下特点。

（一）广泛性

网络广告是通过网络进行广告信息传播的，可以不受时间、地域限制，实现全天候 24 小时不间断地传播到世界各地，传播范围广。这是传统媒体所无法达到的效果。

（二）主动性

传统媒体多具有强迫性，而网络广告则属于按需广告，用户可以根据自己的意愿进行查询，所需要的资讯就会集中呈现出来，可以大大节省时间，既快速又经济。

（三）易统计性

相较于传统媒体广告，网络广告能够借助软件工具，比如 LOG 访客记录软件等来精准统计出访客的访问信息，包括他们什么时间、什么地点、停留多久等内容，这有助于广告主正确评估广告效果，优化升级广告策略。

（四）交互性

网络广告通过网络平台传递广告信息，信息呈现形式主要有多媒体、超文本格式文件，用户仅需通过点击鼠标就可以进一步了解自己感兴趣的信息，亲身“体验”产品、服务与品牌。这也是网络广告最大的优势。

（五）实时性

传统媒体广告一经发布后就很难进行更改，如果一定要更改需要付出较大的经济成本。网络广告是可以根据广告主的需求以及营销效果等进行及时变更，而且花费的费用很少，这样更有助于广告决策得到及时的实施和推广。

（六）经济性

由于网络广告可以借助自动化软件工具来实现图文并茂的效果，其制作费用和变更费用都较传统媒体广告低，一般网络广告的费用是电视广告的 1/8、是报纸广告的 1/5，所以网络广告在价格上具有极强的竞争性。

实例分享

别样网络广告，传递正能量

公益广告在抵制社会不良行为和不良风气，规劝和促成人们养成良好的社会习惯，提高公民素质和全社会文明程度等方面发挥着重要的作用。以往，公益广告主要通过电视、报纸、户外广告等传统媒介进行宣传。随着新技术、新媒体等的迅速发展，尤其是互联网用户规模的不断扩大，公益广告也开始强化其互联网思维。

《天堂的午餐》是由河北传媒学院大三的学生刘啸宇用相机拍摄的一条视频短片，短片讲述了小翼为天堂里的母亲精心准备着午餐，这是他第一次下厨，切菜、洗菜、做饭，他始终面带微笑，一边做饭一边回忆起和母亲的点点滴滴，做完饭，小翼把亲手做的小菜一一摆上桌子，为母亲盛上满满一碗饭，让母亲坐下，示意母亲多吃菜，可母亲的座位上根本没有人。这个视频只有短短六分钟，制作视频所有费用不超过 200 元，却引发了网友们的强烈共鸣，在网上广为流传、转载，观看点击量近千万。一时间，“孝心”话题瞬间引起了网友们的关注。

通过网络来传播公益广告更加方便、快捷，也能够使更多的人受益。借助互联网这个工具，这个别样的广告出现在网络的每一个角落，源源不断地传递正能量。

资料来源：佚名. 公益广告也应用好“互联网 +”. 中国文明网，2016-07-26.

思考讨论：

《天堂的午餐》这个公益广告体现了网络广告的什么特点？你还知道哪些网络公益广告？它给你的最大触动是什么？

扫描二维码，了解更多案例信息。

三、网络广告的形式

随着互联网的发展，越来越多的企业都被网络化，如何让消费者在浩瀚的网络空间中发现企业的网站就成为一个问题，企业主急需利用网络广告来进行推广。为了实现广告主的营销目标，广告界不断创新，发展出多种多样的网络广告形式。

（一）旗帜广告

旗帜广告（banner）又叫横幅广告、网幅广告，是最早的也是最常见的网络广告形式，常见图像文件格式有Gif、Jpg、Flash等，定位在网页中，大多是在网页的最上面或最下面。旗帜广告大致可以分为三类：静态、动态和交互式。

（二）弹出 / 移动式广告

弹出 / 移动式广告是在用户浏览网页时跳出，然后沿着设计好的路线移动，广告形式有图片、Flash，广告可以自适应屏幕分辨率，不被其他网页元素遮挡，并可以支持多个移动广告。该类型广告经常被各大论坛所使用，以达到宣传网站的效果。

（三）按钮广告

按钮广告是通过小面积的图标来呈现的一种广告形式，通过不同尺寸与版面位置进行匹配，为消费者提供简单明确的资讯。按钮广告的优势有两个：一是通过减小广告面积降低购买成本，预算少的广告主也有能力进行这样的广告投放；二是有助于充分利用网页中零散的小面积空白位置。按钮广告一般应用于宣传企业的商标或品牌。

（四）文字链接广告

文字链接广告又叫文本链接广告，就是将一排文字做成广告链接，吸引用户点击进入相关的广告页面进行深入了解。文字链接广告一般放置在Web页面上，多数会选择热门网站，借助网站的人气进行引流。这类广告对用户的干扰最小，可以达到软性营销的目的。采用此类广告的难点在于文字信息的编辑，这就需要通过好的创意吸引潜在受众。文字链接广告适用于信息量大的页面，可以用于企业品牌的宣传或产品的促销。

（五）赞助式广告

赞助式广告是广告主根据其品牌宣传目标，选择感兴趣的网址内容或节目，或在特别的时期进行的一种推广活动。一般这类广告不需要和其他广告进行轮流滚动，放置的时间较长，更有利于广告主提升知名度。其形式主要有三种，分别是内容赞助、节目赞助、节日赞助。

知识链接

网络广告技巧

（六）互动式游戏广告

互动式游戏广告就是通过游戏的方式将广告信息传递给潜在受众，主要有两种形式：一是在游戏的开始、中间、结束时植入广告信息；二是根据企业的产品特性量身定制属于自己产品的互动式游戏广告，这就需要在设计互动式游戏广告时思考如何自然融入产品的内容，让受众能够在虚拟空间中通过玩游戏体验产品、了解企业品牌，增强信息传递效果。

课堂讨论

根据表7-4提示的项目信息进行网络广告与传统广告的比较，将相关结果填入表中。

表 7－4 网络广告与传统广告对比

项目	网络广告	报纸广告	广播广告	电视广告
传播范围				
时效性				
资讯类型				
传播速度				
用户接受方式				
价格				
更新速度				
互动性				

知识链接

广告运作简介

四、网络广告的实施步骤

（一）明确广告目标

广告的目标是围绕企业的整个营销目标的，根据企业营销目标的不同，广告的作用也有所不同，总体而言，可以分为三类，分别是通知广告、劝说广告、提示广告。通知广告一般适用于企业产品生命周期的介绍期，比如，新产品的问世、某产品升级了新用途、产品的价格发生变化等。劝说广告适用于产品的成长期，此时，消费者对品牌还未形成偏好，仅仅是对某一种产品具有需求，还在不同品牌中进行选择。此时就可以利用劝说广告突出企业产品较其他品牌产品的优势，促使消费者对自家企业产品形成品牌偏好，进而产生购买。提示广告一般用于产品成熟期，其目的是提醒消费者进行购买。比如某些众所周知的品牌，早已处于成熟期，此时发布广告就是为了提醒人们别忘了购买这种产品。

（二）制定广告预算

广告目标明确后，就要考虑制作广告的预算。在制定广告预算时，需要考虑到多方面因素，主要有产品生命周期、市场份额、竞争的激烈程度、广告的频次、产品的特性等。

（三）确定广告信息

广告信息的确定也就是广告内容的设计，主要涉及三个步骤：

1. 信息的创作

在这个过程中要注意信息内容的创意，这是广告的灵魂，也是优化信息沟通的核心。

2. 信息的评估与选择

为确定最优广告就需要对广告信息进行评估。一般可以从愿望性、独占性、可信性三个维度进行评估，即信息所传递的内容是否是消费者所期待或感兴趣的，产品是否存在有别于其他品牌产品的特色，信息的内容是否是可信的。

3. 信息的表达

这关系到广告能否成功感染目标受众，所以不仅要关注“说什么”，更要关注

“怎么说”，也就是信息如何进行表达，尤其对于差别不大的产品，其信息的表达就尤为重要，这将直接决定整个广告的效果。

值得注意的是，在进行信息的评估与选择时一定要确保信息的内容不违反公序良俗和法律法规，不能存有欺骗行为或诱售式的内容，企业必须肩负起对社会的责任担当。

（四）选择广告媒介

1. 确定广告媒介的接触度、频率和效果

为了实现广告目标，在进行广告媒介选择时需要考虑广告媒介的接触度、频率和效果。接触度是指广告主期望在规定的期限内有多少目标受众接触到广告，比如，一年内让 60% 的目标受众接触到广告。频率是指在一定时间内，目标受众平均接触广告的次数。通常情况下，信息的接收频率如果低于三次则效果不佳，若超过三次广告费用则会偏高。效果是指广告显露的效果。

2. 确定广告时机

广告时机的选择一方面要根据产品的季节属性，比如防晒霜一般是在夏季的销量最大，因此广告就可以考虑从 5 月份开始，延续到 9 月份，不一定要全年都进行广告。另一方面，也要根据目标受众的接收时间、广告费用等选择广告的播放时间段，比如电商广告的最佳播放时间一般是 19:00 ～ 21:00，但这个时间段广告的费用也会相对比较高。

（五）网络广告的执行

这一阶段，广告主会涉及广告价格谈判、合同签订和广告的监测等方面的具体操作。首先，广告主需要确认广告的计费方式，如是按照千人成本（CPM）还是包月的方式等。其次，双方需要就广告的位置、时间、数量等内容进行合同的商定。最后，广告主需要进行广告的监测，确认广告的播出是否正常，超链接是否正确，及时进行纠错以期达到良好的广告效果。

知识链接

网络广告的计费方法

（六）评估网络广告

网络广告投放一段时间后，就需要根据广告主设定的广告目标来进行效果的评估。一般可以选择广告展示量、广告点击率、广告到达率、广告转化率等作为评估指标。通过评估，有助于发现广告问题，对广告进行进一步的优化提升。

实例分享

广告夸大事实要三思

自 2021 年 3 月 18 日起，涉案人陈某某在淘宝网的“贝拉迪诺洗护专家”店铺中，发布“安琪玛思 N 次方植活素”的网页，该网页含有“极度受损发质一次修复到位”“渗透至发芯深处重塑发芯结构，给发芯带来细胞级修护，由内而外滋养发丝”的内容。2021 年 11 月 18 日，常州市钟楼区市场监督管理局收到江苏省广告智慧监管平台转来的线索，经查证，上述内容无事实依据，违反了《中华人民共和国广告法》，构成发布虚假广告。2021 年 11 月 20 日，当事人撤下该网页并

接受相应的处罚。

资料来源：中主协广告舆情监测. 发布违法网络广告案例三. 百家号，2022-01-24.

思考讨论：

你身边还有类似的案例吗？网络广告从业者或广告主应具备什么精神？

扫描二维码，了解更多案例信息。

学有所思

网络广告要想脱颖而出、广为流传，必须要有创新。针对防诈宣传，如何通过网络广告的创新方式达到宣传目的呢？

任务六

网络直播和短视频营销的运用

配套微课

任务前导学习单

项目名称	网络营销	任务名称	网络直播和短视频营销的运用
任务目标	知识目标	• 掌握网络直播和短视频营销的概念。 • 熟悉网络直播和短视频营销的特点。 • 了解网络直播和短视频营销的模式。	
	能力目标	• 能够进行直播四要素的分析。 • 能够进行直播平台、短视频平台比较分析。 • 能够进行网络直播和短视频营销方案的制作与实施。	
	素养目标	• 培养责任担当意识和创新的职业精神。 • 培养诚信、守法的职业道德。 • 培养家国情怀、创新意识和团队合作精神。	
任务导入	"直播"由来已久，在传统媒体中就有现场直播的形式。随着信息技术的发展，"直播"又延伸了新的形式——网络直播，也孕育了新的营销方法——短视频营销。那么，什么是网络直播和短视频营销？它们具有什么特点？现在常见的网络直播和短视频营销模式有哪些？		
任务分析	随着新媒体的发展，越来越多的企业和用户转向网络直播和短视频营销，在理解它们的概念时可以从其采用的形式入手，通过与传统媒体营销对比，了解网络直播和短视频营销的特点，并了解其常见的营销模式。		
任务准备	• 观看一些直播和短视频营销视频。 • 了解身边的朋友常用的直播和短视频平台。		

任务知识充电站

一、网络直播营销

随着互联网的普及和信息技术的不断升级，网络营销形式出现了新的方式，网络直播营销就是其中之一。

（一）网络直播营销概述

1. 什么是网络直播营销

网络直播营销是指通过网络直播平台，以高互动性、娱乐性、真实性和可视性来达到企业品牌的提升或商品销量增长的目的。它是近几年很热门的一种网络营销方式，越来越多的电商平台都提供了直播入口，比如淘宝、京东、蘑菇街等，而原本从事直播的平台也纷纷开展直播营销。相较于传统媒体直播，网络直播营销具有参与门槛低、直播内容多样化等优势。

2. 网络直播营销的元素

在网络直播营销的过程中，主要解决谁卖、在哪里卖、卖什么、怎么卖的问题，这对应着网络直播营销的四要素：人物、场景、产品、创意。

（1）人物：主要指进行直播的主角，可以是主播或直播嘉宾。在选择主角时需要与目标受众相匹配，通过产品展示、与观众互动等，友好地引导观众转发或购买。

（2）场景：为了让观众能够身临其境，直播需要搭建销售场景，以营造直播的气氛。

（3）产品：是直播要进行销售的物品，在直播的过程中多采用软植入的方式，将产品巧妙地植入直播道具、主播或嘉宾的对话、与观众的互动等。

（4）创意：这是吸引观众兴趣和提高直播效果的关键，可以设计一些富有创意的方式或环节，比如户外直播、名人访谈等形式。

3. 网络直播营销的特点

网络直播营销之所以能够越来越受青睐，主要是因为其具有实时性、互动性、精准性等特点，让用户自愿、主动观看，也让企业的品牌在潜移默化的过程中植入用户的意识中，实现了双赢。

（1）实时性。以往的网络营销大都是将广告信息先制作完成，然后进行发布，受众在接收到信息的时候根据个人喜好进行选择性观看，广告主无法及时根据受众的喜好与建议进行实时的调整。而网络直播营销的过程中，可以根据受众的意见等做出实时调整，以提升广告效果。

（2）直观性。网络直播可以通过真实场景的展示，根据用户的需求进行演示等，为用户提供身临其境的体验。比如直播酒店自助餐厅的环境、餐饮情况等，可以让用户直观地感受到具体的细节。

（3）精准性。网络直播一般是选择特定的时间进行播放，观众如果想观看这个直播，就需要在这个特定的时间进入直播间才能观看到。也正是这样的方式，可以帮助商家锁定忠诚用户，让商家的广告更精准，也更有价值。

（4）互动性。网络直播营销通过创设话题，在直播的过程中通过弹幕、评论等与观众进行相互沟通，具有极强的双向互动性。

（5）真实性。网络直播营销是可以直接反映现场的真实情况，在这个过程中是不会对直播的内容进行剪辑处理的，观众看到的内容就是直播的真实内容。

4. 网络直播营销的优势

网络直播营销能够迅速发展，与其优势密不可分，图 7－4 显示了网络直播营销的四大优势。

（1）更低的营销成本。随着市场竞争的日趋激烈，传统广告营销方式和以往的网络营销在成本方面变得越来越高，而网络直播由于对场地、设备等的需求较少，目前已成为成本较低的营销方式之一。

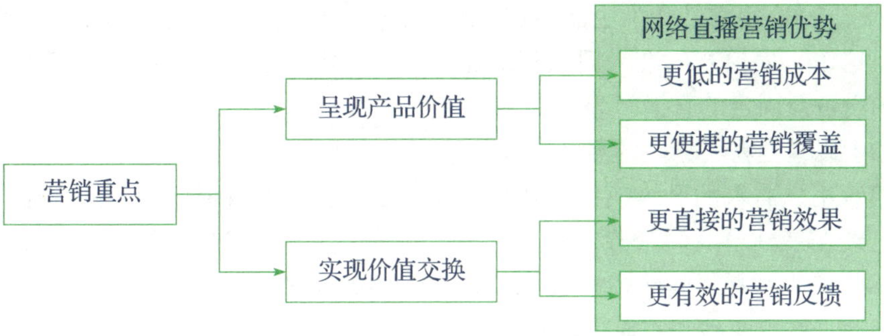

图 7-4 网络直播营销的优势

（2）更便捷的营销覆盖。传统营销过程中，用户在浏览了产品的图片、参数之后需要在大脑中自行构建场景，而网络直播营销通过直观的展示场景，比如主播试用、试玩等，让用户可以更快捷地进入营销所需的场景。

（3）更直接的营销效果。受到从众心理及环境的影响，用户在观看网络直播时会因为看很多人下单，或感觉这款产品效果不错而容易产生直接下单的行为。因此，网络直播营销可以通过主播台词、促销活动、优惠政策、优化下单页面等，收到更直接的营销效果。

（4）更有效的营销反馈。网络直播营销具有很强的双向互动性，企业可以通过直播，收集到用户对产品的使用反馈以及观看反馈，这些营销反馈将有助于企业进行产品的优化升级和下次直播营销的改进。

课堂讨论

某出版社新媒体团队打算通过一场网络直播营销进行新书的发售，团队搭建出一个带有出版社信息的阅读空间，邀请某知名主持人到场分享自己的阅读心得，并现场邀请观众互动提问。

请尝试分析这场直播的场景、人物、产品、创意分别是什么。

（二）网络直播营销的发展

1. 网络直播营销的发展原因

网络直播营销能够快速发展，主要源于三方面原因：

（1）移动网络的提速、流量资费的降低、智能设备成本的降低，使人们实现了随时随地通过智能手机观看以及上传视频，这为企业立体展现企业文化创造了契机。

（2）企业需要立体的营销平台。随着信息技术的飞速发展，企业通过图像、文字等形式呈现的信息已经无法完全满足用户的需求，企业急需更为立体生动的营销方式来弥补传统营销的不足。

（3）网友养成了在线上观看视频和创制视频的习惯。

2. 网络直播营销的发展阶段

网络直播从开始到爆发不过十几年，先后主要经历了三个阶段，即以娱乐为主的秀场模式、以“宠粉”为主的互动模式和以推荐为主的带货模式。

（1）以娱乐为主的秀场模式。

秀场模式兴起于 2005 年，最开始是采用网络视频聊天室的模式，主要依托

PC 场景，2009 年后转变为主播唱歌、跳舞形式，形式单一，主要靠用户打赏获得收益。这个直播模式的准入门槛相对比较高，它需要主播有一定的表演才能、有专业的设备及固定的直播间等。

（2）以“宠粉”为主的互动模式。

随着用户需求的升级换代，高互动性、强社交性的直播成为新的主流，网络直播已经拓展到游戏、旅游、教育等多个领域，内容越来越丰富，使广大用户都可以参与成为主播，这个阶段强调“粉丝”的关注量，基于“粉丝”的关注、信任和互动来推荐商品，实现交易。

知识链接

直播电商的定义

（3）以推荐为主的带货模式。

即“直播带货”或“直播电商”，在这个阶段，直播已经进入更多的细分垂直领域，打通了线上线下渠道。主播通过对商品进行更加真实、全面的包装和推荐，采用直播模式实现带货的目的。一般带货模式的主播多选择关键意见领袖（KOL），他们以推荐为主进行直播。

实例分享

直播电商应重视优质内容

新东方旗下的“东方甄选”，凭借优质内容输出，成功“出圈”。“东方甄选”主账号每日观看达 2 700 万～3 000 万人次，商品交易总额（GMV）在 2 000 万～2 700 万元。目前，“东方甄选”的图书、自营产品、美丽生活矩阵号均已开播，这有助于综合 GMV 不断增长。“东方甄选”注重内容，从长期来看，优质内容将持续驱动流量与销售，模式较难模仿。

资料来源：佚名．直播电商行业重塑，东方甄选内容为王．证券之星，2022-07-15.

思考讨论：

“东方甄选”能够成功“出圈”的原因是什么？这体现了什么企业家精神？

扫描二维码，了解更多案例信息。

知识链接

《网络直播营销管理办法（试行）》

网络直播营销作为新兴的商业模式和互联网业态，呈现出高速的发展态势，它在促进就业、扩大内需、乡村振兴等方面发挥着积极的作用。与此同时，在直播营销的过程中也出现了主播言行失范、虚假宣传、数据造假等问题，党的二十大报告中提到“守正创新”，网络直播营销也应在创新中遵守规范，让网络直播营销能够发展得更稳、走得更远。2021 年 4 月 23 日，国家互联网信息办公室、公安部、商务部等七部门联合发布了《网络直播营销管理办法（试行）》，于 2021 年 5 月 25 日正式实施，以促进新业态健康有序发展，营造清朗的网络空间。

课堂讨论

继直播带货模式之后，下一个网络直播营销时代将会是怎样的？

边学边做

随着AI技术的发展，虚拟数字人主播陆续投身于直播行业。2022年百度推出了“百度智能云曦灵－数字人直播平台”，这是行业中首个SaaS化的超写实数字人直播平台，可实现24小时纯AI直播，支持随意切换妆发、服装、场景。业界也推出了很多虚拟数字人主播，比如“小K直播姬”。请大家以小组为单位，下载“小K直播姬”平台，进行人物形象设计，并选择某一产品进行直播实践，最后总结实践过程和心得体会。

（三）网络直播营销的模式

网络直播营销为传统电商创造了新的机会，它一方面提升了网络用户的黏性，另一方面提升了电商商品的销售转化率。因此很多商家都纷纷进行网络直播营销。目前，常见的网络直播营销模式主要有以下三类。

1. 电商平台直播模式

电商平台直播模式是在原有电商平台上直接嵌入直播的功能，作为平台的附属品存在。这种模式主要利用电商平台的原有流量来带动直播流量，待直播流量固定后再反哺电商平台。现在大部分电商平台都采用这个模式，比如京东、淘宝等。它们一般会倾向于选择“网红”、名人等作为主播，对喜欢网购的年轻人进行推荐，潜移默化地让消费者在潜意识里接受商品，并产生购买行为。

知识链接

常见的直播电商平台

2. 短视频平台直播模式

短视频平台直播模式产生于短视频平台，这个模式主要利用商品链接搭建起与电商平台的联系，大部分是利用短视频平台做直播的孵化。这类模式常见的平台有抖音直播、快手直播等。

知识链接

直播平台的分类

3. 内容平台直播模块

内容平台直播模式是以直播为主打的，这个模式可以说是真正的直播电商模式。目前美妆行业和跨境行业应用较多，通过直播的方式展示商品，并解答用户的疑惑，以促成交易为目的。

课堂讨论

对比淘宝、抖音、快手三家电商直播平台，将相关信息填入表7－5中。

表7－5 直播电商平台对比分析

项目	淘宝	抖音	快手
直播派系			
平台属性			
直播属性			
用户特性			
产品品类			

二、短视频营销

（一）短视频营销概述

知识链接

短视频的定义和特点

1. 什么是短视频营销

短视频营销是借助短视频这种媒介进行的社会化营销。通过制作内容优质、精良的短视频，在视频中融入品牌理念或产品的信息，再投放到各大社交媒体上，让用户在不知不觉中接受品牌理念或产品信息。成功的短视频营销是能够根据目标受众的喜好，创造有价值的内容，引起目标用户的兴趣，使用户主动分享，实现病毒性传播。

大数据时代，短视频平台会根据机器算法匹配用户画像和行为，准确判断目标用户的喜好，选择其感兴趣的短视频进行推荐。基于此，未来目标明确、标签明显的短视频将会获得更多的流量倾斜。比如，抖音平台的机器算法是流量分配去中心化，也就是一个短视频只要制作出来，平台都会分配一个流量池给它，而这个短视频是否能够获得更广泛的推荐就要基于短视频在流量池中的表现。所以，依据这样的算法，利用短视频营销的企业或个人就应该多创作短视频，保持稳定的更新频率，这样才可能被算法所认知，才可能获得更多被推荐的机会。

2. 短视频营销的特点

（1）病毒性传播。

短视频抓住消费者的碎片化时间，突出“短”的特征，适应现在快节奏的生活，非常受用户的青睐。只要短视频的内容足够精彩，就可以获得一大批用户进行转发，实现病毒性传播。

（2）成本低，营销简单。

短视频营销的进入门槛较低，它的创作者可以是个人，也可以是企业，制作过程不需要像传统营销一样投入大量的人力、物力、财力，大大降低了成本。但要想制作一则优秀的短视频，要注意内容创意、坚持原创。

（3）可视化数据效果。

短视频营销可以让广告主清晰地看到视频有多少评论、浏览量、转发量等，这是短视频营销相较于传统营销的明显特点之一，就是数据结果可视化。可视化的数据可以帮助广告主及时了解短视频营销效果，及时进行调整、优化，从而实现更理想的视频营销效果。

（4）传播时限的“可持续性发展”。

短视频一般是不受投入多少的影响，只要用户喜欢和关注，这个短视频就会被持续不断地推送给更多的人，就可以一直活跃在用户的视线里。此外，视频的搜索权重相对比较高，所以短视频也会被搜索引擎快速收录，同时它的排名也会比图文内容更靠前。

（5）高互动性。

短视频利用网络营销的高互动性的特点，在短视频营销过程中可以实现多向互动，通过这些互动可以及时获得用户的反馈，并进行有针对性的调整。

（6）精准性。

进行短视频营销前，都会有一个账号定位，这样就明确了其垂直领域的目标用户，在制作短视频时就会根据其目标用户的特性进行设计，这样制作出来的短视频指向性明确，用户定位精准。

知识链接

机器算法的含义

实例分享

“心里有火，眼里有光”，B 站《后浪》强势“破圈”

2020 年 5 月 3 日夜间，B 站凭借短视频《后浪》，登上了央视一套，且在《新闻联播》前的黄金档位出现。《后浪》是 B 站在五四青年节到来之际“献给新一代的演讲”。在激情有力的声音中，《后浪》犹如给青年们的一封信，激荡起青春之声。

B 站上线《后浪》，同时联合央视新闻、《光明日报》等重要媒体共同发布，随后《后浪》广告片出现在央视。微博中各类“大 V”迅速转发，在短视频平台中 #后浪#、#奔涌吧后浪# 标签出现，并引发诸多二次创作。截至 5 月 9 日，《后浪》在 B 站的播放量已超 1 500 万，#献给新一代的演讲# 话题在微博中阅读量超 5 亿，在抖音平台中，#后浪# 话题已获得 1 326 万次阅读。《后浪》引起了当代年轻人的热议。正能量内容，加之媒体的集合曝光，为该视频的传播打下了夯实的基础，让 B 站强势“破圈”，辐射到了不同用户。

资料来源：佚名. 2020 营销盘点之十大短视频营销. 成功营销，2021-02-14.

思考讨论：

请上网查看《后浪》更多营销信息，分析《后浪》成功的原因有哪些。

扫描二维码，了解更多案例信息。

（二）短视频营销的应用模式

短视频营销由于其时长短，表现形式上较图文形式生动，更能获取用户的碎片时间，已被越来越多的企业所采用。目前短视频营销的应用模式主要有：

1. KOL 广告植入式营销

KOL 一般具有较多的“粉丝”、较大的流量。这种模式主要借助 KOL 在短视频中发布几个口播、贴片广告等引起“粉丝”的转发，让短视频能够到达更多的用户，吸引他们进行消费，进而实现营销目的。

2. 场景沉浸体验式营销

这种模式是针对关注产品特性的用户。广告主会根据产品的特性塑造特定的场景，让用户通过短视频感受产品所带来的好处，增加产品的趣味性体验，使得用户认同产品的优势，激发用户的购买欲望。

边学边做

疫情期间，为了丰富民众生活，兼顾体验感，很多景区和博物馆等融合 VR

等技术纷纷推出了云游和云观展等，让民众可以通过沉浸式的场景进行体验。请大家登录“成都金沙遗址博物馆”，通过网上展厅来体验云上看展，并上网搜索类似的应用，总结实践心得体会。

3. 情感共鸣定制式营销

这种营销模式主要是要借助短视频引发用户的情感共鸣和反思，深层次、多角度向用户传递企业价值观，提升用户对企业的认同感。这也是很多企业常用的一种模式。在短视频内容选择上常常会结合社会的热点。

（三）短视频营销的原则

俗话说，“工欲善其事，必先利其器”，要想做好短视频营销，必须先了解短视频营销的基本原则。

知识链接

《中华人民共和国广告法》

1. 永不触碰底线

作为短视频运营者，其创作的内容一定不能触碰违规内容和底线，要遵守相应的法律法规，比如《网络直播营销管理办法（试行）》《中华人民共和国广告法》等，否则，短视频将被卡在第一道线，失去被推荐的机会。

2. 内容原生化

短视频营销一改传统的以产品展示为中心的硬广告，更注重内容原生化，也就是内容的原创性。通过一种生活现象、一个剧情故事等灵活多样的内容和形式，在不经意间以更自然的方式将营销信息传递给用户。视频的内容不围绕产品，不围绕广告，而是选择用户感兴趣的内容，将营销信息变成背景的一部分，减少用户的排斥，采用潜移默化的方式影响用户，这也是内容原生化带来的效果。

3. 利用数据驱动营销

短视频营销更注重对大数据技术的应用，其推荐算法与其他平台有所不同。短视频平台的推荐算法做到了有效分发原创内容，无论是头部账号还是默默无闻的账号，只要你发布的作品出现了爆款，就会获得更多推荐，更容易出现新兴红人，也更适合多元化的内容呈现。平台的数据能够精准地显示每个短视频的受欢迎度，并能够根据算法进行推荐量的即时调整，更有利于原创作者根据数据来制作符合用户需求的视频内容，驱动营销。

知识链接

UGC 的定义

4. 无互动，不传播

短视频营销遵循着“无互动，不传播”的原则，讲究信息主动触达用户，同时给予更多用户一个自我展示的环境。短视频平台上的用户既是 UGC 短视频的生产者，同时也是其他生产者的粉丝用户。短视频平台会根据历史数据对你创作的短视频进行推荐，再根据流量池分配的首批用户的播放、点赞、评论、分享等互动行为产生的新数据来进行重新评估，如果你的作品数据良好将会获得再次推荐。大量的互动数据会让系统反复推荐作品，而且对所有用户一视同仁。所以，在短视频平台唯有持续努力原创和积极互动，才能保持自己的人气不衰。

课堂讨论

请比较快手和抖音的区别，将结果填入表 7-6 中。

表 7-6 抖音与快手的区别

内容	抖音	快手
产品定位		
受众群体		
产品观角度		
展示方式		
平台主播		
用户黏性		

实例分享

眼见不一定为实

在刷短视频平台时，不少人曾看过这样的产品宣传：一口锅的锅底附着厚厚的污垢，倒上某款厨房清洗剂后，污垢迅速融化，用清水冲洗、抹布擦干后，原来沾满油污的锅和新锅毫无异样……

这类广告将产品的某一种功能展现到极致，非常容易让消费者动心，然而实际效果却很可能大打折扣。

一位通过短视频广告购买过厨房清洗剂的消费者就表示，自己正是被“旧锅变新锅”的广告吸引，才购买了同款产品。产品到手后，她立刻按照视频中的方法清洗锅，但发现效果并不好。类似的情况还有很多，这些都是利用短视频的剪辑技术，让“眼见不为实”。

资料来源：徐丹．眼见不为实！短视频广告造假产业链．时代财经，2022-03-12.

思考讨论：

这种现象违反了什么法律法规？从这个事件中你获得了什么启发？

扫描二维码，了解更多案例信息。

学有所思

直播带货、短视频营销作为电商营销的新模式快速发展，一方面助推疫情期间的经济复苏，另一方面也产生了一些乱象。请应用守正创新的思维，结合身边实例，分析直播带货和短视频营销目前存在的问题。

知识巩固与技能提升

一、单项选择题

1. 互联网可以传输多种多媒体信息，如文字、视频、Flash 等。这体现了网络营销的什么特点？（　　）

A. 个性化　B. 多媒体　C. 经济性　D. 技术性

2. 网络营销可以让更多的用户对企业网站产生兴趣并访问，这体现了网络营销的（　）职能。

A. 顾客服务　B. 网络品牌　C. 信息发布　D. 网站推广

3. 下面哪一个社群属于服务化社群？（　）

A. 南极圈　B. 小米社群　C. 正和岛　D. 樊登读书

4. 对于竞争性强的关键词采用哪种搜索引擎营销方式最有效？（　）

A. 搜索引擎优化　B. 搜索引擎广告　C. 搜索引擎排序　D. 搜索引擎注册

5. 一般来说，在京东、天猫等商城的主页上显眼位置的大篇幅图片广告属于（　）。

A. 旗帜广告　B. 移动式广告　C. 弹出式广告　D. 文字连接广告

6. 下面关于病毒性营销的描述错误的是（　）。

A. 病毒性营销具有营销成本低、传播速度快的特点

B. 病毒性营销在原始信息发布之后还要进行营销效果的跟踪和管理

C. 病毒性营销就是利用病毒进行营销的一种方法

D. 病毒性营销是性价比最高的营销方法之一

7. 以下沉市场为主的网络直播平台是（　）。

A. 抖音　B. 淘宝　C. 哔哩哔哩　D. 快手

8. 评估网络社群运营质量的指标是（　）。

A. 用户新增量　B. 群活动频次　C. 活动参与度　D. 转化率和复购率

9. 百度的搜索引擎广告是按照什么来收费的？（　）

A. 按照点击收费　B. 按照展现收费　C. 按照转化收费　D. 按照关注收费

10. 用户打赏的直播模式属于（　）。

A. 以宠粉为主的互动模式　B. 以宣传为主的推销模式

C. 以娱乐为主的秀场模式　D. 以推荐为主的带货模式

11. 针对产品的特性塑造特定的场景，进行短视频拍摄宣传，这属于（　）。

A. KOL 广告植入式营销　B. 场景沉浸体验式营销

C. 情感共鸣定制式营销　D. 产品场景体验式营销

12.“快看呐！这是我的军装照”能够强势刷屏朋友圈，这体现了国人的（　）。

A. 敢于挑战的精神　B. 责任担当意识

C. 创新意识　D. 爱国主义情怀

二、多项选择题

1. 我国网络营销先后经历了六个阶段，其中多元化生态体系阶段主要体现在（　）。

A. 网络营销环境多元化　B. 网络营销方法多元化

C. 网络营销思维生态化　D. 网络营销环境生态化

2. 网络社群营销的特点包括（　）。

A. 精准性　B. 弱化中心　C. 多向互动　D. 时效短

3. 网络社群营销的评价指标主要有（　　）。

A. 用户新增　B. 群活动频次　C. 复购率　D. 转化率

4. 搜索引擎营销模式有（　　）。

A. 电子邮件发送　B. 搜索引擎注册　C. 搜索引擎优化　D. 搜索引擎广告

5. 病毒性营销常用的工具有（　　）。

A. 微信　B. 抖音　C. 微博　D. QQ

6. 搜索引擎营销包括了下面哪几个层次？（　　）

A. 存在层　B. 表现层　C. 关注层　D. 转化层

7. 旗帜广告包括（　　）。

A. 静态旗帜广告　B. 动态旗帜广告

C. 移动式旗帜广告　D. 交互式旗帜广告

8. 短视频营销的特点包括（　　）。

A. 病毒性传播　B. 可视化数据效果　C. 高互动性　D. 精准性

9. 疫情期间，直播带货为湖北的复工复产复商复市贡献了力量，是疫情阴影下折射出的一道希望之光。对此以下说法正确的是（　　）。

A. 抗疫时全国人民支援湖北和武汉，复工复产复商复市时，全国人民继续为湖北和武汉加油助威

B. 直播带货这种新型网络营销方式适应了网络时代大众消费的习惯和特点，能够快速实现供给和需求的匹配

C. 中国超大规模市场优势和老百姓旺盛的消费能力是支持直播带货火起来的经济基础

D. 直播购物目前是购买湖北商品的唯一途径

三、简答题

1. 如何理解网络营销？
2. 什么是产品型社群？
3. 搜索引擎注册需要注意什么？
4. SEO 和 SEM 有什么区别？
5. 病毒性营销的基本思路是什么？
6. 网络广告的特点是什么？
7. 短视频营销的原则是什么？

四、技能训练题

1. 请根据本校学生的特征，设计以传统文化为主题的营销推广方案。

2. 网络广告在快速发展过程中出现出了一些问题，请上网查看资料，举例说明有哪些问题，并分析这些问题给我们什么启示。

08

项目八

电子商务热点应用

项目框架图

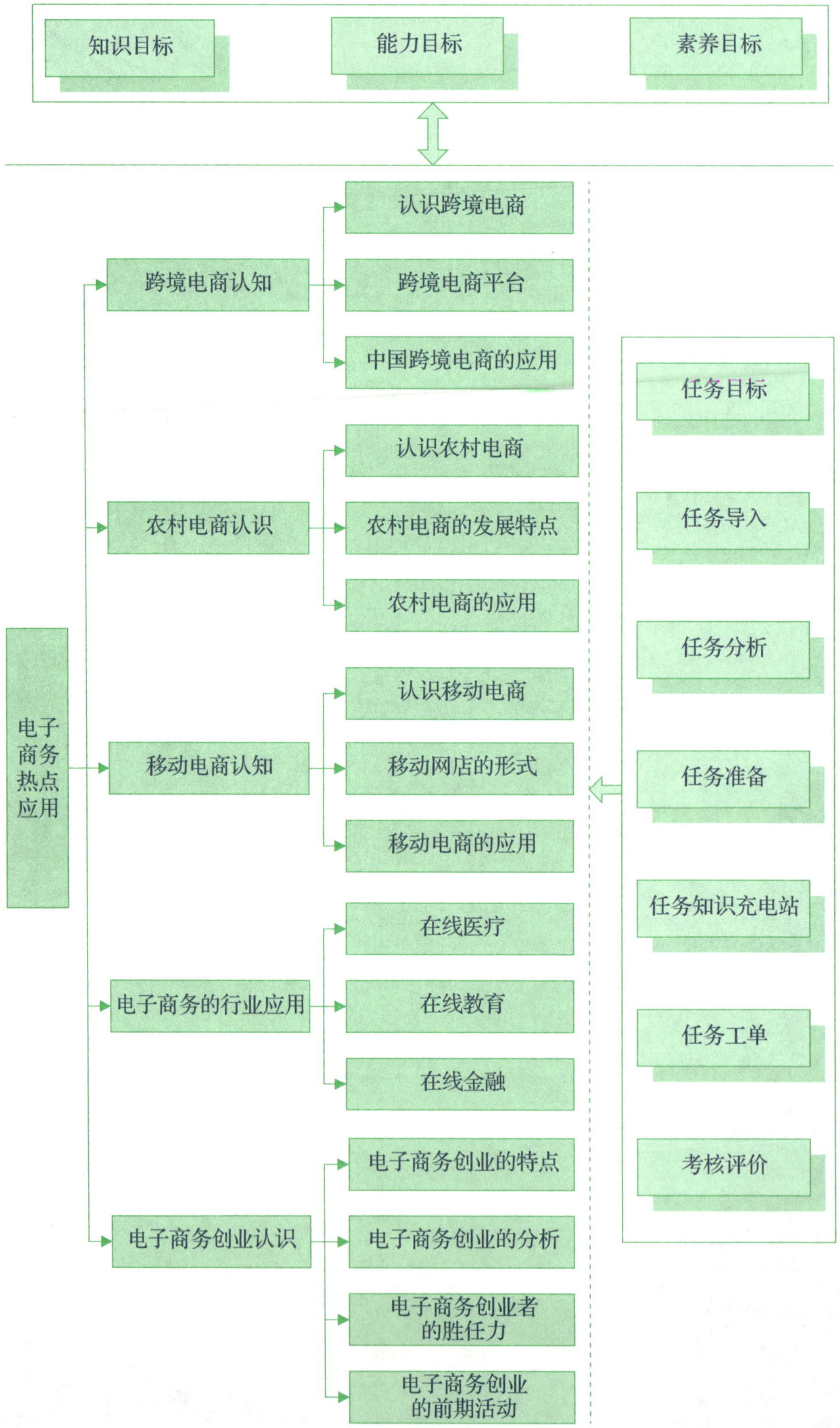

知识目标
能力目标
素养目标
电子商务热点应用
跨境电商认知
认识跨境电商
跨境电商平台
中国跨境电商的应用
农村电商认识
认识农村电商
农村电商的发展特点
农村电商的应用
移动电商认知
认识移动电商
移动网店的形式
移动电商的应用
电子商务的行业应用
在线医疗
在线教育
在线金融
电子商务创业认识
电子商务创业的特点
电子商务创业的分析
电子商务创业者的胜任力
电子商务创业的前期活动
任务目标
任务导入
任务分析
任务准备
任务知识充电站
任务工单
考核评价

任务一

跨境电商认知

配套微课

任务前导学习单

项目名称	电子商务热点应用	任务名称	跨境电商认知
任务目标	知识目标	• 掌握跨境电商的内涵和基本流程。 • 熟悉常见的跨境电商平台。 • 熟悉中国跨境电商的应用状况。	
	能力目标	• 能够进行跨境电商平台的分析。 • 能够进行跨境电商应用的分析。	
	素养目标	• 培养“四个自信”和责任担当意识。 • 树立开放、合作、共享、公平公正的职业精神。	
任务导入	近年来，“一带一路”倡议和庞大的市场需求为跨境电商带来前所未有的发展机遇。跨境电商凭借其在线化、多边化、非接触式、交易链短等优势，成为外贸企业的新增长点，呈现高速增长态势，并促进“中国制造”借助互联网的方式实现转型升级。那么，什么是跨境电商？如何开展跨境电商？跨境电商的应用状况如何？		
任务分析	在经济与互联网快速发展的环境下，为了实现与不同国家和地区间的商务贸易合作，跨境电商迅速发展。跨境电商包括跨境零售和跨境批发，在业务环节、交易主体、适用规则等方面都和国内电商有所区别。在社会经济发展中，跨境电商对于拉动国内国际双循环、开拓国际市场、促进国际合作都产生了积极的作用。		
任务准备	• 了解传统国际贸易与跨境电商的区别。 • 查找中国跨境电商发展的数据，了解其发展情况。 • 检索主流跨境电商平台的相关资料。		

任务知识充电站

一、认识跨境电商

党的二十大报告中提到增强国内国际两个市场、两种资源联动效应，提升贸易投资合作质量和水平，而跨境电商是推动外贸转型升级、打造新经济增长点的重要突破口，国家高度重视跨境电商等新业态新模式的发展，于2021年印发了《关于加快发展外贸新业态新模式的意见》。跨境电商能够构建开放、多维、立体的多边经贸合作模式，极大地拓宽了企业进入国际市场的途径。对于消费者来说，跨境电商使他们能便捷地购买到其他国家的物美价廉的商品。跨境电商实现了“全球买、全球卖”的流通模式。

（一）什么是跨境电商

知识链接

跨境电商与国内电商的区别

跨境电商是指分属不同关境的交易主体，通过电子商务手段达成信息交流、商品交易、提供服务等，使用跨境支付完成结算，并通过跨境物流送达商品、完成交易的一种国际商业活动。

跨境电商主要包括跨境批发和跨境零售。跨境批发也称为跨境 B2B，是指分属不同关境的企业对企业的交易模式，通过电商平台达成交易进行支付结算，并采用跨境物流或异地仓储完成交易的一种国际商业活动。跨境零售包括跨境 B2C 和跨境 C2C 两种模式。跨境 B2C 是指企业面向分属不同关境的消费者个人开展商品和服务的在线销售，通过电商平台达成交易，进行支付结算，并通过跨境物流或异地仓储送达商品完成交易的一种国际商业活动。跨境 C2C 是指分属不同关境的个人对个人开展商品和服务的在线销售，由个人卖家通过第三方跨境电商平台发布商品和服务的信息，个人买方通过电商平台与个人卖方达成交易进行支付结算，并通过跨境物流送达商品完成交易的一种国际商业活动。

（二）跨境电商的流程

跨境电商是在不同关境完成贸易活动，会受到不同国家和地区的市场及法律制度的影响，所以跨境电商通常由多个主体来共同完成，主要包括卖家、买家、跨境电商平台、支付及物流服务商、政府监管机构等。跨境电商的基本流程如图 8－1 所示。

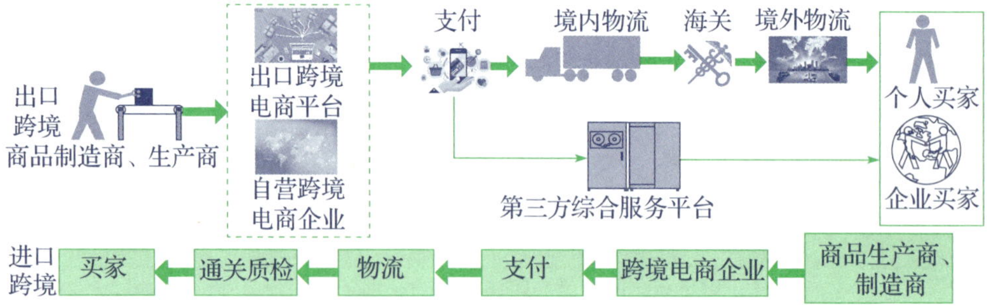

图 8－1　跨境电商流程图

课堂讨论

根据任务准备的内容，结合资料检索的情况做总结，完成表 8－1。

表 8－1　传统国际贸易和跨境电商的区别

项目	传统国际贸易	跨境电商
运作模式		
订单类型		
交易环节		
运输方式		
通关		
争议处理		

二、跨境电商平台

出口跨境电商平台主要有全球速卖通、敦煌网、亚马逊、购物趣（Wish）、兰亭集势等；进口跨境电商平台主要有洋码头、天猫国际、苏宁云商海外购、网易考拉海购、顺丰海淘等。下面主要介绍出口跨境电商平台的情况。

（一）全球速卖通

全球速卖通简称速卖通，是阿里巴巴旗下的面向国际市场打造的B2C跨境电商平台。速卖通成立于2010年，面向海外买家客户，通过支付宝国际账户进行担保交易，并使用国际物流渠道运输发货，现已覆盖220多个国家及地区，成为全球最活跃的跨境电商平台之一。

速卖通面向的客户群体广泛，主要针对的是新兴市场，如俄罗斯、巴西、以色列、西班牙、乌克兰和加拿大等都是速卖通的主要销售范围。2016年以后，入驻速卖通平台要求所有的商家必须是企业，并且要有自己的品牌。速卖通具有操作简单便捷、物流配送全程无忧、报关无须亲自完成、国际支付宝担保交易等优势。速卖通支持邮政大小包、速卖通合作物流以及商业快递，并在多个国家开启海外仓服务。

（二）敦煌网

敦煌网创建于2004年，是中国首个为中小企业提供B2B网上交易的网站，是全球领先的在线外贸交易平台。敦煌网致力于帮助中国中小企业通过跨境电子商务平台走向全球市场，开辟一条全新的国际贸易通道，让在线交易变得更加简单、更加安全、更加高效。

敦煌网采取佣金制，携手各大第三方物流和货运代理公司，为卖家提供“仓库发货”物流服务。卖家只需在线填写发货预报，将货物发至合作仓库，并在线支付运费即可由平台直接提供国际物流配送。敦煌网在西班牙、俄罗斯、意大利等多个国家设有海外仓服务。

（三）亚马逊

2015年亚马逊全球开店业务进入中国，中国卖家通过亚马逊在网上向全球消费者销售商品，有助于卖家抓住跨境电商新机遇，发展出口业务，拓展全球市场，打造国际品牌，吸引数十万中国卖家入驻。

亚马逊重商品轻店铺，亚马逊上每件商品只有一个详情页面，如果多个卖家销售同一款商品，不同卖家的报价会在商品的卖家列表上显示，消费者不需要在大量重复的商品列表里去寻找信息。亚马逊物流是亚马逊全球开店的一项重要服务，卖家只需要将商品发送到当地的亚马逊运营中心，亚马逊就会提供商品的拣货、包装、配送以及退换货等服务。

（四）购物趣（Wish）

Wish创办于2013年，是一个移动跨境电商平台，主打移动端，超过90%的用户来自移动端。其App上销售的商品物美价廉，大部分商品都直接从中国发货。Wish擅长用户数据的深度挖掘，采用数据算法进行商品推荐，紧密结合用户特征进行精准营销。

Wish 平台上的消费者更倾向于无目的浏览，而不是搜索关键词。Wish 结合消费者的浏览和购买行为，判断消费者喜欢和感兴趣的产品信息，为每个消费者展示其近段时间感兴趣的产品，让消费者在移动端便捷购物的同时，享受购物的乐趣。Wish 平台上超过 60% 的消费者来自美国和加拿大。

（五）兰亭集势

兰亭集势是独立跨境电商平台，不同于前面四个都是第三方跨境电商平台。兰亭集势成立于 2007 年，是以技术驱动、大数据为贯穿点，整合供应链生态圈服务的在线 B2C 跨境电商公司。兰亭集势的客户来自 200 多个国家，注册客户数千万人，累计发货目的地国家多达 200 个。

兰亭集势以“致力于提升全球人民的生活幸福感”为使命，坚持勇往直前不断开辟新大陆的航海文化理念，通过其创新的商业模式、领先的精准网络营销技术、完备的供应链体系，依托全球合作伙伴，为全世界中小零售商提供一个基于互联网的全球整合供应链。

三、中国跨境电商的应用

（一）跨境电商引领外贸新业态

跨境电商具有巨大的发展潜力，显示出对外贸创新发展引领作用。2021 年，商务部印发《“十四五”对外贸易高质量发展规划》，提出要促进跨境电商持续健康发展，加快发展贸易新业态。跨境电商发挥其在线化、无接触、多边化等独特优势，开展在线营销，实现在线交易，保订单、保市场、保份额，以新业态新模式助力外贸攻坚克难。随着我国跨境电商政策体系的不断完善，跨境电商向数字贸易阶段跨越，促进跨境电商供应链的智能化和数字化发展。另外，跨境电商与外贸传统产业深度融合，跨境电商平台依托大数据与传统制造企业合作，建立产销一体化体系，发展个性化定制、柔性化生产，打造 C2M 产业链，支持传统外贸企业上线。

（二）跨境电商平台加速国际化

中国主要跨境电商平台加速国际化步伐，实施战略升级，全球海外仓布局助力跨境电商高质量发展。阿里巴巴实施“本土到全球”战略，速卖通已经向欧洲多国的中小企业开放平台注册。京东国际依托跨境物流优势，打通 1 000 条以上国际运输路线，其全球供应链体系已经成为海外品牌和优质商品进入中国市场的快车道。跨境电商物流企业向供应链服务转型，支付类企业向跨境金融整合服务商转变。推动监管创新，鼓励引导多元主体建设海外仓，跨境电商海外仓快速发展，形成公共仓、专用仓、自建仓等，服务范围覆盖全球。

（三）丝路电商促进国际合作

丝路电商已成为拓展经贸合作的新亮点、助力“一带一路”合作的新引擎。党的二十大也将共建“一带一路”高质量发展作为推动高质量发展的组成部分。目前，中国的“丝路电商”伙伴国有 23 个，在政策沟通、规划对接、产业促进、地方合作、能力建设等多层次多领域合作。中国积极推动构建互利共赢、公开透明的电子商务规则体系，为沿线国家电子商务共同发展创造有利环境，促进地方对接和企业合作，比如支持意大利、智利等伙伴国在国内大型电商平台开设国家馆，帮助企业产品通过电子商务直接进入中国市场；第三届“双品网购节”邀请约 20 个“丝路电商”伙伴国参与；创新举办“丝路电商”云上大讲坛，为伙伴国中小企业和电子商务从业者举办直播讲座和交流会，提升数字素养。丝路电商已成为中国开展国际合作的新名片。

实例分享

中国电子商务助力卢旺达的咖啡香气飘向世界

知识链接

进口跨境电商模式

卢旺达有着得天独厚的咖啡种植环境，这里很多村民从事咖啡种植，咖啡是当地人家庭的经济支柱。村民迪迪安像往常一样忙碌起来，他小小的咖啡种植园是一家四口唯一的收入来源。种植期间的付出无比辛劳，而出口生咖啡豆的收入十分微薄。有一天，迪迪安听说有一群中国人来到村子里，说要把这里的咖啡通过网络卖到中国。他只是当成新闻，并没有在意，毕竟中国是个那么遥远的国家，那里的人怎么会千里迢迢来买他的咖啡豆？让他意想不到的事情发生了。2018 年 10 月，中国阿里巴巴将卢旺达的咖啡销往了中国，中国的消费者足不出户，就可以买到卢旺达直供的精品波旁咖啡豆。咖啡豆上线第一天就全部售罄。在接下来的三个月，卢旺达的咖啡品牌商在阿里巴巴电商平台上向中国卖出了 2 000 多包咖啡豆。不仅如此，后续的需求还在源源不断地增长。

卢旺达国家发展署司长戴安·赛因佐加（Diane Sayinzoga）骄傲地说：“中国电子商务给我们的帮助，是能实实在在感受到的！”

资料来源：商务部研究院. 共同梦想. 北京：中国商务出版社，2020.

思考讨论：

在丝路电商中，与中国建立电子商务合作的国家有哪些？其他类似案例有哪些？

学有所思

跨境电商在中国品牌出海、国际合作中发挥了什么样的作用？

配套微课

任务二 农村电商认知

任务前导学习单

<table>
<tr><td>项目名称</td><td>电子商务热点应用</td><td>任务名称</td><td>农村电商认知</td></tr>
<tr><td rowspan="3">任务目标</td><td>知识目标</td><td colspan="2">• 了解农村电商的含义和意义。
• 熟悉中国农村电商的发展特点。
• 熟悉中国农村电商的应用状况。</td></tr>
<tr><td>能力目标</td><td colspan="2">• 具备农村电商发展分析的能力。
• 具备农村电商应用的能力。</td></tr>
<tr><td>素养目标</td><td colspan="2">• 树立责任担当意识。
• 树立专业自信，培养爱国主义情怀。
• 培养创新、合作、发展的职业精神。</td></tr>
<tr><td>任务导入</td><td colspan="3">国家相关政策连续多年指出要推进农村电商的发展，当前农村电商已经进入规模化和专业化的发展阶段，各大电商平台深化农村电商发展战略，农产品上行渠道进一步打通，农村电商不断出现新模式、新业态。农村电商是什么？发展农村电商有什么意义？中国农村电商的发展特点和应用情况如何？</td></tr>
<tr><td>任务分析</td><td colspan="3">电子商务和农村、农业、农产品结合，可以加速农业信息流通，拓宽农产品销售渠道，建立农村、农产品品牌，促进数字乡村的建设，助力乡村振兴战略的实施。经过多年的发展，农村电商对农村经济发展和农民生活质量提高发挥了重要的作用，发展规模迅速扩大，农村电商的创新创业氛围也越来越浓厚，农产品直播带货、农村社区团购、农业数字化转型等新模式、新业态不断涌现。</td></tr>
<tr><td>任务准备</td><td colspan="3">• 关注自己家乡的特色农产品的推广。
• 了解农村电商在乡村振兴中的作用，关注自己家乡农村电商的发展状况。
• 检索我国农村电商发展的典型案例。</td></tr>
</table>

任务知识充电站

一、认识农村电商

党中央、国务院高度重视农村电商发展，中央一号文件多次对农村电商做出全面部署。2021 年，我国在电子商务进农村综合示范等工作的基础上，开展“数商兴农”行动，农村电商发展取得了显著的成效。

（一）什么是农村电商

农村电商的全称是农村电子商务，指利用互联网、计算机等现代信息技术，通过网络平台嫁接各种服务于农村的资源，为从事涉农领域的生产经营主体提供在线上完成产品或服务的销售、购买和电子支付等业务交易的过程，扩展农村信息服务业务、服务领域，构筑紧凑而有序的商业联合体，降低农村商业成本，扩大农村商业领域。

农村电商的具体内容主要有以下几种：

（1）工业品下行，也就是将城市的工业品通过电商平台面向农村进行销售，解决农村购物信息不对称问题，让农民能买到物美价廉的物品。

（2）农产品上行，通过电子商务拓宽农产品销售渠道和范围，创新农产品营销方式，将农村的特有产品通过电商的渠道出售给城市居民，将农产品、农产品品牌推广出去，为农民增收，促进农村经济发展。

（3）发展新型农村市场主体，将电子商务与休闲农业、乡村旅游、民俗体验等深度融合，丰富乡村经济业态。

（4）数字化乡村建设，互联网、大数据、云计算、人工智能等现代信息技术在农业领域得到广泛应用，将成为农村数字经济发展的新动能，随着电子商务的推进，农村电商将成为数字乡村最大的推动力和坚实的发展基础。

（二）农村电商的意义

1. 解决农业信息不通畅的问题

农村电商可以使农产品供需双方及时进行沟通，特别是让农户准确实时地了解市场动态信息，解决我国农业“小农户与大市场”的矛盾，实现农业生产与市场需求的对接，让农户依据市场情况调整生产计划，合理定产，从而降低生产风险。

2. 推动农产品上行

农村电商能促进农产品更好地在市场上流通。传统农产品销售中，农民虽然在努力适应市场的需要，但在销售方面并不能主动地选择最有利的市场，而是被动地等待市场的选择。电子商务的发展可以为农产品的流通提供更广阔的空间，不再出现农产品滞销、农民丰收却不增收的局面。

3. 优化农业生产资源配置

农村电商促进交易的透明化，为农民提供生产设备、生产资料等多样化的产品选择，可以确保农民购买到更合适的产品，降低购买成本，优化农业设备和生产资料的配置。

二、农村电商的发展特点

（一）国家政策支持力度不断加大

国家十分重视农村电商的发展，近年来，国家密集出台了一系列支持农村电商发展的政策，为农村电商的发展提供了全方位的保障和支持，包括金融、人才、物流基础设施等各个方面。2022年中央一号文件明确指出，要鼓励各地拓展农业多种功能、挖掘乡村多元价值，重点发展农产品加工、乡村休闲旅游、农村电商等产业，实施“数商兴农”工程，发展数字商务振兴农业。财政部办公厅、商务部办公厅、国家乡村振兴局综合司发布《关于开展2021年电子商务进农村综合示范工作的通知》，择优选择农村电商基础较好的县，西部省份优先支持乡村振兴重点帮扶县，并加强对农村电商典型县的激励支持。在促进农产品上行方面，2020年，农业农村部下发了《关于开展“互联网+”农产品出村进城工程试点工作的通知》。

课堂讨论

除了上述已列出的政策，请上网检索国家关于促进农村电商发展的政策，并填写在表8-2中。

表8-2　国家关于促进农村电商发展的政策

政策名称	颁发部门	主要侧重点

（二）农村电商助力乡村振兴

党的二十大报告中明确提出“全面推进乡村振兴”，农村电商是推进乡村振兴战略实施、加快农业现代化的重要抓手。《中共中央国务院关于实施乡村振兴战略的意见》明确指出，鼓励支持各类市场主体创新发展基于互联网的新型农业产业模式，深入实施电子商务进农村综合示范。电子商务进农村综合示范年度新增支持206个县，优先支持乡村振兴重点帮扶县。商务部指导中国电商乡村振兴联盟，持续资助农产品“三品一标”认证，电商企业也纷纷参与乡村振兴，助力农民实现共同富裕。形成政府引导、市场主体和社会参与的农村电商可持续发展机制。比如宁夏回族自治区中卫市中宁县，通过打造具备产品展示、线下体验、公共孵化、仓储周转、视频直播等功能的电子商务产业园，聚焦国内电子商务市场主体，布局各类枸杞产品的线上销售体系。

（三）农村电商为乡村发展提供新动能

中国农村电商进入规模化、专业化发展的转型升级阶段，越来越多的电商县、电商镇、电商村正在全国各地诞生，电子商务对各地产业的直接和间接促进作用愈发明显，并已经形成产业聚集发展态势，有力地促进了企业发展和产业振兴，农村电商在乡村发展过程中扮演了越来越重要的角色。第一，农村电商可以促进乡村产业发展，农村电商促进乡村原有产业的市场拓展，加快其改造升级，甚至催生了农村新的产业。第二，促进乡村人才发展，农村电商吸引大量人员返乡创业，实现农村人才回流。第三，促进乡村文化发展，电商带来了新思想和新方法，改变了传统观念，推动乡村文化在传承创新中复兴。

实例分享

“三瓜公社”电商特色产业模式推进乡村振兴

“三瓜公社”位于安徽省合肥市巢湖市半汤街道，距离合肥市仅50千米，总面积10平方千米左右，包括半汤街道部分区域以及周边十余个村。“三瓜公社”构建特色农产品与电商产业融合，以“互联网+三农”为实施路径，探索一、二、三产业融合，农旅、商旅、文旅“三旅结合”的休闲农业和美丽乡村建设新模式，重点打造南瓜电商村、冬瓜民俗村和西瓜美食村三个特色村。大力发展现代农业，通过电子商务打开当地农特产品大市场，吸引年轻人返乡创业，新农人入乡创业，成立农民专业合作社，进行优质特色农产品生产，带动加工行业，让村民足不出户把产品卖向全国，激活乡村市场，盘活乡村资源，为农业注入新的生命。以电子商务为抓手，依托南瓜电商村，建设线上线下店铺，建立创客中心，吸引年轻人入乡加入电子商务就业创业平台，通过电子商务，驱动农产品加工、生产，通过农特产品的加工生产吸引和保障更多本地村民就业和创业。

资料来源：佚名．中农富通长三角规划所．全面推进乡村振兴！这十大成功案例，值得借鉴．搜狐，2021-03-02.

思考讨论：

案例中农村电商在乡村振兴中发挥什么作用？

三、农村电商的应用

（一）直播带货和短视频促进农产品销售

近几年，直播带货从城市延伸到了乡村，成为农村电商发展的新业态，并保持高速增长态势。主要原因有两个方面：一是网络直播具有很强的场景感、互动性和体验感等优势，成为农业经营主体、农产品电商企业等创新升级数字营销方式的重要选择。农村的生活、生产场景和原生态农产品通过直播，可以让消费者在真实的场景中产生信任和购买欲望，成为乡村振兴的助燃剂。二是网络直播短视频作为新时代的信息普惠工具，简单易学，越来越多的农民通过网络直播和短视频平台开展电商业务，为自家农副产品、旅游产品等带货，涌现了一批“网红”新农人，分享数字技术红利。在抖音、快手等短视频平台涌现出大量和三农题材有关的内容，农村生活、农特产品等内容的短视频在平台上发布之后受到了关注，有效促进了农产品的销售。

实例分享

快手平台开展乡村扶持项目

短视频与直播平台以大数据、人工智能为支撑，培养扶持乡村“网红”，支持直播扶贫活动，让农民和农特产品得到更多“被看见”的机会。快手平台开展“幸福乡村”“福苗计划”等，帮助国家贫困地区将优质特产推广到全国各地。从2019年起，“福苗计划”已开展近20场大型专场扶贫活动，帮助全国100多个贫困地区销售山货。随着脱贫攻坚战的结束，乡村工作全面转向乡村振兴，快手也继续运用电商销售手段，联动各个地方，挑选优质农产品组成优质产品库，打响地方乡村振兴品牌，同时助力更多农户改善生活境遇，创造更大价值，提升农民的幸福感。

资料来源：佚名．小年夜助农不打烊，快手线上电商扶贫“福苗计划”助力乡村振兴．百家号，2021-02-07.

思考讨论：

其他电商直播和短视频平台在农村电商发展中的应用情况如何？

拓展学习

扫描二维码阅读《辽宁十家子村：吸引返乡创业发展农村电商新业态》，在阅读的过程中感受乡村振兴战略下“三农”的变化，培养家国情怀和社会责任感。

（二）农村电商抗疫助农

新冠疫情期间，传统农产品购销渠道受影响，导致多地农产品滞销，农村电商充分发挥非接触、跨时空、供需快速匹配等优势，着力打通农产品上行通道。首先，各大电商平台开设农产品绿色通道。京东率先开通全国生鲜产品绿色通道，积极参与解决生鲜农产品滞销的问题；阿里巴巴协同合作伙伴推出“爱心助农专线”，为滞销农产品提供渠道帮助；苏宁易购宣布助农 18 项举措，帮助农户商品走出来、卖出去；拼多多上线“抗疫开拼，爱心助农”专区，帮助农产地解决疫情时期的农产品滞销问题。其次，直播助农也大力推动了农产品上行。例如京东发起的原产地助农直播，淘宝帮助涉农商家免费开通淘宝直播，拼多多开展“市县长当主播，农民多卖货”的带货模式等。

实例分享

多家电商平台推出“县市长进直播间”，助力抗疫助农

湖北为了疫情后的经济复苏，各地县市长也开展了直播带货，县市长走进直播间，为农产品代言。潜江市副市长曾以主播身份在网络上推介潜江小龙虾，在当时产生不小的轰动；嘉鱼县副县长“变身”主播，展示鲜鱼、莲藕等极富嘉鱼特色的农产品，引起了众多“吃货”们的食欲；鹤峰县副县长当起了春茶推广员，娓娓讲述鹤峰茶叶的悠久历史；洪湖市委书记在直播过程中亲自下厨，详细介绍排骨藕汤的制作方法，还和网友们一起大声唱响歌曲《洪湖水浪打浪》。市长卖虾、县长卖茶，几十位“带货县市长”同台竞技，隔着屏幕，网友纷纷下单，为湖北加油。拼多多平台“市长县长直播间”累计吸引近 1 100 万消费者参与消费，全网累计观看人次超过 1.5 亿。“县市长请您品春茶”活动中，11 位湖北县市长为春茶代言，看点直播平台总观看量超 442.9 万人次，当天直播间成交 122.08 万元。

资料来源：胡琼瑶. 湖北各地县市长直播“带货”，带来了什么. 百家号，2020-04-12.

思考讨论：

直播带货在抗疫助农中发挥了什么作用？

（三）电商平台助推农业数字化转型

京东、阿里巴巴、拼多多等电商平台都在用科技赋能传统农业，助力传统农业数字化转型。2021 年 3 月，淘宝特价版进行战略升级，打通阿里数字农业体系，直连 10 000 个农产品直采基地，助力农民增收。2020 年 12 月，拼多多推出农产品“原产地直发”，即完善原产地直发的农产品上行模式，助力区域公用品牌建设，助推乡村振兴。此外，拼多多还推出了多多大学，帮助培养新农人、新农商，助力解决农村人才不足的问题。2020 年下半年，京东成立数智农业生态部，致力于打造基于商品采集、数字化改造、仓配网络、渠道拓展的农产品流通大中台，通过培育新农人、打造数字农场、创建农业现代化产业园、农批市场数字化改造、智能化仓配网络、大数据精准营销等众多手段，全面提升农产品生产、流通与营销的数智化水平，以全面的京东数字乡村发展计划为国家乡村振兴战略服务。

学有所思

请用开放、发展的职业思维，思考中国农村电子商务的发展趋势有哪些。

配套微课

任务三

移动电商认知

任务前导学习单

项目名称	电子商务热点应用	任务名称	移动电商认知
任务目标	知识目标	• 了解移动电商的概念和特点。 • 熟悉移动网店的主要形式。 • 掌握移动电商的主要应用。	
	能力目标	• 能够进行移动网店的应用。 • 能够对移动电商应用进行分析。	
	素养目标	• 培养发展、创新的职业精神和安全意识。 • 培养求真务实的职业精神。 • 培养诚信、守法、社会责任等正确商业伦理观。	
任务导入	手机点餐、滴滴出行、扫码支付、移动社交、移动办公……移动电商的出现，给人们的生活带来了全新的体验，在移动智能终端、移动通信技术和二维码技术的基础上，移动电商已经完全融入社会经济发展和人们的日常生活中。那么，什么是移动电商？移动电商有什么特点？移动电商的形式有哪些？移动电商在哪些领域有着广泛的应用？		
任务分析	移动电商将互联网、移动通信技术、短距离通信技术及其他信息处理技术完美地结合，使人们可以在任何时间、任何地点进行线上线下各种商务活动，给人们带来充分利用碎片化时间的益处，在移动购物、移动娱乐、移动办公、移动出行、移动营销等领域应用广泛。		
任务准备	• 查找资料，了解移动网店的平台及开设流程。 • 关注移动商务的应用领域热点。 • 了解移动二维码的生成工具。		

任务知识充电站

随着移动智能终端的普及，移动电商的用户消费习惯逐渐形成，众多新型移动电商平台不断涌现，移动电商的发展规模也持续升级，已渗透到人们生活的各个方面。

一、认识移动电商

（一）移动电商的概念

移动电商是由电子商务概念衍生而来的，是对传统电商的有益补充，指通过智能手机、平板电脑等智能移动终端开展的商务活动。移动电商结合了互联网、移动通信、二维码等信息技术，使人们能够随时随地开展各种商务活动，给人们的工作和生活带来了极大的便利。

根据国家统计局发布的数据，截至 2022 年 12 月底，我国手机上网人数达 10.65 亿人。全网用户对移动互联网的使用程度进一步加深，人均单日使用时长及打开 App 个数均有一定程度提升。

（二）移动电商的特点

移动电商和传统电商相比，具有自己的特点。

1. 便利性和灵活性

传统电商可以突破时间和空间的限制，而移动电商则完全可以实现随时随地的交易。移动电商的便利性能使消费者享受方便快捷的服务，并提高其生活质量。另外，移动电商使用的移动终端体积小，便于携带，方便操作；移动电商采用移动支付手段，消费者可以随时随地完成交易行为。

2. 开放性和安全问题

移动电商使用无线接入方式，不受地理环境和通信电缆的限制，更加方便消费者进入网络，在移动电商平台消费，从而使移动电商的范围更广阔、更开放。与此同时，也带来了安全隐患，如通信被窃听，移动设备的物理安全问题如用户身份、账户信息和认证密钥丢失，SIM 卡被复制等，所以商家和消费者都需要提高安全意识。

3. 可定位性和连通性

由于移动终端具备可定位性，通过全球定位技术，可以对手持移动终端的服务对象进行精准定位。另外，在移动互联网络中，具有相同爱好的消费者能方便地通过移动社交的方式连接在一起，形成社交圈。因此，商家可以开展基于位置的个性化精准营销活动，也可以有针对性地通过社交圈开展商务活动，并及时获得消费者反馈。

4. 技术创新性和内容丰富性

移动电商涉及信息技术，无线通信技术，无线接入技术如手机二维码、蓝牙技术等，且商务方式更多元化，所以，在移动电商的领域内，很容易产生新技术和新模式的应用。随着 5G 通信技术的发展，这些新技术将更好地带动产品销售或服务的开展。所以，移动电商行业将有望在技术创新领域大有作为。以移动互联网信息为主要信息来源的移动电商，具有比传统电商更加丰富的资源和内容。

实例分享

小小“二维码”扫出中国大数据“精准抗疫”

新冠疫情暴发初期，云南当地对疫情的防控，依靠人对人逐户地毯式排查和道路卡点测量体温登记出行信息，这种用纸张登记的传统方式耗时耗力。2020年2月11日，云南决定在公共场所开展“扫码行动”，所有出入公共场所的人员均须配合用手机扫“云南抗疫情二维码”。9天之后，云南新增1例确诊病例，当地将该名病例的手机号录入扫码系统，仅用了30秒，就筛选出204名可能与其有过接触的人员。

随着复产复工，各地疫情防控出现识别难、准入难等问题。浙江在全国率先运用大数据研判推出“健康码”，以红、黄、绿三色二维码动态显示个人疫情风险等级。显示“绿码”者可直接通行，显示“黄码”和“红码”者需接受相应隔离措施。之后，各省份相继推出“健康码”应用。疫情期间，中国各地随处可见方形和圆形的二维码，无数小小“二维码”织起大数据“防疫网”，提高追溯工作的精确性和时效性，支撑中国“精准抗疫”。

资料来源：缪超. 小小“二维码”扫出中国大数据“精准抗疫”. 南报网，2020-03-01.

思考讨论：

二维码技术的用途有哪些？

二、移动网店的形式

随着移动互联网的快速发展，移动端成为电商平台发展的重要渠道，众多新型移动电商购物平台不断涌现。目前，移动网店的形式主要包括企业自建移动商城、零售电商平台的移动端App、第三方移动网店平台。

（一）企业自建移动商城

许多企业为了抓住移动商务的机遇，开发移动端市场，采用App、小程序等方式搭建了移动商城。App功能强大，方便各种营销推广活动的开展和用户的互动，体验感优于小程序，但是需要用户下载安装。小程序作为微信的一款产品，可以直接在微信中使用，用户无须在终端上下载安装，对用户而言更为便捷，体验感也较流畅，但是运营过程中会有一定的限制性。

另外，许多传统企业早已开展传统电子商务运营，搭建了电商平台，随着移动互联网的兴起，纷纷推出移动商城App，形成原有电商平台的补充渠道，实施更全面的电商运营渠道。例如苏宁易购是苏宁云商集团旗下新一代的B2C网上零售平台，覆盖传统家电、计算机类、通信类和消费类电子产品等，也推出了移动商城App应用，渗透发展移动端市场。

（二）零售电商平台的移动端 App

典型的零售电商平台代表有京东、天猫和淘宝，这些电商平台较早开发了各自的移动端App，方便消费者在移动端浏览购物。它们的移动端App更多的是传统PC端网店的扩展，主要是以原有的PC端零售平台为核心，没有完全发挥出移动端 App 的优势。

京东、天猫和淘宝移动端 App 对 PC 端平台的依赖度比较高，网店的运营及对消费者的维护主要是在 PC 平台上进行，移动端 App 为消费者购物提供便利，大大提升了平台的销售规模，促进多渠道运营的开展。

（三）第三方移动网店平台

第三方移动网店平台是指为中小企业或个人卖家提供移动网店入驻、运营支持、商品管理、订单处理和售后管理等服务的平台。比较常见的有微信平台的微店、有赞平台的微店、口袋平台的微店。

各类微店普遍具备开店操作简单、开店门槛较低的特点。微信平台的微店基于微信环境，开通方便，可以直接基于微信移动社交圈开展经营活动。有赞微店针对零售的不同参与方分别设计开发不同的端口，更有利于移动网络营销；具备完善的订单处理系统，支持微信、微博等社交媒体营销体系，有利于提高运营管理效率。口袋微店具有担保交易等服务，提供商品货源获取的渠道，营销工具较丰富。

课堂讨论

请根据课前的资料查阅以及所学知识，在表 8-3 中填写各类微店平台的情况。

表 8-3 各类微店平台的对比

项目	微信微店	有赞微店	口袋微店
适合卖家范围			
平台特点			
入住条件			
开店费用			

三、移动电商的应用

（一）移动购物服务

随着移动电商的发展，传统电商企业纷纷开拓移动客户端市场，如淘宝、京东等推出手机淘宝、京东购物 App，此外电影票、景点门票、美食外卖、家政服务等购物 App 也逐渐兴起，并成为移动购物的主要业务。

据中国互联网络信息中心数据统计，2011 年以来手机网络购物用户规模呈爆发式增长，经历两个阶段的快速发展期：第一阶段是 2011—2018 年，主要由淘宝“双十一”、京东“618”等年度优惠活动驱动；第二阶段是 2018 年以来由直播、小程序等新型购物模式引爆消费者需求，手机网络购物用户规模扩大。

边学边做

随着区块链技术和元宇宙的应用，移动电商平台上又出现了新的商品形态——数字藏品，它使用区块链技术，对特定的作品、艺术品生成数字凭证。大家可以登录网站，比如淘宝、鲸探等查看数字藏品形态，然后登录 NFTCN 平台进行注册，并选择自己的原创产品进行数字藏品上链操作，在此过程需注意知识产权的保护，最后将操作过程及心得体会记录下来并与同学分享。

（二）移动营销服务

移动营销指面向移动终端用户，在移动终端上直接向目标受众定向和精确地传递个性化营销信息，通过与消费者的沟通互动达到营销目标的行为，包括常见的微信朋友圈营销、微信公众号平台推广等。移动营销可以更快速、便利地向消费者传递信息，促进消费市场的线上线下整合。

移动营销相比于传统网络营销具有精准性和个性化特点，比如基于位置的产品（服务）推荐行为；移动营销还具有社交性特点，开展基于移动社交的营销服务，如短视频营销、直播营销、社交拼团、社交零售等方式。

拓展学习

扫描二维码阅读《移动营销的发展新趋势》，在阅读过程中感受科技变化给人们生活、购物等带来的巨大变化，培养民族自豪感和创新精神。

（三）移动出行服务

移动出行服务方便了人们的出行，比如通过 12306 铁路订票 App 预订动车票，通过航空公司 App 预订机票、开展值机等服务，通过滴滴出行 App 预约网约车等，这些都是移动出行服务应用，与人民群众的生活紧密结合。

移动出行迅速发展的同时，安全问题也成为大众关注的问题。国家不断加强行业监管力度，筑牢安全发展底线，加强对网约车的监管力度，开展滴滴出行网络安全审查，采用数字化手段提升网约车的合规化程度，推动网约车行业定价透明化。

（四）移动娱乐服务

随着移动端网络用户的大规模增加，移动娱乐服务项目也日益丰富，比如在线视频、在线音乐、移动游戏等，已成为移动商务的重要利润增长点。据中国互联网络信息中心数据显示，短视频作为基础的用户表达和内容消费形式，贡献了移动互联网的主要时长和流量增量。与此同时，短视频侵权问题引发社会关注，推进版权内容合规管理成为业界共识。

移动游戏市场规模进一步扩大，2021 年 2 月，字节跳动正式上线游戏业务，并在此后陆续收购了沐瞳科技、有爱互娱等厂商，持续加强对移动游戏业务的布局力度。移动游戏在发展过程中也存在社会责任方面的问题，在线游戏行业的社会影响越来越被重视，相关法律法规不断完善，游戏平台也通过人脸识别等技术手段进一步升级未成年人保护措施。

（五）移动办公服务

移动办公是继电脑无纸化办公、互联网远程化办公之后的新一代办公模式，是云计算技术、通信技术与终端硬件技术融合的产物。使人们可在任何时间、任何地点处理与业务相关的任何事情，对于突发性事件的处理、应急性事件的部署以及疫情期间居家办公都有极为重要的意义。移动办公包括办公信息浏览、查询和处理，在线会议，文档编辑等，使得组织信息可以随时随地通畅地进行传递和流动，工作更加轻松有效，整体运作更加协调。

随着企业数字化转型不断推进，以移动办公为代表的灵活工作模式将持续创新发展。随着以 5G、大数据、物联网、人工智能等为代表的新型基础设施建设的不断加快，移动办公服务的响应速度、存储能力、功能适用性等将继续创新发展。

学有所思

请用创新、发展的思维思考：还有哪些移动电商的应用？移动电商的应用对人们的日常生活产生了什么影响？

配套微课

任务四

电子商务的行业应用

任务前导学习单

项目名称	电子商务热点应用	任务名称	电子商务的行业应用
任务目标	知识目标	• 熟悉电子商务在医疗行业的应用情况。 • 熟悉电子商务在教育行业的应用情况。 • 熟悉电子商务在金融行业的应用情况。	
	能力目标	• 能够进行电子商务在行业中新应用的分析。 • 能够迁移和拓展电子商务的应用。	
	素养目标	• 树立责任担当意识和安全意识。 • 培养创新、求真、发展的职业精神。	
任务导入	现如今，电子商务的应用已经渗透到社会经济的各个领域，包括医疗、教育、旅游、农业、流通、外贸、金融、信息服务等各个方面，而新冠疫情又将在线医疗、在线教育等行业的发展按下了加速键。智慧医疗、在线教育、在线金融等行业的互联网应用以不可阻挡之势重塑人们的生活理念。那么，在线医疗、在线教育、在线金融都有哪些应用模式？电子商务在这些传统行业中是如何发挥作用的？		
任务分析	在线问诊、远程医疗、互联网医院、医学数据库等成为在线医疗的主力军，如腾讯医典、阿里健康、平安好医生、春雨医生等在疫情期间开启了在线义诊业务。新冠疫情之后，用户对于在线教育的认知程度大大提升，接受度也在逐步提高，B2C、C2C、O2O 等在线教育模式不断兴起。互联网金融的应用如第三方支付、众筹已经为大家熟知，在线金融的新应用如直播金融、场景化在线金融等模式也日渐拓展。		
任务准备	• 通过网络查找资料，了解在线医疗、在线教育、在线金融的发展状况。 • 分组搜索在线医疗、在线教育、在线金融相关的最新应用案例。		

任务知识充电站

一、在线医疗

党的二十大报告中将“国家安全体系和能力现代化”作为重要部分做了详细说明，指出国家安全是民族复兴的根基，人民安全是国家安全的宗旨。生命健康安全是人民最为关注的，电子商务在医疗领域的应用，能助力人民提升生命健康安全感。在线医疗包括以互联网为载体，以信息技术为手段的互联网健康服务、互联网医院、医药电商、医疗大数据等，实现人们在线医疗信息查询、电子健康档案、在线疾病风险评估、在线疾病咨询、电子处方、远程会诊及远程治疗等多种形式的健康医疗服务。

（一）在线问诊服务

在线问诊主要是针对患者的医疗需求，通过网站平台、小程序、App 或微信公众号的在线问答、视频问诊等方式为用户提供医疗服务，用户描述患者的症状、提出疑问，提供检查报告等材料，在线问诊的医生根据用户提供的信息，为患者提供基础性的诊断意见和治疗方案。在线问诊的代表平台有丁香医生、春雨医生、快速问医生、好大夫在线等。

实例分享

在线问诊服务缓解疫情期间线下就医压力

疫情期间，为降低民众恐慌，正确认识疫情症状，同时避免交叉感染，减少线下就医，多个在线问诊平台开展线上义诊，如春雨医生、快速问医生、39 健康、好大夫在线等，重点解答与新冠疫情相关的呼吸内科、感染科等疑问，为相关症状人群提供 7×24 小时、3 分钟快速响应的在线问诊和在线心理咨询服务。市民通过各平台微信公众号、小程序或 App 就可以享受在线问诊、专家义诊和心理疏导等医疗服务。在线问诊平台通过技术手段实现 3 分钟以内的科室分诊和急速响应，对非呼吸内科和感染科问题进行有效屏蔽，保证义诊活动提供给最需要的人群。

以春雨医生为例，在微信小程序搜索“春雨医生”后，即可进入线上义诊，有公立医院的呼吸内科和感染科医生提供在线解答，拥有国家认证的心理咨询师、心理治疗师和精神科医师在线提供免费心理咨询服务，缓解疫情给人们带来的焦虑。

资料来源：佚名. 多个问诊平台开展线上义诊，重点解答市民关于呼吸内科感染科等疑惑问询. 承德日报，2020-02-20.

思考讨论：

在线问诊在疫情期间产生了什么作用？

（二）互联网医院

2015 年 7 月，国务院先后发布两个与医疗改革相关的文件，分别是《关于积极推进“互联网 +”行动的指导意见》与《关于推进分级诊疗制度建设的指导意见》，鼓励医疗机构和科技公司积极探索互联网延伸诊断、电子处方、药物配送等网络诊疗应用，目的是解决医疗资源匮乏、医疗资源分布不均和分级诊疗的问题，推进线下医院互联网化。2018 年 7 月，国家卫生健康委员会和国家中医药管理局发布《互联网医院管理办法（试行）》，要求互联网医院必须依托实体医疗机构，其科室设置应当与所依托的实体医疗机构临床科室保持一致，互联网医院不能提供首诊，只能为部分常见病和慢性病患者提供复诊服务，开具电子处方。

互联网医院通过网络完成问诊、开方、支付、配药等，可以节省患者线下排队、挂号、候诊、缴费、拿药的时间，大大节省了患者获取医疗服务的时间，提升了患者的就医体验。对于医院来说，互联网医院可以高效地解决慢性病和轻症患者的就医需求，减少线下就医流量压力。通过互联网医院的服务，还可以平衡医疗资源，提升医疗资源的利用效率，一定程度上缓解医疗资源不均的问题。

（三）互联网健康服务

互联网健康服务包括信息服务和药品服务。信息服务是互联网医疗平台提供文字、语音、视频、直播、点播等类型的健康医疗内容服务，常见的服务内容包括养生保健信息、医药百科、健康讲座、视频、文章、健康搜索、直播等，患者可以根据相关信息进行自诊和开展保健。代表平台有39健康网、快速问医生、寻医问药网等。

药品服务是指依托互联网平台，将传统医药服务与新兴互联网信息技术相结合，提供在线购药、送药到家等服务，让消费者足不出户就可以获得便捷的购药、配送药物等服务。常见的业务有在线找药、寻找稀缺药、药品咨询、购药用药管理等。代表平台有京东大药房、天猫医药馆。还有基于线下售药门店的O2O模式，利用电商平台作为推广渠道，将线上流量引入线下，促进药房门店的销售，也方便消费者的购物服务，如饿了么平台的送药上门服务。

课堂讨论

请根据查阅的资料及所学知识，在表8-4中填写互联网健康服务平台的情况。

表8-4　互联网健康服务平台的对比

平台名称	平台进入端口	平台业务范围
39健康网		
快速问医生		
寻医问药网		
妙健康		

二、在线教育

在线教育也称为网络教育、远程教育、线上教育，是依托于互联网平台的教学方式，通过在线的方式，学员与教师可以跨时空开展教学活动；借助线上教学资源，如课件、视频、在线讨论、习题等，学员可以随时随地进行学习，真正打破了时间和空间的限制。在教学的旺盛需求、家长的重视以及社会的期望下，在线教育的发展非常迅速，出现了多种形式的在线教育模式。

（一）B2C在线教育模式

B2C模式是由教育主体机构向消费者提供在线教育服务的模式，一般以相对垂直的教育领域为主要课程教学服务，如语言培训、职业培训、技能培训、素质提升等。随着技术的发展，教学形式也越来越多样化，包括直播教学、一对一教学、AI互动教学、录播课程教学等。典型的B2C在线教育模式代表有小灯塔、南瓜科学等。

实例分享

小灯塔助力儿童快乐成长和全面发展

小灯塔作为儿童百科动画平台，遵循儿童认知发展规律，搭建孩子与知识之间的桥梁，让孩子用不同的方式去理解和学习各种知识，设计推出了“科学辅导、人文故事、自然科普、思维训练、兴趣培养、成长教育”六大主题内容并持续创新，用种类丰富、形式多元的百科动画为孩子们提供“成长好方法”。小灯塔秉持“快乐教育”的理念，用孩子喜欢的方式和故事化的视听内容，让孩子爱上学习，不仅要传授知识，更要启迪思维、培养性格，让孩子们在有趣的学习体验中开阔视野、提高素养、全面发展。

资料来源：佚名．画啦啦小灯塔更名“小灯塔”，品牌战略全面升级．百家号，2021-09-27.

思考讨论：

相对于线下的儿童素质培训课程，小灯塔有什么优势？

（二）C2C 在线教育模式

C2C 在线教育模式是一种平台模式，平台本身不产生课程内容，属于第三方平台服务商，通过和教育机构合作、讲师团队入驻平台等方式提供课程教学内容，或者个人教师入驻平台提供课程教学内容，向用户提供直播或点播的教育服务。此类平台通过整合资源，提供更全面的课程教学。典型的 C2C 在线教育模式代表有网易云课堂、中国大学 MOOC、荔枝微课等。

实例分享

中国大学 MOOC 打破大学资源的“围墙”，实现教学资源共享

中国大学 MOOC 是由网易云课堂与高等教育出版社“爱课程网”携手推出的在线教育平台，为大众提供中国知名高校的开放课程。在这里，每一个有意愿提升自己的人都可以免费获得更优质的高等教育资源，打破大学资源的“围墙”，实现优质教育资源的共享。

思考讨论：

中国大学 MOOC 和网易公开课、网易云课堂三者的区别是什么？

（三）O2O 在线教育模式

O2O 在线教育模式是线上线下相结合的教育服务方式，包括线下教育机构开展在线教学业务、线上教育主体开展线下教学业务，并使二者相互结合；或者是 O2O 平台通过线上将用户和流量引导到线下，在线下开展教学的方式。O2O 教育平台能够对教育机构和教师信息进行筛选、整理和归类，为消费者提供选择的空间，为中小教育机构提升流量，更好地匹配教育的供需信息。

三、在线金融

电子商务在传统金融业中的应用已经非常成熟和丰富，比如第三方支付、众

筹、信息化金融机构和互联网金融门户等。电子商务新技术、新模式的发展，催生了在线金融的新应用，比如场景化在线金融和金融直播。

（一）场景化在线金融

随着移动商务的发展和信息技术的场景化应用，消费者对场景化金融的需求日益旺盛。场景化在线金融是将金融需求与各种场景进行融合应用，把复杂的金融产品和应用流程进行再造，实现信息流的场景化和移动化，使现金流处于可视或可控状态。通过场景化在线金融能够将金融服务融入消费者的日常生活、工作和学习之中，以快捷、便利、易理解的方式传播给广大的消费者，满足消费者在某一活动场景中的金融服务需求。

场景化在线金融具有共享性、跨界性、科技性、日常性等特点。第一，在场景化时代，用户成为新的渠道，用户基于场景化在线金融体验的各种分享，会带来更多信任的溢价，而金融机构及其合作商户也在共享自身服务的流量或数据，大幅度提升场景化在线金融的客户服务能力，创造更多价值。第二，用户需求场景的实现往往需要多个行业的跨界融合，而场景化在线金融是实现场景化融合的重要环节。第三，在移动互联网环境中，场景化在线金融需要更强的信息技术支持，通过新技术环境提供用户金融服务的体验。第四，场景化在线金融关注和用户日常生活密切结合的场景需求，更加关注用户的场景需求痛点，更加强调贴近用户的日常需求。

实例分享

中信银行“党费通”，可视化情景交互永葆初心

中信银行发布“党费通”产品，是集“交纳、使用、管理和服务”于一体的综合化管理平台。“党费通”不仅为党员自主及时缴纳党费提供便捷服务，也为各级党组织规范管理、党费管理提供技术支持；采用内嵌式设计，紧密贴合用户使用习惯，灵活安全；支持微信、支付宝、手机银行、网银、跨行支付的全渠道覆盖；采用可视化情景交互设计，突出呈现特性；提供有温度的体验，责任义务月月提醒，党内经典月月荐读；读好书、送里程、献爱心、做公益，履行社会责任。

资料来源：佚名. 中信党费通，指尖上的党建，让你离党再近一些. 中信银行，2018-01-12.

思考讨论：

“党费通”的细分客户群体是哪类人群？它提供什么样的场景化在线金融服务？

（二）金融直播

直播电商不但节省交易成本，提高商务效率，而且还能驱动和融合整个产业链，所以“金融 + 直播”的模式也日渐盛行，如理财直播、金融机构员工日常直播、金融知识直播、“网红”直播等方式。

理财直播指的是通过权威专家在线讲解理财产品，为用户提供更多精准的理财服务，帮助用户快速找到合适的理财产品，也可以进一步提高用户的活跃度。

金融机构员工日常直播是通过直播金融机构员工一天的日常工作，让用户直接了解金融机构的工作日常，从而有效提升企业形象。

金融知识直播主要是为用户提供专业知识的分析和培训，专家在直播间通过简单易懂的语言来描述分析金融知识，让用户能够快速学习专业的金融知识。

“网红”直播是指通过“网红”主播在线推荐金融产品（理财产品），金融机构可以挖掘更多的潜在用户，也能够让品牌知名度得以提高。还有些金融公司通过创始人直播，面对面的解答投资用户的疑惑，拉近与用户之间的距离，强化品牌曝光，打造公信力。

金融直播这一新理财形式的出现，受到消费者尤其是年轻消费者的青睐。同时，有些金融产品相关的直播营销行为也存在风险隐患。2020 年 10 月 28 日，银保监会消费者权益保护局下发《关于防范金融直播营销有关风险的提示》，提醒社会公众，应注意甄别金融直播营销广告主体资质，选择正规金融机构和渠道购买金融产品，认真了解金融产品或服务的重要信息和风险等级，防范直播营销中可能隐藏的销售误导等风险，树立科学理性的金融投资及消费观念。

拓展学习

扫描二维码阅读《关于防范金融直播营销有关风险的提示》，在阅读过程中结合现实情况进行风险识别，提高自身风险意识。

学有所思

电子商务还在哪些传统行业有新应用？电子商务与传统行业的结合有什么意义？

配套微课

任务五

电子商务创业认识

任务前导学习单

项目名称	电子商务热点应用	任务名称	电子商务创业认识
任务目标	知识目标	• 了解什么是电子商务创业。 • 熟悉电子商务创业活动的特点。 • 熟悉电子商务创业者的素质。 • 掌握电子商务创业的前期活动。	
	能力目标	• 能够判断自身创业能力和素养。 • 能够撰写电子商务创业方案。	
	素养目标	• 培养专注、坚守的职业精神。 • 培养创新、合作、勤奋的职业精神。	
任务导入	随着中国电子商务支撑环境不断完善、应用模式不断拓展、创业浪潮持续高涨，电子商务的发展和应用存在着很大的创新空间。为了激发大学生的创造力、培养创新思维，国家举办了各类创新创业竞赛，比如中国“互联网+”大学生创新创业大赛、全国大学生电子商务“创新、创意、创业”挑战赛。作为未来电子商务的专业人才，需要积极提高自己的创新创业能力。那么，电子商务创业需要什么样的素质？电子商务创业活动有哪些特点和主要环节？		
任务分析	由于电子商务创业具有成本低、风险小、门槛低的特点，成为很多创业者的选择，为推进大众创业、万众创新提供了很好的渠道。创业是一项极具挑战性的活动，要求电子商务创业人员具有创新能力、忍耐力和勤奋刻苦的精神，并且了解创业的要素和基本流程，能够撰写创业计划书。		
任务准备	• 了解电子商务创业计划书的基本结构。 • 了解中国“互联网+”大学生创新创业大赛、全国大学生电子商务“创新、创意、创业”挑战赛等创新创业赛项。 • 小组事先讨论拟定电子商务的创业项目，便于任务的实施。		

任务知识充电站

一、电子商务创业的特点

电子商务创业是指利用电子商务或移动商务的理念、平台、商业模式、技术、客户等资源来开展创办企业，达到服务公众、获得利润、立足行业目标的活动。

（一）创业门槛较低

与实体创业相比，电子商务创业的初创成本相对较低，不论是押金、装修、租金还是库存等，实体店都需要更多的成本投入。电子商务创业入门较快，基于电子商务交易流程的逆向性，可以较为简单地从买家转变成卖家。

（二）创业周期较长

电子商务创业的周期较长，前期的流量积累和用户培养需要较长时间，很多创业者无法坚持。在创业过程中需要进行积累和推广，才能获取可持续增长的客户流量。

（三）创业竞争性强

在电子商务行业日渐成熟的环境下，电子商务创业的竞争也越来越激烈。一方面是细分行业的内部竞争越发激烈；另一方面是来自电子商务大平台的竞争，电子商务大平台经过长期的用户积累，形成强大的竞争力，客户在长期使用中具有一定的平台依赖性。

（四）创业深入较难

电子商务行业更新发展迭代快，电子商务创业者需要不断地去学习新规则、新知识和新技术，才能不断进步和突破。持续深入研究，才能更好地运营电子商务，更好地注重细节，从而进行全方位的协同工作，获得更好的创业绩效。

二、电子商务创业的分析

（一）电子商务创业的优势

电子商务创业相比较于传统创业，优势在于可以无实体店经营，减少了租金、装修等大笔费用的支出；创业初期资金投入较少，适合“草根”青年创业；电子商务比传统商业的库存压力要小，由此也降低了库存风险。

（二）电子商务创业的劣势

电子商务无法像传统商业一样实现视觉、听觉、触觉、嗅觉、味觉的全面感受，商品体验感较差，在非标准品行业表现更为明显，如农特产品等。电子商务的拉新成本较高，即获取新客户需要较高的成本。

（三）电子商务创业的机会

受限于传统商业的销售半径，大部分传统商铺的销售范围较小，而电商通过互联网突破时空限制，销售半径无限制。政策的推动以及各种电子商务新模式、新技术的出现，给电子商务带来新的机遇，如跨境电商、农村电商等领域出现新的创业商机。

（四）电子商务创业的威胁

由于电子商务的创业门槛较低，尤其是个人网店，因此导致了大量同行从业人员扎堆进入某些热门行业，容易产生行业的不良竞争。由于大部分的网站采用按交易量等指标排名来显示顺序，使得“刷单”盛行，严重危害了行业的良性发展秩序。另外，“烧钱补贴”盛行，商家在推出新产品或新服务时为了争取市场份额，往往采用“烧钱补贴”政策，造成不良的创业环境。

三、电子商务创业者的胜任力

电子商务是一个复合型行业，包含商务模式、电子商务法律法规、政策环境、信息技术、互联网理念、资金流、物流、信息流以及客户等多种构成要素。所以，对电子商务创业者的胜任力素质有以下一些要求。

（一）创新能力

创新能力主要包括电子商务创业模式的应用能力，电子商务专业知识与技能的运用能力，电子商务创业网络平台与管理创新的能力，商业模式的创新能力，创业团队带头人还需要有发动全员创新的能力。

（二）识别与把握创业机会能力

识别与把握创业机会能力主要包括电子商务创业者对电子商务相关政策法规的把握能力，识别科技发展和市场变化带来商机的能力，对社会经济发展和人民生活新需求的关注和把握能力。

（三）创业执行和经营能力

创业执行和经营能力主要包括制定和实施创业策略与行动，争取获得社会部门支持的能力，融资与财务管理能力，电商创业运营与风险网络安全控制能力，决策和战略规划能力。

（四）创业素养

创业素养主要包括能够承担社会责任，践行社会主义核心价值观，具备良好的电子商务从业职业道德，具有正确的商业伦理观，能够树立积极正向的商业理念，具备坚守、勤奋、忍耐、精益求精的精神。

（五）团队领导与建设能力

团队领导与建设能力主要包括能够有效组建创业团队，具备对创业团队成员进行准确定位和分工的能力，能够合理确定团队目标，能够指导和激励团队成员积极奋进，具有能够共同承担风险责任的能力。

实例分享

小米的创业故事

2010 年 4 月，在北京中关村一间小办公室里，小米公司成立了，并定下了“做世界上最好的手机，只卖一半价钱，推动智能手机在全球普及”的宏大目标。

小米关注到在手机市场上从低端到高端之间存在一个断层，针对这个断层需求，首创提出了“用互联网思维做手机”。小米并没有采用传统手机厂商的做法，而是反其道而行，先发布 MIUI 系统，通过软件开发吸引和建立用户群体后，再找代工厂定制小米手机。在手机硬件生产上只做单品，通过“单品 + 标准化生产”降低成本，实现小米手机的超高性价比。

小米注重顺势而为。2013年小米市场占有率达到15%，此时，小米需要寻找新的增长引擎，在分析了时代潮流和趋势后，小米瞄准了物联网，通过“投资+孵化”的方式布局小米生态链，逐步形成生态链的良性内循环。

资料来源：赵先德．风很大，坑也多，一往无前的小米是如何炼成的．百家号，2020-08-12.

思考讨论：

创业者需要具备什么样的素质?

四、电子商务创业的前期活动

（一）选择创业项目

创业项目的选择是创业成功与否的决定性因素，电子商务创业项目的类型主要包括农村电子商务项目、跨境电子商务项目、社交电子商务项目、旅游电子商务项目、平台开店项目、特色电商产品（服务）项目、工业电子商务项目、互联网金融项目等。创业项目的选择要充分考虑目标市场的定位，一般可分为两种方式：一种是对现有产品的再定位；另一种为对潜在产品的预定位。

课堂讨论

请根据资料查阅及所学知识，在表8-5中填写常见电子商务创业项目类型的信息。

表8-5 不同类型创业项目信息

创业项目	典型案例	项目介绍
农村电子商务项目		
跨境电子商务项目		
社交电子商务项目		
旅游电子商务项目		
工业电子商务项目		

（二）分析创业的外部环境

创业外部环境主要包括政策环境、经济环境、技术环境、行业环境等，是创业组织外部各种创业条件的总和，对创业活动的实施和发展有很大的影响。对于创业环境的分析有助于判断创业项目的可行性和可操作性。

（三）组建创业团队

组建合理的创业团队是创业项目实施的重要环节，创业团队建设首先要明晰创业团队组建的原则；其次需要选择合适的团队成员，并设定创业团队成员的分工和工作职责；最后要制定创业团队的管理办法和标准。

（四）准备创业相关的资源

电子商务创业的相关资源主要有资金和货源。资金是创业能否成功的重要影响因素，寻找投资人或者合伙人成为创业项目前期的重要活动环节。在货源准备方面，由于当前电子商务市场竞争激烈，消费者可选择的产品或服务范围很广泛，因此需要选择能满足消费者购物心理和需求的货源或服务，这样能让产品或服务的后期运营更顺利。

（五）撰写创业计划书

对于电子商务创业项目来说，创业计划书非常重要，通过创业计划书的撰写，可以让创业项目的计划变得更加清晰和具体，让创业者和团队对整个项目有更深入的认识，同时创业计划书也是让投资人了解创业项目的途径。创业计划书的内容主要包括：项目简介；项目的目标规划（短期目标规划、中期目标规划、长期目标规划）；市场环境分析，包括目标市场分析、定位分析、市场竞争情况分析、项目的 SWOT（优势、劣势、机会和威胁）分析等；经营的产品及服务，包括具体的经营产品或者服务的介绍；营销策略分析，包括线上线下的推广营销策略；创业团队介绍；财务分析及预测；项目的风险及对策，包括技术风险、资金风险、管理风险等。

拓展学习

扫描二维码，了解中国“互联网 +”大学生创新创业大赛相关情况。

学有所思

请根据自身的特点和对电子商务创业的认识，思考自己感兴趣的电商创业项目类型是什么，分析自己已具备哪些创业者的素质，还有哪些方面有待提高。

知识巩固与技能提升

一、单项选择题

1. 下列各项中，不属于移动电商特点的是（　　）。

A. 便利性　　B. 不可定位　　C. 开放性　　D. 技术创新性

2. 跨境批发也称为（　　）。

A. 跨境 B2C　　B. 跨境 C2C　　C. 跨境 B2B　　D. 跨境营销

3. 以下哪个是出口跨境电商平台？（　　）

A. 网易考拉海购　　B. 苏宁云商海外购

C. 敦煌网　　D. 天猫国际

4. “三瓜公社”电商特色产业模式属于农村电商内容中的哪一项？（　　）

A. 数字化乡村建设　　B. 农产品上行

C. 工业品下行　　D. 发展新型农村市场主体

5. 以下哪个是主打移动端的跨境电商平台？（　　）

A. 速卖通　　B. Wish　　C. 敦煌网　　D. 兰亭集势

6. 新冠疫情期间，传统农产品购销渠道受影响，很多电商平台纷纷开展抗疫助农活动，开展“市县长当主播，农民多卖货”带货模式的是哪个平台？(　　)

A. 京东　　B. 淘宝　　C. 拼多多　　D. 苏宁易购

7. 开展“幸福乡村”“福苗计划”等项目，帮助国家贫困地区将优质特产推广到全国各地的平台是(　　)。

A. 快手　　B. 抖音　　C. 斗鱼　　D. 淘宝

8. 随时随地的在线会议和文档编辑等应用属于(　　)。

A. 移动娱乐服务　B. 移动办公服务　C. 移动营销服务　D. 移动出行服务

9. 通过网络完成问诊、开方、支付、配药等就医环节，属于(　　)。

A. 在线问诊　　B. 互联网医院

C. 互联网健康服务　　D. 在线药品服务

10. 以下哪个不属于电子商务创业者的素质要求？(　　)

A. 具备良好的电子商务从业职业道德

B. 践行社会主义核心价值观

C. 只关注经济效益

D. 具有正确的商业伦理观

二、多项选择题

1. 跨境零售模式包括(　　)。

A. 跨境 B2C　　B. 跨境 C2C　　C. 跨境 B2B　　D. 跨境营销

2. 跨境电商的运行流程中包括以下哪些主体？(　　)

A. 海关　　B. 支付服务商　　C. 物流服务商　　D. 卖家

3. 新冠疫情期间，开展电商抗疫助农活动的电商平台有(　　)。

A. 京东　　B. 阿里巴巴　　C. 拼多多　　D. 苏宁易购

4. 开展农村电商的意义有哪些？(　　)

A. 解决农业信息不通畅的问题　　B. 推动农产品上行

C. 增加交易成本　　D. 优化农业生产资源配置

5. 以下属于进口跨境电商平台的是(　　)。

A. 天猫国际　　B. 速卖通　　C. 顺丰海淘　　D. 洋码头

6. 京东数字乡村发展计划包括以下哪些内容？(　　)

A. 打造农产品流通大中台　　B. 打造数字农场

C. 创建农业现代化产业园　　D. 智能化仓配网络

7. 电子商务创业的特点包括(　　)。

A. 创业门槛较低　B. 创业竞争性强　C. 创业周期短　　D. 创业深入较容易

8. 电子商务创业者需要具备哪些胜任力？(　　)

A. 识别创业机会能力　　B. 团队领导与建设能力

C. 创业执行能力　　D. 创新能力

9. 在线教育的常见模式有(　　)。

A. P2P 模式　　B. B2C 模式　　C. C2C 模式　　D. O2O 模式

10. 场景化在线金融具有哪些特点？（　　）

A. 共享性　　B. 跨界性　　C. 科技性　　D. 非日常性

三、简答题

1. 中国跨境电子商务的应用状况如何？
2. 农村电商在乡村振兴中的作用有哪些？
3. 移动电商的应用主要有哪些？
4. 电子商务创业者的素养包括哪些？
5. 直播带货和短视频营销促进农产品销售的原因是什么？

四、技能训练题

通过资料查阅，分析跨境进口电子商务模式有哪些，总结天猫国际、京东国际、洋码头、苏宁国际等跨境进口电商平台的通关物流模式。

参考文献

［1］白东蕊．电子商务基础与实务．北京：人民邮电出版社，2020.

［2］王华新，赵雨．电子商务基础与应用．北京：人民邮电出版社，2021.

［3］万守付，罗慧．电子商务基础．北京：人民邮电出版社，2019.

［4］许应楠．电子商务基础与实务．北京：高等教育出版社，2018.

［5］华晓龙．新时代高职电子商务人才工匠精神内涵及特征研究．江苏商论，2019（12）：132-134.

［6］谢丽仪．中国制造2025视角下高职电子商务专业学生“工匠精神”培育探究．现代商贸工业，2020（25）：69-70.

［7］鄢国辉．商业银行场景化金融模式比较及应用．360doc个人图书馆，2020-10-12.

［8］臧良运．电子商务支付与安全．北京：电子工业出版社，2022.

［9］祝凌曦．电子商务安全与支付．北京：人民邮电出版社，2019.

［10］沈立君，覃其兴．电子商务支付与安全．北京：人民邮电出版社，2013.

［11］林政．电子支付．北京：中国人民大学出版社，2013.

［12］陈彩霞．电子支付与网络金融．北京：清华大学出版社，2020.

［13］秦成德，帅青红．电子支付与结算．北京：北京理工大学出版社，2018.

［14］杨立钒，万以娴．电子商务安全与电子支付．北京：机械工业出版社，2020.

［15］胡娟．电子商务支付与安全．北京：北京邮电大学出版社，2018.

［16］艾瑞咨询．2020年中国第三方支付行业典型案例研究．百家号，2020-04-13.

［17］朱长征．电子商务物流．北京：北京理工大学出版社，2016.

［18］谢明，陈瑶．电子商务物流．北京：北京理工大学出版社，2013.

［19］范永泰．电子商务物流．北京：北京理工大学出版社，2020.

［20］刘萍．电子商务物流．北京：电子工业出版社，2021.

［21］赵红，宿恺．电子商务概论．北京：机械工业出版社，2022.

［22］温希波，邢志良，薛梅．电子商务法法律法规与案例分析．北京：人民邮电出版社，2019.

［23］王慧，夏霍，徐广辉．电子商务法律法规．上海：上海交通大学出版社，2020.

［24］罗佩华，魏彦珩．电子商务法律法规．3版．北京：清华大学出版社，2019.

［25］韩小平．电子商务法律法规．4版．北京：机械工业出版社，2020.

［26］侯安才，栗楠，张强华．电子商务安全技术实用教程．北京：人民邮电出版社，2020.

［27］王丽芳．电子商务安全．2版．北京：电子工业出版社，2021.

［28］朱建明，王秀利，李洋．电子商务安全．2版．北京：机械工业出版社，2021.

［29］朱小平，施游，翟光辉．电子商务安全．长沙：湖南科学技术出版社，2019.

［30］刘卓英．电子商务安全．3版．北京：电子工业出版社，2021.

［31］黄岚，王喆．电子商务概论．2版．北京：机械工业出版社，2019.

［32］杜小详，谢礼熊，李婷．电子商务概论（微课版）．上海：华东理工大学出版社，2019.

教育部课程思政示范课程配套教材

职 业 教 育 新 形 态 教 材

新编21世纪高等职业教育精品教材·电子商务类

电子商务基础与实务
活页练习册

主　编 / 赖玲玲　何晓峰　黄春松

副主编 / 林　薇　李囡囡　唐许帅

立德树人　案例生动　内容丰富　资源立体

中国人民大学出版社

·北京·

目录

CONTENTS

01

项目一

电子商务概述

- 任务一　电子商务认知
- 任务二　电子商务的发展探究
- 任务三　电子商务的类型解析
- 任务四　中国电子商务的应用和影响分析
- 任务五　电子商务职业认识

任务一

电子商务认知

任务工单

<table>
<tr><td>任务名称</td><td colspan="5">对比传统商务与电子商务的运作流程</td></tr>
<tr><td>任务目的</td><td colspan="5">对比传统商务与电子商务运作流程的区别，深入了解电子商务的特点和优势。</td></tr>
<tr><td>任务内容</td><td colspan="5">自行选择某个电商平台（比如天猫），通过观察和实践对比它与传统商务在交易前的准备、贸易磋商、合同与执行、支付与结算四个商务运作环节的区别。</td></tr>
<tr><td rowspan="4">第（ ）组</td><td>姓名</td><td></td><td></td><td></td><td></td></tr>
<tr><td>学号</td><td></td><td></td><td></td><td></td></tr>
<tr><td>姓名</td><td></td><td></td><td></td><td></td></tr>
<tr><td>学号</td><td></td><td></td><td></td><td></td></tr>
<tr><td rowspan="5">任务实操</td><td>商务运作环节</td><td colspan="2">传统商务</td><td colspan="2">电子商务</td></tr>
<tr><td>交易前的准备（商品信息的发布、信息查询和匹配的过程）</td><td colspan="2"></td><td colspan="2"></td></tr>
<tr><td>贸易磋商（交易双方进行商谈沟通）</td><td colspan="2"></td><td colspan="2"></td></tr>
<tr><td>合同与执行（达成交易约定、执行订单）</td><td colspan="2"></td><td colspan="2"></td></tr>
<tr><td>支付与结算</td><td colspan="2"></td><td colspan="2"></td></tr>
</table>

考核评价

评价说明：在本次任务完成后，由任课教师主导，采用学习过程评价与学习结果评价相结合，综合运用自我评价、小组评价及教师评价三种方式，由教师确定三种评价方式分别占总成绩的比例，并加权计算出学生 A 本次任务的考核评价分。

任务完成考核评价表			
项目名称	电子商务概述	任务名称	电子商务认知
班级		学生姓名	
评价方式	评价内容	分值	成绩
自我评价	表 1－1 完成情况	5	
	学有所思完成情况	5	
	案例讨论完成情况	10	
	任务工单完成情况	20	
	我的职业态度端正	20	
	我对知识和技能的掌握程度	20	
	我胜任了小组内的任务	20	
	合计		
小组评价	本小组的本次任务完成质量	25	
	A 的本次任务完成质量	25	
	A 参与小组活动的敬业精神	25	
	A 的合作精神和责任感	25	
	合计		
教师评价	A 所在小组的任务完成质量	25	
	A 的本次任务完成质量	25	
	A 所在小组开放、共享的职业精神	25	
	A 对本次任务的贡献度	25	
	合计		
总评＝自我评价 ×（ ）%＋小组评价 ×（ ）%＋教师评价 ×（ ）%＝			

任务二 电子商务的发展探究

任务工单

<table>
<tr><td>任务名称</td><td colspan="4">电子商务全面发展阶段的“五新”探索</td></tr>
<tr><td>任务目的</td><td colspan="4">通过查找、总结电子商务在“新零售、新制造、新金融、新技术、新能源”的发展情况，深入了解中国电子商务现阶段的发展，培养创新、共享、发展的职业精神。</td></tr>
<tr><td>任务内容</td><td colspan="4">通过资料查找，进一步了解“五新”——“新零售、新制造、新金融、新技术、新能源”的含义，以及电子商务在“五新”中的应用情况。</td></tr>
<tr><td rowspan="4">第（ ）组</td><td>姓名</td><td></td><td></td><td></td><td></td></tr>
<tr><td>学号</td><td></td><td></td><td></td><td></td></tr>
<tr><td>姓名</td><td></td><td></td><td></td><td></td></tr>
<tr><td>学号</td><td></td><td></td><td></td><td></td></tr>
<tr><td rowspan="6">任务实操</td><td>“五新”</td><td colspan="2">内容</td><td colspan="2">电子商务应用实例</td></tr>
<tr><td>新零售</td><td colspan="2"></td><td colspan="2"></td></tr>
<tr><td>新制造</td><td colspan="2"></td><td colspan="2"></td></tr>
<tr><td>新金融</td><td colspan="2"></td><td colspan="2"></td></tr>
<tr><td>新技术</td><td colspan="2"></td><td colspan="2"></td></tr>
<tr><td>新能源</td><td colspan="2"></td><td colspan="2"></td></tr>
</table>

考核评价

评价说明：在本次任务完成后，由任课教师主导，采用学习过程评价与学习结果评价相结合，综合运用自我评价、小组评价及教师评价三种方式，由教师确定三种评价方式分别占总成绩的比例，并加权计算出学生 A 本次任务的考核评价分。

任务完成考核评价表			
项目名称	电子商务概述	任务名称	电子商务的发展探究
班级		学生姓名	
评价方式	评价内容	分值	成绩
自我评价	表 1 - 2 完成情况	10	
	学有所思完成情况	10	
	任务工单完成情况	20	
	我的职业态度端正	20	
	我对知识和技能的掌握程度	20	
	我胜任了小组内的任务	20	
	合计		
小组评价	本小组的本次任务完成质量	25	
	A 的本次任务完成质量	25	
	A 参与小组活动的敬业精神	25	
	A 的合作精神和责任感	25	
	合计		
教师评价	A 所在小组的任务完成质量	25	
	A 的本次任务完成质量	25	
	A 所在小组的创新、发展的职业精神	25	
	A 对本次任务的贡献度	25	
	合计		
总评 = 自我评价 × (　　) % + 小组评价 × (　　) % + 教师评价 × (　　) % =			

任务三

电子商务的类型解析

任务工单

任务名称	不同类型电子商务平台的对比					
任务目的	通过对比不同类型的电子商务平台，深入了解不同类型电子商务的运作方式。					
任务内容	从交易模式、经营产品、购物搜索、支付方式、物流配送等方面来对比京东商城、淘宝网、阿里巴巴。					
第（ ）组	姓名					
	学号					
	姓名					
	学号					
任务实操	项目	京东商城	淘宝网	阿里巴巴		
	交易模式					
	经营产品					
	购物搜索					
	支付方式					
	物流配送					

考核评价

评价说明：在本次任务完成后，由任课教师主导，采用学习过程评价与学习结果评价相结合，综合运用自我评价、小组评价及教师评价三种方式，由教师确定三种评价方式分别占总成绩的比例，并加权计算出学生 A 本次任务的考核评价分。

<table>
<tr><th colspan="4">任务完成考核评价表</th></tr>
<tr><td>项目名称</td><td>电子商务概述</td><td>任务名称</td><td>电子商务的类型解析</td></tr>
<tr><td>班级</td><td></td><td>学生姓名</td><td></td></tr>
<tr><td>评价方式</td><td>评价内容</td><td>分值</td><td>成绩</td></tr>
<tr><td rowspan="8">自我评价</td><td>案例讨论完成情况</td><td>15</td><td></td></tr>
<tr><td>表 1－3 完成情况</td><td>5</td><td></td></tr>
<tr><td>学有所思完成情况</td><td>5</td><td></td></tr>
<tr><td>任务工单完成情况</td><td>15</td><td></td></tr>
<tr><td>我的职业态度端正</td><td>20</td><td></td></tr>
<tr><td>我对知识和技能的掌握程度</td><td>20</td><td></td></tr>
<tr><td>我胜任了小组内的任务</td><td>20</td><td></td></tr>
<tr><td colspan="2">合计</td><td></td></tr>
<tr><td rowspan="5">小组评价</td><td>本小组的本次任务完成质量</td><td>25</td><td></td></tr>
<tr><td>A 的本次任务完成质量</td><td>25</td><td></td></tr>
<tr><td>A 参与小组活动的敬业精神</td><td>25</td><td></td></tr>
<tr><td>A 的合作精神和责任感</td><td>25</td><td></td></tr>
<tr><td colspan="2">合计</td><td></td></tr>
<tr><td rowspan="6">教师评价</td><td>A 所在小组的任务完成质量</td><td>20</td><td></td></tr>
<tr><td>A 的本次任务完成质量</td><td>20</td><td></td></tr>
<tr><td>A 所在小组的开放、共享的职业精神</td><td>20</td><td></td></tr>
<tr><td>A 所在小组对电商支撑国家战略发展的了解和学习程度</td><td>20</td><td></td></tr>
<tr><td>A 对本次任务的贡献度</td><td>20</td><td></td></tr>
<tr><td colspan="2">合计</td><td></td></tr>
<tr><td colspan="4">总评＝自我评价×（　）%＋小组评价×（　）%＋教师评价×（　）%＝</td></tr>
</table>

任务四

中国电子商务的应用和影响分析

任务工单

<table>
<tr><td>任务名称</td><td colspan="5">分析电子商务带来的变化</td></tr>
<tr><td>任务目的</td><td colspan="5">通过对材料的分析和讨论，深入了解电子商务产生的影响和带来的变化，培养分析应用能力，树立专业自信，培养爱国主义情怀。</td></tr>
<tr><td>任务内容</td><td colspan="5">阅读“学习强国”上的文章《“双 11”11 年：中国迈向消费大国的鲜明印记》，小组讨论分析电子商务的发展给人民消费方式、服务方式、物流、中国市场的国际吸引力带来了什么变化。</td></tr>
<tr><td rowspan="4">第（ ）组</td><td>姓名</td><td></td><td></td><td></td><td></td></tr>
<tr><td>学号</td><td></td><td></td><td></td><td></td></tr>
<tr><td>姓名</td><td></td><td></td><td></td><td></td></tr>
<tr><td>学号</td><td></td><td></td><td></td><td></td></tr>
<tr><td rowspan="4">任务实操</td><td>给人民消费方式带来的变化</td><td colspan="4"></td></tr>
<tr><td>给服务方式带来的变化</td><td colspan="4"></td></tr>
<tr><td>给物流带来的变化</td><td colspan="4"></td></tr>
<tr><td>给中国市场的国际吸引力带来的变化</td><td colspan="4"></td></tr>
</table>

考核评价

评价说明：在本次任务完成后，由任课教师主导，采用学习过程评价与学习结果评价相结合，综合运用自我评价、小组评价及教师评价三种方式，由教师确定三种评价方式分别占总成绩的比例，并加权计算出学生 A 本次任务的考核评价分。

<table>
<tr><th colspan="4">任务完成考核评价表</th></tr>
<tr><td>项目名称</td><td>电子商务概述</td><td>任务名称</td><td>中国电子商务的应用和影响分析</td></tr>
<tr><td>班级</td><td></td><td>学生姓名</td><td></td></tr>
<tr><td>评价方式</td><td>评价内容</td><td>分值</td><td>成绩</td></tr>
<tr><td rowspan="7">自我评价</td><td>课堂讨论完成情况</td><td>10</td><td></td></tr>
<tr><td>学有所思完成情况</td><td>10</td><td></td></tr>
<tr><td>任务工单完成情况</td><td>20</td><td></td></tr>
<tr><td>我的职业态度端正</td><td>20</td><td></td></tr>
<tr><td>我对知识和技能的掌握程度</td><td>20</td><td></td></tr>
<tr><td>我胜任了小组内的任务</td><td>20</td><td></td></tr>
<tr><td colspan="2">合计</td><td></td></tr>
<tr><td rowspan="5">小组评价</td><td>本小组的本次任务完成质量</td><td>25</td><td></td></tr>
<tr><td>A 的本次任务完成质量</td><td>25</td><td></td></tr>
<tr><td>A 参与小组活动的敬业精神</td><td>25</td><td></td></tr>
<tr><td>A 的合作精神和责任感</td><td>25</td><td></td></tr>
<tr><td colspan="2">合计</td><td></td></tr>
<tr><td rowspan="5">教师评价</td><td>A 所在小组的任务完成质量</td><td>25</td><td></td></tr>
<tr><td>A 的本次任务完成质量</td><td>25</td><td></td></tr>
<tr><td>A 所在小组的职业精神和情怀</td><td>25</td><td></td></tr>
<tr><td>A 对本次任务的贡献度</td><td>25</td><td></td></tr>
<tr><td colspan="2">合计</td><td></td></tr>
<tr><td colspan="4">总评 = 自我评价 × (　　) % + 小组评价 × (　　) % + 教师评价 × (　　) % =</td></tr>
</table>

任务五

电子商务职业认识

任务工单

<table>
<tr><td>任务名称</td><td colspan="5">撰写电子商务岗位需求方案</td></tr>
<tr><td>任务目的</td><td colspan="5">通过对企业电子商务岗位需求的讨论、分析和总结，加深对电子商务职业岗位、职业技能和职业素养的理解。</td></tr>
<tr><td>任务内容</td><td colspan="5">某企业准备开展具有中国传统文化特色的刺绣产品电子商务业务，需要招聘相应的电子商务岗位人员，请各小组为该企业拟定一份岗位需求表，包括职业岗位名称、职业技能要求和职业素养要求。</td></tr>
<tr><td rowspan="4">第（ ）组</td><td>姓名</td><td></td><td></td><td></td><td></td></tr>
<tr><td>学号</td><td></td><td></td><td></td><td></td></tr>
<tr><td>姓名</td><td></td><td></td><td></td><td></td></tr>
<tr><td>学号</td><td></td><td></td><td></td><td></td></tr>
<tr><td rowspan="8">任务实操</td><td colspan="5">刺绣产品电子商务岗位需求表</td></tr>
<tr><td>职业岗位名称</td><td colspan="2">职业技能要求</td><td colspan="2">职业素养要求</td></tr>
<tr><td></td><td colspan="2"></td><td colspan="2"></td></tr>
<tr><td></td><td colspan="2"></td><td colspan="2"></td></tr>
<tr><td></td><td colspan="2"></td><td colspan="2"></td></tr>
<tr><td></td><td colspan="2"></td><td colspan="2"></td></tr>
<tr><td></td><td colspan="2"></td><td colspan="2"></td></tr>
<tr><td></td><td colspan="2"></td><td colspan="2"></td></tr>
</table>

考核评价

评价说明：在本次任务完成后，由任课教师主导，采用学习过程评价与学习结果评价相结合，综合运用自我评价、小组评价、企业评价和教师评价四种方式，由教师确定四种评价方式分别占总成绩的比例，并加权计算出学生 A 本次任务的考核评价分。

任务完成考核评价表			
项目名称	电子商务概述	任务名称	电子商务职业认识
班级		学生姓名	
评价方式	评价内容	分值	成绩
自我评价	表 1－4 完成情况	5	
	学有所思完成情况	10	
	案例讨论完成情况	10	
	任务工单完成情况	15	
	我的职业态度端正	20	
	我对知识和技能掌握程度	20	
	我胜任了小组内的任务	20	
	合计		
小组评价	本小组的本次任务完成质量	25	
	A 的本次任务完成质量	25	
	A 参与小组活动的职业精神	25	
	A 的合作精神和责任感	25	
	合计		
企业评价	A 所在小组的任务完成质量	50	
	A 所在小组的整体职业素养	50	
	合计		
教师评价	A 所在小组的任务完成质量	25	
	A 的本次任务完成质量	25	
	A 所在小组的开放、共享的职业精神	25	
	A 对本次任务的贡献度	25	
	合计		
总评＝自我评价×（　）%＋小组评价×（　）%＋企业评价×（　）%＋教师评价×（　）%＝			

02

项目二

电子商务支撑体系

- 任务一　电子商务框架分析
- 任务二　电子商务的法律支撑
- 任务三　电子商务的新技术支撑

任务一

电子商务框架分析

任务工单

<table>
<tr><td>任务名称</td><td colspan="5">分析电子商务框架</td></tr>
<tr><td>任务目的</td><td colspan="5">小组选择两家电子商务企业，分析该企业的战略布局，掌握电子商务系统的重要组成部分。</td></tr>
<tr><td>任务内容</td><td colspan="5">自行选择两家电子商务企业，通过调研它们的发展历程，熟悉它们的业务领域和合作伙伴，对比它们在电商业务、电子支付、物流配送和信息技术等方面的区别。</td></tr>
<tr><td rowspan="4">第（ ）组</td><td>姓名</td><td></td><td></td><td></td><td></td></tr>
<tr><td>学号</td><td></td><td></td><td></td><td></td></tr>
<tr><td>姓名</td><td></td><td></td><td></td><td></td></tr>
<tr><td>学号</td><td></td><td></td><td></td><td></td></tr>
<tr><td rowspan="6">任务实操</td><td colspan="5">电子商务企业的框架对比</td></tr>
<tr><td>企业名称</td><td colspan="2"></td><td colspan="2"></td></tr>
<tr><td>电商业务</td><td colspan="2"></td><td colspan="2"></td></tr>
<tr><td>电子支付</td><td colspan="2"></td><td colspan="2"></td></tr>
<tr><td>物流配送</td><td colspan="2"></td><td colspan="2"></td></tr>
<tr><td>信息技术</td><td colspan="2"></td><td colspan="2"></td></tr>
</table>

考核评价

评价说明：在本次任务完成后，由任课教师主导，采用学习过程评价与学习结果评价相结合，综合运用自我评价、小组评价及教师评价三种方式，由教师确定三种评价方式分别占总成绩的比例，并加权计算出学生 A 本次任务的考核评价分。

任务完成考核评价表			
项目名称	电子商务支撑体系	任务名称	电子商务框架分析
班级		学生姓名	
评价方式	评价内容	分值	成绩
自我评价	案例讨论完成情况	10	
	学有所思完成情况	10	
	任务工单完成情况	20	
	我的职业态度端正	20	
	我对知识和技能的掌握程度	20	
	我胜任了小组内的任务	20	
	合计		
小组评价	本小组的本次任务完成质量	25	
	A 的本次任务完成质量	25	
	A 参与小组活动的敬业精神	25	
	A 的合作精神和责任感	25	
	合计		
教师评价	A 所在小组的任务完成质量	25	
	A 的本次任务完成质量	25	
	A 所在小组的开放、共享的职业精神	25	
	A 对本次任务的贡献度	25	
	合计		
总评 = 自我评价 × (　　) % + 小组评价 × (　　) % + 教师评价 × (　　) % =			

任务二

电子商务的法律支撑

任务工单

<table>
<tr><td>任务名称</td><td colspan="5">电子商务法律案例分析实践报告</td></tr>
<tr><td>任务目的</td><td colspan="5">利用学习的电子商务法律法规分析案例，锻炼分析问题和解决问题的能力，学会合法处理纠纷，培养专业素养和职业道德。</td></tr>
<tr><td>任务内容</td><td colspan="5">自行选择两个违反《中华人民共和国电子商务法》的案例，对案例进行解析，说明其违反了哪个条款，并写出自己的心得体会。说明作为电商从业者应当具备哪些职业素质和职业道德。</td></tr>
<tr><td rowspan="4">第（ ）组</td><td>姓名</td><td></td><td></td><td></td><td></td></tr>
<tr><td>学号</td><td></td><td></td><td></td><td></td></tr>
<tr><td>姓名</td><td></td><td></td><td></td><td></td></tr>
<tr><td>学号</td><td></td><td></td><td></td><td></td></tr>
<tr><td rowspan="6">任务实操</td><td colspan="5">案例解析</td></tr>
<tr><td>简述案例基本情况</td><td colspan="2">违反哪个条款</td><td colspan="2">应当如何处理</td></tr>
<tr><td></td><td colspan="2"></td><td colspan="2"></td></tr>
<tr><td></td><td colspan="2"></td><td colspan="2"></td></tr>
<tr><td>学习心得</td><td colspan="4"></td></tr>
<tr><td>总结与展望</td><td colspan="4"></td></tr>
</table>

考核评价

评价说明：在本次任务完成后，由任课教师主导，采用学习过程评价与学习结果评价相结合，综合运用自我评价、小组评价及教师评价三种方式，由教师确定三种评价方式分别占总成绩的比例，并加权计算出学生A本次任务的考核评价分。

任务完成考核评价表			
项目名称	电子商务支撑体系	任务名称	电子商务的法律支撑
班级		学生姓名	
评价方式	评价内容	分值	成绩
自我评价	表2－1完成情况	5	
	课堂讨论完成情况	5	
	学有所思完成情况	10	
	任务工单完成情况	20	
	我的职业态度端正	20	
	我对知识和技能的掌握程度	20	
	我胜任了小组内的任务	20	
	合计		
小组评价	本小组的本次任务完成质量	25	
	A的本次任务完成质量	25	
	A参与小组活动的敬业精神	25	
	A的合作精神和责任感	25	
	合计		
教师评价	A所在小组的任务完成质量	25	
	A的本次任务完成质量	25	
	A所在小组的创新、发展的职业精神	25	
	A对本次任务的贡献度	25	
	合计		
总评＝自我评价×（　）%＋小组评价×（　）%＋教师评价×（　）%＝			

任务三

电子商务的新技术支撑

任务工单

<table>
<tr><td>任务名称</td><td colspan="5">熟悉新兴技术在电子商务中的应用</td></tr>
<tr><td>任务目的</td><td colspan="5">了解当前最新技术的发展现状，提高自身的专业技能，培养终身学习的能力，展望新兴技术在电子商务中应用的发展前景。</td></tr>
<tr><td>任务内容</td><td colspan="5">搜索三个关于新兴技术在电子商务领域的应用案例，分析该技术应用主要建立在哪个关键技术的基础上，讨论该技术应用目前还存在哪些不足以及将来的发展方向。</td></tr>
<tr><td rowspan="4">第（ ）组</td><td>姓名</td><td></td><td></td><td></td><td></td></tr>
<tr><td>学号</td><td></td><td></td><td></td><td></td></tr>
<tr><td>姓名</td><td></td><td></td><td></td><td></td></tr>
<tr><td>学号</td><td></td><td></td><td></td><td></td></tr>
<tr><td rowspan="6">任务实操</td><td colspan="5">案例解析</td></tr>
<tr><td>应用案例名称</td><td></td><td colspan="2"></td><td></td></tr>
<tr><td>应用案例
基本情况</td><td></td><td colspan="2"></td><td></td></tr>
<tr><td>关键技术</td><td></td><td colspan="2"></td><td></td></tr>
<tr><td>存在的不足</td><td></td><td colspan="2"></td><td></td></tr>
<tr><td>发展前景</td><td></td><td colspan="2"></td><td></td></tr>
</table>

考核评价

评价说明：在本次任务完成后，由任课教师主导，采用学习过程评价与学习结果评价相结合，综合运用自我评价、小组评价及教师评价三种方式，由教师确定三种评价方式分别占总成绩的比例，并加权计算出学生 A 本次任务的考核评价分。

任务完成考核评价表			
项目名称	电子商务支撑体系	任务名称	电子商务的新技术支撑
班级		学生姓名	
评价方式	评价内容	分值	成绩
自我评价	课堂讨论完成情况	10	
	学有所思完成情况	10	
	任务工单完成情况	20	
	我的职业态度端正	20	
	我对知识和技能的掌握程度	20	
	我胜任了小组内的任务	20	
	合计		
小组评价	本小组的本次任务完成质量	25	
	A 的本次任务完成质量	25	
	A 参与小组活动的敬业精神	25	
	A 的合作精神和责任感	25	
	合计		
教师评价	A 所在小组的任务完成质量	25	
	A 的本次任务完成质量	25	
	A 所在小组的开放、共享的职业精神	25	
	A 对本次任务的贡献度	25	
	合计		
总评 = 自我评价 × (　　) % + 小组评价 × (　　) % + 教师评价 × (　　) % =			

03

项目三

电子商务安全

任务一　电子商务安全认知

任务二　电子商务安全技术探析

任务三　电子商务安全管理认识

任务一

电子商务安全认知

任务工单

任务名称	识别安全问题与明确安全需求				
任务目的	检索近三年全球发生的电子商务安全相关事件，分析该事件是属于哪一类安全问题，熟悉日常的电子商务交易中可能存在的安全风险，思考电子商务的安全要素。				
任务内容	自行选择三个案例进行分析，简述该安全事件的内容，判断其属于哪类安全问题，思考该问题属于哪类安全需求，讨论填写并总结学习心得。				
第（ ）组	姓名				
	学号				
	姓名				
	学号				
任务实操	案例简述	安全问题		安全需求	

考核评价

评价说明：在本次任务完成后，由任课教师主导，采用学习过程评价与学习结果评价相结合，综合运用自我评价、小组评价及教师评价三种方式，由教师确定三种评价方式分别占总成绩的比例，并加权计算出学生 A 本次任务的考核评价分。

任务完成考核评价表			
项目名称	电子商务安全	任务名称	电子商务安全认知
班级		学生姓名	
评价方式	评价内容	分值	成绩
自我评价	表 3－1 完成情况	10	
	学有所思完成情况	10	
	任务工单完成情况	20	
	我的职业态度端正	20	
	我对知识和技能的掌握程度	20	
	我胜任了小组内的任务	20	
	合计		
小组评价	本小组的本次任务完成质量	25	
	A 的本次任务完成质量	25	
	A 参与小组活动的敬业精神	25	
	A 的合作精神和责任感	25	
	合计		
教师评价	A 所在小组的任务完成质量	25	
	A 的本次任务完成质量	25	
	A 所在小组的开放、共享的职业精神	25	
	A 对本次任务的贡献度	25	
	合计		
总评＝自我评价×（　）%＋小组评价×（　）%＋教师评价×（　）%＝			

任务二

电子商务安全技术探析

任务工单

任务名称	个人数字证书的申请与查看				
任务目的	掌握免费个人数字证书的申请，掌握数字证书的查看、证书的导入和导出。				
任务内容	登录北京数字认证股份有限公司网站，熟悉个人数字证书的申请流程。打开浏览器的“安全设置”→“管理数字证书”查看证书，选择其中一个证书，熟悉证书的导入和导出的主要过程。				
第（ ）组	姓名				
	学号				
	姓名				
	学号				
任务实操	主题	内容			
	个人数字证书的申请流程				
	数字证书的主要内容				
	数字证书的导入步骤				
	数字证书的导出步骤				

考核评价

评价说明：在本次任务完成后，由任课教师主导，采用学习过程评价与学习结果评价相结合，综合运用自我评价、小组评价及教师评价三种方式，由教师确定三种评价方式分别占总成绩的比例，并加权计算出学生 A 本次任务的考核评价分。

<table>
<tr><th colspan="4">任务完成考核评价表</th></tr>
<tr><td>项目名称</td><td>电子商务安全</td><td>任务名称</td><td>电子商务安全技术探析</td></tr>
<tr><td>班级</td><td></td><td>学生姓名</td><td></td></tr>
<tr><td>评价方式</td><td>评价内容</td><td>分值</td><td>成绩</td></tr>
<tr><td rowspan="10">自我评价</td><td>表 3－2 完成情况</td><td>5</td><td></td></tr>
<tr><td>表 3－3 完成情况</td><td>5</td><td></td></tr>
<tr><td>表 3－4 完成情况</td><td>5</td><td></td></tr>
<tr><td>表 3－5 完成情况</td><td>5</td><td></td></tr>
<tr><td>学有所思完成情况</td><td>10</td><td></td></tr>
<tr><td>任务工单完成情况</td><td>10</td><td></td></tr>
<tr><td>我的职业态度端正</td><td>20</td><td></td></tr>
<tr><td>我对知识和技能的掌握程度</td><td>20</td><td></td></tr>
<tr><td>我胜任了小组内的任务</td><td>20</td><td></td></tr>
<tr><td colspan="2">合计</td><td></td></tr>
<tr><td rowspan="5">小组评价</td><td>本小组的本次任务完成质量</td><td>25</td><td></td></tr>
<tr><td>A 的本次任务完成质量</td><td>25</td><td></td></tr>
<tr><td>A 参与小组活动的敬业精神</td><td>25</td><td></td></tr>
<tr><td>A 的合作精神和责任感</td><td>25</td><td></td></tr>
<tr><td colspan="2">合计</td><td></td></tr>
<tr><td rowspan="5">教师评价</td><td>A 所在小组的任务完成质量</td><td>25</td><td></td></tr>
<tr><td>A 的本次任务完成质量</td><td>25</td><td></td></tr>
<tr><td>A 所在小组的开放、共享的职业精神</td><td>25</td><td></td></tr>
<tr><td>A 对本次任务的贡献度</td><td>25</td><td></td></tr>
<tr><td colspan="2">合计</td><td></td></tr>
<tr><td colspan="4">总评 = 自我评价 × (　　) % + 小组评价 × (　　) % + 教师评价 × (　　) % =</td></tr>
</table>

任务三

电子商务安全管理认识

任务工单

任务名称	文件保护操作				
任务目的	电子商务的发展促进了商务沟通。通过网络传输文件需要注意文件的保密性、完整性等，通过该操作掌握文件加密权限的设置及数字签名的加载，保证文件的安全。				
任务内容	对 Office 或者 WPS 等文件进行密码设置、文档权限设置、添加数字签名操作，并通过网络查找文件安全保护的新技术、新措施。				
第（ ）组	姓名				
	学号				
	姓名				
	学号				
任务实操	环节	操作步骤			
	设置打开文档权限密码				
	设置编辑文档权限密码				
	设置文档只读权限				
	添加数字签名				
	文件安全保护的新技术、新措施				
	心得体会				

考核评价

评价说明：在本次任务完成后，由任课教师主导，采用学习过程评价与学习结果评价相结合，综合运用自我评价、小组评价及教师评价三种方式，由教师确定三种评价方式分别占总成绩的比例，并加权计算出学生 A 本次任务的考核评价分。

任务完成考核评价表			
项目名称	电子商务安全	任务名称	电子商务安全管理认识
班级		学生姓名	
评价方式	评价内容	分值	成绩
自我评价	表 3－6 完成情况	10	
	学有所思完成情况	10	
	任务工单完成情况	20	
	我的职业态度端正	20	
	我对知识和技能的掌握程度	20	
	我胜任了小组内的任务	20	
	合计		
小组评价	本小组的本次任务完成质量	25	
	A 的本次任务完成质量	25	
	A 参与小组活动的敬业精神	25	
	A 的合作精神和责任感	25	
	合计		
教师评价	A 所在小组的任务完成质量	25	
	A 的本次任务完成质量	25	
	A 所在小组的开放、共享的职业精神	25	
	A 对本次任务的贡献度	25	
	合计		
总评＝自我评价×（　）%＋小组评价×（　）%＋教师评价×（　）%＝			

04

项目四

电子商务支付

- 任务一　网上支付系统认识
- 任务二　网上支付工具分析
- 任务三　网上银行的应用
- 任务四　第三方支付和移动支付的应用

任务一

网上支付系统认识

任务工单

<table>
<tr><td>任务名称</td><td colspan="5">对比分析网上支付与传统支付</td></tr>
<tr><td>任务目的</td><td colspan="5">对比网上支付和传统支付运作流程的区别，深入了解网上支付的特点和优势。</td></tr>
<tr><td>任务内容</td><td colspan="5">通过观察和实践对比网上支付与传统支付在运行方式、系统环境、配置要求、经济效益四个方面的区别。</td></tr>
<tr><td rowspan="4">第（ ）组</td><td>姓名</td><td></td><td></td><td></td><td></td></tr>
<tr><td>学号</td><td></td><td></td><td></td><td></td></tr>
<tr><td>姓名</td><td></td><td></td><td></td><td></td></tr>
<tr><td>学号</td><td></td><td></td><td></td><td></td></tr>
<tr><td rowspan="5">任务实操</td><td>项目</td><td colspan="2">传统支付</td><td colspan="2">网上支付</td></tr>
<tr><td>运行方式</td><td colspan="2"></td><td colspan="2"></td></tr>
<tr><td>系统环境</td><td colspan="2"></td><td colspan="2"></td></tr>
<tr><td>配置要求</td><td colspan="2"></td><td colspan="2"></td></tr>
<tr><td>经济效益</td><td colspan="2"></td><td colspan="2"></td></tr>
</table>

考核评价

评价说明：在本次任务完成后，由任课教师主导，采用学习过程评价与学习结果评价相结合，综合运用自我评价、小组评价及教师评价三种方式，由教师确定三种评价方式分别占总成绩的比例，并加权计算出学生 A 本次任务的考核评价分。

任务完成考核评价表			
项目名称	电子商务支付	任务名称	网上支付系统认识
班级		学生姓名	
评价方式	评价内容	分值	成绩
自我评价	表 4－1 完成情况	10	
	学有所思完成情况	10	
	任务工单完成情况	20	
	我的职业态度端正	20	
	我对知识和技能的掌握程度	20	
	我胜任了小组内的任务	20	
	合计		
小组评价	本小组的本次任务完成质量	25	
	A 的本次任务完成质量	25	
	A 参与小组活动的敬业精神	25	
	A 的合作精神和责任感	25	
	合计		
教师评价	A 所在小组的任务完成质量	25	
	A 的本次任务完成质量	25	
	A 所在小组的开放、共享的职业精神	25	
	A 对本次任务的贡献度	25	
	合计		
总评 = 自我评价 ×（　　）% + 小组评价 ×（　　）% + 教师评价 ×（　　）% =			

任务二

网上支付工具分析

任务工单

<table>
<tr><td>任务名称</td><td colspan="5">对比不同网上支付工具</td></tr>
<tr><td>任务目的</td><td colspan="5">对比银行卡支付系统和电子支票的区别，深入了解每种网上支付工具的特点和优势。</td></tr>
<tr><td>任务内容</td><td colspan="5">以银行卡支付系统和电子支票工具为例，通过检索资料和实践对比它们在事先/事后付款、使用对象、交易风险等方面的区别。</td></tr>
<tr><td rowspan="4">第（ ）组</td><td>姓名</td><td></td><td></td><td></td><td></td></tr>
<tr><td>学号</td><td></td><td></td><td></td><td></td></tr>
<tr><td>姓名</td><td></td><td></td><td></td><td></td></tr>
<tr><td>学号</td><td></td><td></td><td></td><td></td></tr>
<tr><td rowspan="12">任务实操</td><td colspan="5">银行卡支付系统和电子支票的对比</td></tr>
<tr><td>项目</td><td colspan="2">银行卡支付系统</td><td colspan="2">电子支票</td></tr>
<tr><td>事先/事后付款</td><td colspan="2"></td><td colspan="2"></td></tr>
<tr><td>使用对象</td><td colspan="2"></td><td colspan="2"></td></tr>
<tr><td>交易风险</td><td colspan="2"></td><td colspan="2"></td></tr>
<tr><td>支付与结算</td><td colspan="2"></td><td colspan="2"></td></tr>
<tr><td>交易凭据转换</td><td colspan="2"></td><td colspan="2"></td></tr>
<tr><td>在线检查</td><td colspan="2"></td><td colspan="2"></td></tr>
<tr><td>普及程度</td><td colspan="2"></td><td colspan="2"></td></tr>
<tr><td>交易额度</td><td colspan="2"></td><td colspan="2"></td></tr>
<tr><td>是否支持小额支付</td><td colspan="2"></td><td colspan="2"></td></tr>
<tr><td>与银行的关系</td><td colspan="2"></td><td colspan="2"></td></tr>
</table>

考核评价

评价说明：在本次任务完成后，由任课教师主导，采用学习过程评价与学习结果评价相结合，综合运用自我评价、小组评价及教师评价三种方式，由教师确定三种评价方式分别占总成绩的比例，并加权计算出学生 A 本次任务的考核评价分。

任务完成考核评价表			
项目名称	电子商务支付	任务名称	网上支付工具分析
班级		学生姓名	
评价方式	评价内容	分值	成绩
自我评价	表 4－2 完成情况	10	
	学有所思完成情况	10	
	任务工单完成情况	20	
	我的职业态度端正	20	
	我对知识和技能的掌握程度	20	
	我胜任了小组内的任务	20	
	合计		
小组评价	本小组的本次任务完成质量	25	
	A 的本次任务完成质量	25	
	A 参与小组活动的敬业精神	25	
	A 的合作精神和责任感	25	
	合计		
教师评价	A 所在小组的任务完成质量	25	
	A 的本次任务完成质量	25	
	A 所在小组的开放、共享的职业精神	25	
	A 对本次任务的贡献度	25	
	合计		
总评＝自我评价×（　）%＋小组评价×（　）%＋教师评价×（　）%＝			

任务三

网上银行的应用

任务工单

任务名称	网上银行个人业务的比较				
任务目的	对比分析各银行网上业务的特点，深入了解网上银行的特点和优势。				
任务内容	通过观察和实践对比分析各银行网上业务的特点、提供的服务功能及其异同。				
第（ ）组	姓名				
	学号				
	姓名				
	学号				
任务实操	项目	中国银行		中国工商银行	
	银行网址				
	网上支付安全措施				
	盈利性				
	账务查询				
	网上支付				
	转账汇款				
	自助缴费				
	外汇买卖				
	其他业务				

考核评价

评价说明：在本次任务完成后，由任课教师主导，采用学习过程评价与学习结果评价相结合，综合运用自我评价、小组评价及教师评价三种方式，由教师确定三种评价方式分别占总成绩的比例，并加权计算出学生 A 本次任务的考核评价分。

任务完成考核评价表			
项目名称	电子商务支付	任务名称	网上银行的应用
班级		学生姓名	
评价方式	评价内容	分值	成绩
自我评价	表 4－3 完成情况	10	
	学有所思完成情况	10	
	任务工单完成情况	20	
	我的职业态度端正	20	
	我对知识和技能的掌握程度	20	
	我胜任了小组内的任务	20	
	合计		
小组评价	本小组的本次任务完成质量	25	
	A 的本次任务完成质量	25	
	A 参与小组活动的敬业精神	25	
	A 的合作精神和责任感	25	
	合计		
教师评价	A 所在小组的任务完成质量	25	
	A 的本次任务完成质量	25	
	A 所在小组的开放、共享的职业精神	25	
	A 对本次任务的贡献度	25	
	合计		
总评＝自我评价×（　）%＋小组评价×（　）%＋教师评价×（　）%＝			

任务四

第三方支付和移动支付的应用

任务工单

任务名称	观察日常生活中的第三方支付和移动支付				
任务目的	了解日常生活中的第三方支付和移动支付，深入了解第三方支付和移动支付的交易过程。				
任务内容	自行选择观察生活中的某个场景，看看消费者习惯用哪种支付手段。观察第三方支付和移动支付在支付环境、支付方式、支付交易过程等方面的特点。				
第（ ）组	姓名				
	学号				
	姓名				
	学号				
任务实操	项目	第三方支付		移动支付	
	支付环境				
	支付方式				
	支付交易过程				

考核评价

评价说明：在本次任务完成后，由任课教师主导，采用学习过程评价与学习结果评价相结合，综合运用自我评价、小组评价及教师评价三种方式，由教师确定三种评价方式分别占总成绩的比例，并加权计算出学生 A 本次任务的考核评价分。

任务完成考核评价表			
项目名称	电子商务支付	**任务名称**	第三方支付和移动支付的应用
班级		**学生姓名**	
评价方式	**评价内容**	**分值**	**成绩**
自我评价	表 4－4 完成情况	10	
	表 4－5 完成情况	10	
	学有所思完成情况	10	
	任务工单完成情况	10	
	我的职业态度端正	20	
	我对知识和技能的掌握程度	20	
	我胜任了小组内的任务	20	
	合计		
小组评价	本小组的本次任务完成质量	25	
	A 的本次任务完成质量	25	
	A 参与小组活动的敬业精神	25	
	A 的合作精神和责任感	25	
	合计		
教师评价	A 所在小组的任务完成质量	25	
	A 的本次任务完成质量	25	
	A 所在小组的开放、创新的职业精神	25	
	A 对本次任务的贡献度	25	
	合计		
总评 = 自我评价 × (　　) % + 小组评价 × (　　) % + 教师评价 × (　　) % =			

05

项目五

电子商务物流

- 任务一　电子商务物流认知
- 任务二　电子商务物流模式分析
- 任务三　智慧物流初探

任务一

电子商务物流认知

任务工单

<table>
<tr><td>任务名称</td><td colspan="5">了解电子商务企业的物流服务特色</td></tr>
<tr><td>任务目的</td><td colspan="5">分析电子商务企业的物流服务特色，深入了解电子商务物流的特点和优势。</td></tr>
<tr><td>任务内容</td><td colspan="5">自行选择四家电子商务企业，分析其电子商务业务及配套的物流服务特色。</td></tr>
<tr><td rowspan="4">第（ ）组</td><td>姓名</td><td></td><td></td><td></td><td></td></tr>
<tr><td>学号</td><td></td><td></td><td></td><td></td></tr>
<tr><td>姓名</td><td></td><td></td><td></td><td></td></tr>
<tr><td>学号</td><td></td><td></td><td></td><td></td></tr>
<tr><td rowspan="5">任务实操</td><td>企业名称</td><td colspan="2">电商业务</td><td colspan="2">物流服务特色</td></tr>
<tr><td></td><td colspan="2"></td><td colspan="2"></td></tr>
<tr><td></td><td colspan="2"></td><td colspan="2"></td></tr>
<tr><td></td><td colspan="2"></td><td colspan="2"></td></tr>
<tr><td></td><td colspan="2"></td><td colspan="2"></td></tr>
</table>

考核评价

评价说明：在本次任务完成后，由任课教师主导，采用学习过程评价与学习结果评价相结合，综合运用自我评价、小组评价及教师评价三种方式，由教师确定三种评价方式分别占总成绩的比例，并加权计算出学生 A 本次任务的考核评价分。

任务完成考核评价表			
项目名称	电子商务物流	任务名称	电子商务物流认知
班级		学生姓名	
评价方式	评价内容	分值	成绩
自我评价	表 5-1 完成情况	10	
	学有所思完成情况	10	
	任务工单完成情况	20	
	我的职业态度端正	20	
	我对知识和技能的掌握程度	20	
	我胜任了小组内的任务	20	
	合计		
小组评价	本小组的本次任务完成质量	25	
	A 的本次任务完成质量	25	
	A 参与小组活动的敬业精神	25	
	A 的合作精神和责任感	25	
	合计		
教师评价	A 所在小组的任务完成质量	25	
	A 的本次任务完成质量	25	
	A 所在小组的创新、环保的职业精神	25	
	A 对本次任务的贡献度	25	
	合计		
总评 = 自我评价 × (　　) % + 小组评价 × (　　) % + 教师评价 × (　　) % =			

任务二

电子商务物流模式分析

任务工单

任务名称	对比分析电子商务物流模式				
任务目的	对比分析电子商务物流模式，深入了解电子商务各种物流模式的特点和优缺点。				
任务内容	自行选择两个物流公司（比如京东物流、菜鸟裹裹），通过观察和实践对比它们的区别。				
第（ ）组	姓名				
	学号				
	姓名				
	学号				
任务实操	物流公司名称				
	物流模式				
	特点				
	优点				
	缺点				

考核评价

评价说明：在本次任务完成后，由任课教师主导，采用学习过程评价与学习结果评价相结合，综合运用自我评价、小组评价及教师评价三种方式，由教师确定三种评价方式分别占总成绩的比例，并加权计算出学生 A 本次任务的考核评价分。

任务完成考核评价表			
项目名称	电子商务物流	任务名称	电子商务物流模式分析
班级		学生姓名	
评价方式	评价内容	分值	成绩
自我评价	课堂讨论完成情况	10	
	学有所思完成情况	10	
	任务工单完成情况	20	
	我的职业态度端正	20	
	我对知识和技能的掌握程度	20	
	我胜任了小组内的任务	20	
	合计		
小组评价	本小组的本次任务完成质量	25	
	A 的本次任务完成质量	25	
	A 参与小组活动的敬业精神	25	
	A 的合作精神和责任感	25	
	合计		
教师评价	A 所在小组的任务完成质量	25	
	A 的本次任务完成质量	25	
	A 所在小组的创新、共享的职业精神	25	
	A 对本次任务的贡献度	25	
	合计		
总评 = 自我评价 × (　) % + 小组评价 × (　) % + 教师评价 × (　) % =			

任务三

智慧物流初探

任务工单

<table>
<tr><td>任务名称</td><td colspan="5">对比传统物流与智慧物流的运作环节</td></tr>
<tr><td>任务目的</td><td colspan="5">对比传统物流和智慧物流运作流程的区别，深入了解智慧物流的特点和优势。</td></tr>
<tr><td>任务内容</td><td colspan="5">自行选择某个智慧物流公司（比如京东物流），通过观察和实践对比它与传统物流在运输、装卸、储存、包装、流通加工、拣选、配送等运作环节上的区别。</td></tr>
<tr><td rowspan="4">第（ ）组</td><td>姓名</td><td></td><td></td><td></td><td></td></tr>
<tr><td>学号</td><td></td><td></td><td></td><td></td></tr>
<tr><td>姓名</td><td></td><td></td><td></td><td></td></tr>
<tr><td>学号</td><td></td><td></td><td></td><td></td></tr>
<tr><td rowspan="8">任务实操</td><td>运作环节</td><td colspan="2">传统物流</td><td colspan="2">智慧物流</td></tr>
<tr><td>运输</td><td colspan="2"></td><td colspan="2"></td></tr>
<tr><td>装卸</td><td colspan="2"></td><td colspan="2"></td></tr>
<tr><td>储存</td><td colspan="2"></td><td colspan="2"></td></tr>
<tr><td>包装</td><td colspan="2"></td><td colspan="2"></td></tr>
<tr><td>流通加工</td><td colspan="2"></td><td colspan="2"></td></tr>
<tr><td>拣选</td><td colspan="2"></td><td colspan="2"></td></tr>
<tr><td>配送</td><td colspan="2"></td><td colspan="2"></td></tr>
</table>

考核评价

评价说明：在本次任务完成后，由任课教师主导，采用学习过程评价与学习结果评价相结合，综合运用自我评价、小组评价及教师评价三种方式，由教师确定三种评价方式分别占总成绩的比例，并加权计算出学生A本次任务的考核评价分。

任务完成考核评价表			
项目名称	电子商务物流	任务名称	智慧物流初探
班级		学生姓名	
评价方式	评价内容	分值	成绩
自我评价	表5－3完成情况	10	
	表5－4完成情况	10	
	学有所思完成情况	10	
	任务工单完成情况	10	
	我的职业态度端正	20	
	我对知识和技能的掌握程度	20	
	我胜任了小组内的任务	20	
	合计		
小组评价	本小组的本次任务完成质量	25	
	A的本次任务完成质量	25	
	A参与小组活动的敬业精神	25	
	A的合作精神和责任感	25	
	合计		
教师评价	A所在小组的任务完成质量	25	
	A的本次任务完成质量	25	
	A所在小组的创新、发展的职业精神	25	
	A对本次任务的贡献度	25	
	合计		
总评＝自我评价×（　）%＋小组评价×（　）%＋教师评价×（　）%＝			

06

项目六

电子商务模式

- 任务一　B2B电子商务解析
- 任务二　B2C电子商务解析
- 任务三　C2C电子商务解析
- 任务四　电子商务新模式解析

任务一

B2B 电子商务解析

任务工单

<table>
<tr><td>任务名称</td><td colspan="5">对比 B2B 电子商务平台</td></tr>
<tr><td>任务目的</td><td colspan="5">对比不同的 B2B 电子商务平台，深入了解 B2B 电子商务的模式及主要盈利模式。</td></tr>
<tr><td>任务内容</td><td colspan="5">自行选择几个不同的 B2B 电子商务平台（比如中国制造网），通过网络搜索各平台的信息，判断平台的模式及主要盈利模式。</td></tr>
<tr><td rowspan="4">第（ ）组</td><td>姓名</td><td></td><td></td><td></td><td></td></tr>
<tr><td>学号</td><td></td><td></td><td></td><td></td></tr>
<tr><td>姓名</td><td></td><td></td><td></td><td></td></tr>
<tr><td>学号</td><td></td><td></td><td></td><td></td></tr>
<tr><td rowspan="5">任务实操</td><td>平台名称</td><td colspan="2">平台模式</td><td colspan="2">主要盈利模式</td></tr>
<tr><td></td><td colspan="2"></td><td colspan="2"></td></tr>
<tr><td></td><td colspan="2"></td><td colspan="2"></td></tr>
<tr><td></td><td colspan="2"></td><td colspan="2"></td></tr>
<tr><td></td><td colspan="2"></td><td colspan="2"></td></tr>
</table>

考核评价

评价说明：在本次任务完成后，由任课教师主导，采用学习过程评价与学习结果评价相结合，综合运用自我评价、小组评价及教师评价三种方式，由教师确定三种评价方式分别占总成绩的比例，并加权计算出学生 A 本次任务的考核评价分。

<table>
<tr><th colspan="4">任务完成考核评价表</th></tr>
<tr><td>项目名称</td><td>电子商务模式</td><td>任务名称</td><td>B2B 电子商务解析</td></tr>
<tr><td>班级</td><td></td><td>学生姓名</td><td></td></tr>
<tr><td>评价方式</td><td>评价内容</td><td>分值</td><td>成绩</td></tr>
<tr><td rowspan="8">自我评价</td><td>表 6－1、表 6－2 完成情况</td><td>10</td><td></td></tr>
<tr><td>案例讨论完成情况</td><td>10</td><td></td></tr>
<tr><td>学有所思完成情况</td><td>5</td><td></td></tr>
<tr><td>任务工单完成情况</td><td>15</td><td></td></tr>
<tr><td>我的职业态度端正</td><td>20</td><td></td></tr>
<tr><td>我对知识和技能的掌握程度</td><td>20</td><td></td></tr>
<tr><td>我胜任了小组内的任务</td><td>20</td><td></td></tr>
<tr><td colspan="2">合计</td><td></td></tr>
<tr><td rowspan="5">小组评价</td><td>本小组的本次任务完成质量</td><td>25</td><td></td></tr>
<tr><td>A 的本次任务完成质量</td><td>25</td><td></td></tr>
<tr><td>A 参与小组活动的敬业精神</td><td>25</td><td></td></tr>
<tr><td>A 的合作精神和责任感</td><td>25</td><td></td></tr>
<tr><td colspan="2">合计</td><td></td></tr>
<tr><td rowspan="5">教师评价</td><td>A 所在小组的任务完成质量</td><td>25</td><td></td></tr>
<tr><td>A 的本次任务完成质量</td><td>25</td><td></td></tr>
<tr><td>A 所在小组的责任担当意识和创新的职业精神</td><td>25</td><td></td></tr>
<tr><td>A 对本次任务的贡献度</td><td>25</td><td></td></tr>
<tr><td colspan="2">合计</td><td></td></tr>
<tr><td colspan="4">总评 = 自我评价 × (　　) % + 小组评价 × (　　) % + 教师评价 × (　　) % =</td></tr>
</table>

任务二

B2C 电子商务解析

任务工单

任务工单 1

<table>
<tr><td>任务名称</td><td colspan="5">对比 B2C 电子商务平台</td></tr>
<tr><td>任务目的</td><td colspan="5">对比不同的 B2C 电子商务平台，深入了解 B2C 的运营模式及特点。</td></tr>
<tr><td>任务内容</td><td colspan="5">分别浏览天猫、京东商城、凡客和小红书四家电子商务平台，分析它们在运营模式上的异同，以及它们各自的特点。</td></tr>
<tr><td rowspan="4">第（ ）组</td><td>姓名</td><td></td><td></td><td></td><td></td></tr>
<tr><td>学号</td><td></td><td></td><td></td><td></td></tr>
<tr><td>姓名</td><td></td><td></td><td></td><td></td></tr>
<tr><td>学号</td><td></td><td></td><td></td><td></td></tr>
<tr><td rowspan="5">任务实操</td><td>平台</td><td colspan="2">运营模式</td><td colspan="2">主要特点</td></tr>
<tr><td>天猫</td><td colspan="2"></td><td colspan="2"></td></tr>
<tr><td>京东商城</td><td colspan="2"></td><td colspan="2"></td></tr>
<tr><td>凡客</td><td colspan="2"></td><td colspan="2"></td></tr>
<tr><td>小红书</td><td colspan="2"></td><td colspan="2"></td></tr>
</table>

任务工单 2

<table>
<tr><td>任务名称</td><td colspan="5">体验 B2C 电子商务平台交易流程</td></tr>
<tr><td>任务目的</td><td colspan="5">从消费者的角度体验 B2C 电子商务平台，厘清购物流程。</td></tr>
<tr><td>任务内容</td><td colspan="5">选择一家 B2C 电子商务平台进行注册、购物，用 VISO 画图工具绘制 B2C 电子商务平台的交易流程图。</td></tr>
<tr><td rowspan="4">第（ ）组</td><td>姓名</td><td></td><td></td><td></td><td></td></tr>
<tr><td>学号</td><td></td><td></td><td></td><td></td></tr>
<tr><td>姓名</td><td></td><td></td><td></td><td></td></tr>
<tr><td>学号</td><td></td><td></td><td></td><td></td></tr>
<tr><td rowspan="4">任务实操</td><td>平台名称</td><td colspan="4"></td></tr>
<tr><td>商业模式（按参与主体在商务流中的位置分类）</td><td colspan="4"></td></tr>
<tr><td>交易流程图</td><td colspan="4"></td></tr>
<tr><td>评价</td><td colspan="4"></td></tr>
</table>

考核评价

评价说明：在本次任务完成后，由任课教师主导，采用学习过程评价与学习结果评价相结合，综合运用自我评价、小组评价及教师评价三种方式，由教师确定三种评价方式分别占总成绩的比例，并加权计算出学生 A 本次任务的考核评价分。

任务完成考核评价表			
项目名称	电子商务模式	任务名称	B2C 电子商务解析
班级		学生姓名	
评价方式	评价内容	分值	成绩
自我评价	表 6－2 完成情况	10	
	课堂讨论和案例讨论完成情况	10	
	学有所思完成情况	10	
	任务工单 1 完成情况	20	
	任务工单 2 完成情况	20	
	我的职业态度端正	10	
	我对知识和技能的掌握程度	10	
	我胜任了小组内的任务	10	
	合计		
小组评价	本小组的本次任务完成质量	25	
	A 的本次任务完成质量	25	
	A 参与小组活动的敬业精神	25	
	A 的合作精神和责任感	25	
	合计		
教师评价	A 所在小组的任务完成质量	25	
	A 的本次任务完成质量	25	
	A 所在小组的创新、发展的职业精神	25	
	A 对本次任务的贡献度	25	
	合计		
总评＝自我评价 ×（ ）%＋小组评价 ×（ ）%＋教师评价 ×（ ）%＝			

任务三

C2C 电子商务解析

任务工单

<table>
<tr><td>任务名称</td><td colspan="5">体验 C2C 电子商务平台交易流程</td></tr>
<tr><td>任务目的</td><td colspan="5">从消费者的角度体验 C2C 电子商务平台交易流程，并绘制流程图。</td></tr>
<tr><td>任务内容</td><td colspan="5">选择一家 C2C 电子商务平台进行注册、购物，梳理流程并绘制流程图。</td></tr>
<tr><td rowspan="4">第（ ）组</td><td>姓名</td><td></td><td></td><td></td><td></td></tr>
<tr><td>学号</td><td></td><td></td><td></td><td></td></tr>
<tr><td>姓名</td><td></td><td></td><td></td><td></td></tr>
<tr><td>学号</td><td></td><td></td><td></td><td></td></tr>
<tr><td rowspan="4">任务实操</td><td>平台名称</td><td colspan="4"></td></tr>
<tr><td>平台分类</td><td colspan="4"></td></tr>
<tr><td>交易流程图</td><td colspan="4"></td></tr>
<tr><td>评价</td><td colspan="4"></td></tr>
</table>

考核评价

评价说明：在本次任务完成后，由任课教师主导，采用学习过程评价与学习结果评价相结合，综合运用自我评价和教师评价两种方式，由教师确定两种评价方式分别占总成绩的比例，并加权计算出学生 A 本次任务的考核评价分。

任务完成考核评价表			
项目名称	电子商务模式	任务名称	C2C 电子商务解析
班级		学生姓名	
评价方式	评价内容	分值	成绩
自我评价	表 6-4、表 6-5 完成情况	20	
	课堂讨论和案例讨论完成情况	10	
	学有所思完成情况	10	
	任务工单完成情况	20	
	我的职业态度端正	20	
	我对知识和技能的掌握程度	20	
	合计		
教师评价	A 的任务完成质量	25	
	A 的课堂讨论完成质量	25	
	A 的专业知识和职业技能掌握情况	25	
	A 的职业素养评价	25	
	合计		
总评 = 自我评价 ×（　）% + 教师评价 ×（　）% =			

任务四　电子商务新模式解析

任务工单

任务工单 1

<table>
<tr><td>任务名称</td><td colspan="5">百果园运营模式分析</td></tr>
<tr><td>任务目的</td><td colspan="5">分析百果园的模式、运营特点等。</td></tr>
<tr><td>任务内容</td><td colspan="5">登录百果园 App 并通过网络搜集相关信息，分析百果园运营销模式。</td></tr>
<tr><td rowspan="4">第（ ）组</td><td>姓名</td><td></td><td></td><td></td><td></td></tr>
<tr><td>学号</td><td></td><td></td><td></td><td></td></tr>
<tr><td>姓名</td><td></td><td></td><td></td><td></td></tr>
<tr><td>学号</td><td></td><td></td><td></td><td></td></tr>
<tr><td rowspan="3">任务实操</td><td>平台简介</td><td colspan="4"></td></tr>
<tr><td>模式类型</td><td colspan="4"></td></tr>
<tr><td>运营特点</td><td colspan="4"></td></tr>
</table>

任务工单 2

<table>
<tr><td>任务名称</td><td colspan="5">电商助力乡村振兴实践</td></tr>
<tr><td>任务目的</td><td colspan="5">根据家乡乡情，选择电商模式进行乡村振兴实践。</td></tr>
<tr><td>任务内容</td><td colspan="5">以小组为单位，选择某一位同学家乡的某一特产，为其设计和选择电商模式，进行测试运行，通过 PPT 展示成果。</td></tr>
<tr><td rowspan="4">第（ ）组</td><td>姓名</td><td></td><td></td><td></td><td></td></tr>
<tr><td>学号</td><td></td><td></td><td></td><td></td></tr>
<tr><td>姓名</td><td></td><td></td><td></td><td></td></tr>
<tr><td>学号</td><td></td><td></td><td></td><td></td></tr>
<tr><td rowspan="5">任务实操</td><td colspan="5">__________产品电商模式运行实践</td></tr>
<tr><td>产品简介</td><td colspan="4"></td></tr>
<tr><td>电商模型设计</td><td colspan="4"></td></tr>
<tr><td>成果</td><td colspan="4"></td></tr>
<tr><td>反思</td><td colspan="4"></td></tr>
</table>

考核评价

评价说明：在本次任务完成后，由任课教师主导，采用学习过程评价与学习结果评价相结合，综合运用自我评价、小组评价及教师评价三种方式，由教师确定三种评价方式分别占总成绩的比例，并加权计算出学生 A 本次任务的考核评价分。

任务完成考核评价表			
项目名称	电子商务模式	任务名称	电子商务新模式解析
班级		学生姓名	
评价方式	评价内容	分值	成绩
自我评价	表 6－7 完成情况	5	
	课堂讨论和案例讨论完成情况	10	
	学有所思完成情况	5	
	任务工单 1 完成情况	15	
	任务工单 2 完成情况	15	
	我的职业态度端正	15	
	我对知识和技能的掌握程度	15	
	我胜任了小组内的任务	20	
	合计		
小组评价	本小组的本次任务完成质量	25	
	A 的本次任务完成质量	25	
	A 参与小组活动的敬业精神	25	
	A 的合作精神和责任感	25	
	合计		
教师评价	A 所在小组的任务完成质量	25	
	A 的本次任务完成质量	25	
	A 所在小组的创新、发展的职业精神	25	
	A 对本次任务的贡献度	25	
	合计		
总评＝自我评价 ×（　）%＋小组评价 ×（　）%＋教师评价 ×（　）%＝			

07

项目七

网络营销

- 任务一　网络营销认知
- 任务二　网络社群营销的运用
- 任务三　搜索引擎营销的运用
- 任务四　病毒性营销的运用
- 任务五　网络广告的运用
- 任务六　网络直播和短视频营销的运用

任务一 网络营销认知

任务工单

<table>
<tr><td>任务名称</td><td colspan="5">新能源汽车网络调研</td></tr>
<tr><td>任务目的</td><td colspan="5">进行网络调研实践，培养自主信息搜集能力。</td></tr>
<tr><td>任务内容</td><td colspan="5">近年来，新能源汽车市场迅速发展，请利用网络调研渠道获取新能源汽车的市场规模、发展前景、品牌信息等。</td></tr>
<tr><td rowspan="4">第（ ）组</td><td>姓名</td><td></td><td></td><td></td><td></td></tr>
<tr><td>学号</td><td></td><td></td><td></td><td></td></tr>
<tr><td>姓名</td><td></td><td></td><td></td><td></td></tr>
<tr><td>学号</td><td></td><td></td><td></td><td></td></tr>
<tr><td rowspan="5">任务实操</td><td>目前我国新能源汽车市场规模</td><td colspan="4"></td></tr>
<tr><td>发展趋势及前景</td><td colspan="4"></td></tr>
<tr><td>主要品牌</td><td colspan="4"></td></tr>
<tr><td>其他相关信息</td><td colspan="4"></td></tr>
<tr><td>小结</td><td colspan="4"></td></tr>
</table>

考核评价

评价说明：在本次任务完成后，由任课教师主导，采用学习过程评价与学习结果评价相结合，综合运用自我评价、小组评价及教师评价三种方式，由教师确定三种评价方式分别占总成绩的比例，并加权计算出学生 A 本次任务的考核评价分。

任务完成考核评价表			
项目名称	网络营销	任务名称	网络营销认知
班级		学生姓名	
评价方式	评价内容	分值	成绩
自我评价	表 7-1 完成情况	5	
	案例讨论完成情况	5	
	学有所思完成情况	10	
	任务工单完成情况	20	
	我的职业态度端正	20	
	我对知识和技能的掌握程度	20	
	我胜任了小组内的任务	20	
	合计		
小组评价	本小组的本次任务完成质量	25	
	A 的本次任务完成质量	25	
	A 参与小组活动的敬业精神	25	
	A 的合作精神和责任感	25	
	合计		
教师评价	A 所在小组的任务完成质量	25	
	A 的本次任务完成质量	25	
	A 所在小组的开放、共享的职业精神	25	
	A 对本次任务的贡献度	25	
	合计		
总评 = 自我评价 × (　) % + 小组评价 × (　) % + 教师评价 × (　) % =			

任务二

网络社群营销的运用

任务工单

任务名称	社群营销实践				
任务目的	通过社群营销实践，掌握营销方式，助力乡村振兴。				
任务内容	选择社群营销渠道，比如微信、微博等，结合教师推荐的农产品或自选自己家乡的农产品进行社群营销。				
第（ ）组	姓名				
	学号				
	姓名				
	学号				
任务实操	渠道选择				
	产品选择				
	社群营销方案				
	效果分析				
	反思				

考核评价

评价说明：在本次任务完成后，由任课教师主导，采用学习过程评价与学习结果评价相结合，综合运用自我评价、小组评价及教师评价三种方式，由教师确定三种评价方式分别占总成绩的比例，并加权计算出学生 A 本次任务的考核评价分。

任务完成考核评价表			
项目名称	网络营销	任务名称	网络社群营销的运用
班级		学生姓名	
评价方式	评价内容	分值	成绩
自我评价	表 7-2 完成情况	5	
	案例讨论完成情况	5	
	学有所思完成情况	10	
	任务工单完成情况	20	
	我的职业态度端正	20	
	我对知识和技能的掌握程度	20	
	我胜任了小组内的任务	20	
	合计		
小组评价	本小组的本次任务完成质量	25	
	A 的本次任务完成质量	25	
	A 参与小组活动的敬业精神	25	
	A 的合作精神和责任感	25	
	合计		
教师评价	A 所在小组的任务完成质量	25	
	A 的本次任务完成质量	25	
	A 所在小组的责任担当意识和创新的职业精神	25	
	A 对本次任务的贡献度	25	
	合计		
总评 = 自我评价 ×（　）% + 小组评价 ×（　）% + 教师评价 ×（　）% =			

任务三

搜索引擎营销的运用

任务工单

任务工单 1

任务名称	搜索引擎营销实践				
任务目的	掌握搜索引擎营销的步骤。				
任务内容	选择产品，根据搜索引擎营销步骤设计搜索引擎营销方案。				
第（ ）组	姓名				
	学号				
	姓名				
	学号				
任务实操	产品的目标群体				
	目标群体习惯使用什么关键词搜索				
	目标群体习惯访问的网站				
	目标群体最关注产品的哪些特性				
	相关关键词选择				
	广告文案				
	目标广告页面设计				

任务工单 2

<table>
<tr><td>任务名称</td><td colspan="5">搜索引擎优化实践</td></tr>
<tr><td>任务目的</td><td colspan="5">掌握不同搜索引擎关键词设置的方法。</td></tr>
<tr><td>任务内容</td><td colspan="5">分析几个常见搜索引擎平台的检索规则，设置关键词。</td></tr>
<tr><td rowspan="4">第（ ）组</td><td>姓名</td><td></td><td></td><td></td><td></td></tr>
<tr><td>学号</td><td></td><td></td><td></td><td></td></tr>
<tr><td>姓名</td><td></td><td></td><td></td><td></td></tr>
<tr><td>学号</td><td></td><td></td><td></td><td></td></tr>
<tr><td rowspan="6">任务实操</td><td colspan="5">搜索引擎营销策略对比</td></tr>
<tr><td>搜索引擎平台</td><td colspan="3">检索规则</td><td>关键词设置策略</td></tr>
<tr><td>百度</td><td colspan="3"></td><td></td></tr>
<tr><td>谷歌</td><td colspan="3"></td><td></td></tr>
<tr><td>搜狗</td><td colspan="3"></td><td></td></tr>
<tr><td>360</td><td colspan="3"></td><td></td></tr>
</table>

考核评价

评价说明：在本次任务完成后，由任课教师主导，采用学习过程评价与学习结果评价相结合，综合运用自我评价、小组评价及教师评价三种方式，由教师确定三种评价方式分别占总成绩的比例，并加权计算出学生 A 本次任务的考核评价分。

任务完成考核评价表			
项目名称	网络营销	任务名称	搜索引擎营销的运用
班级		学生姓名	
评价方式	评价内容	分值	成绩
自我评价	课堂讨论和案例讨论完成情况	10	
	学有所思完成情况	10	
	任务工单 1 完成情况	15	
	任务工单 2 完成情况	15	
	我的职业态度端正	15	
	我对知识和技能的掌握程度	15	
	我胜任了小组内的任务	20	
	合计		
小组评价	本小组的本次任务完成质量	25	
	A 的本次任务完成质量	25	
	A 参与小组活动的敬业精神	25	
	A 的合作精神和责任感	25	
	合计		
教师评价	A 所在小组的任务完成质量	25	
	A 的本次任务完成质量	25	
	A 所在小组的求真务实和创新的职业精神	25	
	A 对本次任务的贡献度	25	
	合计		
总评 = 自我评价 ×（ ）% + 小组评价 ×（ ）% + 教师评价 ×（ ）% =			

任务四

病毒性营销的运用

任务工单

<table>
<tr><td>任务名称</td><td colspan="5">病毒性营销设计</td></tr>
<tr><td>任务目的</td><td colspan="5">掌握病毒性营销设计的过程。</td></tr>
<tr><td>任务内容</td><td colspan="5">近年来，国风时尚在迅速发展，请为旗袍设计一个病毒性营销创意。</td></tr>
<tr><td rowspan="4">第（ ）组</td><td>姓名</td><td></td><td></td><td></td><td></td></tr>
<tr><td>学号</td><td></td><td></td><td></td><td></td></tr>
<tr><td>姓名</td><td></td><td></td><td></td><td></td></tr>
<tr><td>学号</td><td></td><td></td><td></td><td></td></tr>
<tr><td rowspan="6">任务实操</td><td colspan="5">旗袍病毒性营销创意</td></tr>
<tr><td>目的</td><td colspan="4"></td></tr>
<tr><td>目标客户</td><td colspan="4"></td></tr>
<tr><td>兴趣点</td><td colspan="4"></td></tr>
<tr><td>营销创意</td><td colspan="4"></td></tr>
<tr><td>推广方式</td><td colspan="4"></td></tr>
</table>

考核评价

评价说明：在本次任务完成后，由任课教师主导，采用学习过程评价与学习结果评价相结合，综合运用自我评价、小组评价及教师评价三种方式，由教师确定三种评价方式分别占总成绩的比例，并加权计算出学生A本次任务的考核评价分。

任务完成考核评价表			
项目名称	网络营销	任务名称	病毒性营销的运用
班级		学生姓名	
评价方式	评价内容	分值	成绩
自我评价	表7－3完成情况	10	
	课堂讨论和案例讨论完成情况	10	
	学有所思完成情况	10	
	任务工单完成情况	15	
	我的职业态度端正	15	
	我对知识和技能的掌握程度	20	
	我胜任了小组内的任务	20	
	合计		
小组评价	本小组的本次任务完成质量	25	
	A的本次任务完成质量	25	
	A参与小组活动的敬业精神	25	
	A的合作精神和责任感	25	
	合计		
教师评价	A所在小组的任务完成质量	25	
	A的本次任务完成质量	25	
	A所在小组的创新、发展的职业精神	25	
	A对本次任务的贡献度	25	
	合计		
总评＝自我评价×（ ）%＋小组评价×（ ）%＋教师评价×（ ）%＝			

任务五 网络广告的运用

任务工单

<table>
<tr><td>任务名称</td><td colspan="5">公益网络广告设计</td></tr>
<tr><td>任务目的</td><td colspan="5">能够自选角度，进行网络广告的设计，并尝试设计营销推广文案。</td></tr>
<tr><td>任务内容</td><td colspan="5">人与自然是命运共同体，为了推广“人与自然共生”理念，请自选角度，撰写网络广告实施步骤，设计公益广告文案。</td></tr>
<tr><td rowspan="4">第（ ）组</td><td>姓名</td><td></td><td></td><td></td><td></td></tr>
<tr><td>学号</td><td></td><td></td><td></td><td></td></tr>
<tr><td>姓名</td><td></td><td></td><td></td><td></td></tr>
<tr><td>学号</td><td></td><td></td><td></td><td></td></tr>
<tr><td rowspan="5">任务实操</td><td>广告目标</td><td colspan="4"></td></tr>
<tr><td>广告预算</td><td colspan="4"></td></tr>
<tr><td>广告信息
（含文案创作）</td><td colspan="4"></td></tr>
<tr><td>广告媒介</td><td colspan="4"></td></tr>
<tr><td>广告执行</td><td colspan="4"></td></tr>
</table>

考核评价

评价说明：在本次任务完成后，由任课教师主导，采用学习过程评价与学习结果评价相结合，综合运用自我评价、小组评价及教师评价三种方式，由教师确定三种评价方式分别占总成绩的比例，并加权计算出学生 A 本次任务的考核评价分。

<table>
<tr><th colspan="4">任务完成考核评价表</th></tr>
<tr><td>项目名称</td><td>网络营销</td><td>任务名称</td><td>网络广告的运用</td></tr>
<tr><td>班级</td><td></td><td>学生姓名</td><td></td></tr>
<tr><td>评价方式</td><td>评价内容</td><td>分值</td><td>成绩</td></tr>
<tr><td rowspan="8">自我评价</td><td>表 7－4 完成情况</td><td>5</td><td></td></tr>
<tr><td>案例讨论完成情况</td><td>5</td><td></td></tr>
<tr><td>学有所思完成情况</td><td>10</td><td></td></tr>
<tr><td>任务工单完成情况</td><td>20</td><td></td></tr>
<tr><td>我的职业态度端正</td><td>20</td><td></td></tr>
<tr><td>我对知识和技能的掌握程度</td><td>20</td><td></td></tr>
<tr><td>我胜任了小组内的任务</td><td>20</td><td></td></tr>
<tr><td colspan="2">合计</td><td></td></tr>
<tr><td rowspan="5">小组评价</td><td>本小组的本次任务完成质量</td><td>25</td><td></td></tr>
<tr><td>A 的本次任务完成质量</td><td>25</td><td></td></tr>
<tr><td>A 参与小组活动的敬业精神</td><td>25</td><td></td></tr>
<tr><td>A 的合作精神和责任感</td><td>25</td><td></td></tr>
<tr><td colspan="2">合计</td><td></td></tr>
<tr><td rowspan="5">教师评价</td><td>A 所在小组的任务完成质量</td><td>25</td><td></td></tr>
<tr><td>A 的本次任务完成质量</td><td>25</td><td></td></tr>
<tr><td>A 所在小组的责任担当意识和创新的职业精神</td><td>25</td><td></td></tr>
<tr><td>A 对本次任务的贡献度</td><td>25</td><td></td></tr>
<tr><td colspan="2">合计</td><td></td></tr>
<tr><td colspan="4">总评 = 自我评价 × （　）% + 小组评价 × （　）% + 教师评价 × （　）% =</td></tr>
</table>

任务六

网络直播和短视频营销的运用

任务工单

任务工单 1

<table>
<tr><td>任务名称</td><td colspan="5">“我为家乡代言”直播营销策划</td></tr>
<tr><td>任务目的</td><td colspan="5">选取家乡特产（可以是产品或景区），设计网络直播营销方案。</td></tr>
<tr><td>任务内容</td><td colspan="5">选取某一小组成员的家乡特产，进行产品分析，创设直播场景，设计直播方案。</td></tr>
<tr><td rowspan="4">第（ ）组</td><td>姓名</td><td></td><td></td><td></td><td></td></tr>
<tr><td>学号</td><td></td><td></td><td></td><td></td></tr>
<tr><td>姓名</td><td></td><td></td><td></td><td></td></tr>
<tr><td>学号</td><td></td><td></td><td></td><td></td></tr>
<tr><td rowspan="5">任务实操</td><td>家乡产品</td><td colspan="4"></td></tr>
<tr><td>直播场景设计</td><td colspan="4"></td></tr>
<tr><td>直播平台选择</td><td colspan="4"></td></tr>
<tr><td>直播具体方案</td><td colspan="4"></td></tr>
<tr><td>小结</td><td colspan="4"></td></tr>
</table>

任务工单 2

任务名称	短视频营销实践				
任务目的	根据目标受众的特点，选择短视频工具，制作短视频，发布到合适的短视频平台。				
任务内容	从广博的中国文化中选取一个角度，制作短视频，选择平台发布。				
第（ ）组	姓名				
	学号				
	姓名				
	学号				
任务实操	中国文化选取的角度				
	短视频工具				
	内容创意（提交短视频成果）				
	短视频平台选择				
	效果分析				
	反思				

考核评价

评价说明：在本次任务完成后，由任课教师主导，采用学习过程评价与学习结果评价相结合，综合运用自我评价、小组评价及教师评价三种方式，由教师确定三种评价方式分别占总成绩的比例，并加权计算出学生 A 本次任务的考核评价分。

任务完成考核评价表			
项目名称	网络营销	任务名称	网络直播和短视频营销的运用
班级		学生姓名	
评价方式	评价内容	分值	成绩
自我评价	课堂讨论和案例讨论完成情况	10	
	学有所思完成情况	5	
	边学边做完成情况	10	
	任务工单 1 完成情况	15	
	任务工单 2 完成情况	15	
	我的职业态度端正	15	
	我对知识和技能的掌握程度	15	
	我胜任了小组内的任务	15	
	合计		
小组评价	本小组的本次任务完成质量	25	
	A 的本次任务完成质量	25	
	A 参与小组活动的敬业精神	25	
	A 的合作精神和责任感	25	
	合计		
教师评价	A 所在小组的任务完成质量	25	
	A 的本次任务完成质量	25	
	A 所在小组的责任担当意识和创新的职业精神	25	
	A 对本次任务的贡献度	25	
	合计		
总评 = 自我评价 × ( ) % + 小组评价 × ( ) % + 教师评价 × ( ) % =			

08

项目八

电子商务热点应用

- 任务一　跨境电商认知
- 任务二　农村电商认知
- 任务三　移动电商认知
- 任务四　电子商务的行业应用
- 任务五　电子商务创业认识

任务一

跨境电商认知

任务工单

<table>
<tr><td>任务名称</td><td colspan="5">对比分析跨境电商平台</td></tr>
<tr><td>任务目的</td><td colspan="5">对比跨境电商平台的特点和运营模式，提高跨境电商平台的分析能力。</td></tr>
<tr><td>任务内容</td><td colspan="5">从平台特点和运营模式方面对全球速卖通、亚马逊、敦煌网、Wish 跨境电商平台进行对比分析。</td></tr>
<tr><td rowspan="4">第（ ）组</td><td>姓名</td><td></td><td></td><td></td><td></td></tr>
<tr><td>学号</td><td></td><td></td><td></td><td></td></tr>
<tr><td>姓名</td><td></td><td></td><td></td><td></td></tr>
<tr><td>学号</td><td></td><td></td><td></td><td></td></tr>
<tr><td rowspan="5">任务实施</td><td>跨境电商平台</td><td colspan="2">特点</td><td colspan="2">运营模式</td></tr>
<tr><td>全球速卖通</td><td colspan="2"></td><td colspan="2"></td></tr>
<tr><td>亚马逊</td><td colspan="2"></td><td colspan="2"></td></tr>
<tr><td>敦煌网</td><td colspan="2"></td><td colspan="2"></td></tr>
<tr><td>Wish</td><td colspan="2"></td><td colspan="2"></td></tr>
</table>

考核评价

评价说明：在本次任务完成后，由任课教师主导，采用学习过程评价与学习结果评价相结合，综合运用自我评价、小组评价及教师评价三种方式，由教师确定三种评价方式分别占总成绩的比例，并加权计算出学生A本次任务的考核评价分。

<table>
<tr><th colspan="4">任务完成考核评价表</th></tr>
<tr><td>项目名称</td><td>电子商务热点应用</td><td>任务名称</td><td>跨境电商认知</td></tr>
<tr><td>班级</td><td></td><td>学生姓名</td><td></td></tr>
<tr><td>评价方式</td><td>评价内容</td><td>分值</td><td>成绩</td></tr>
<tr><td rowspan="8">自我评价</td><td>表8－1完成情况</td><td>5</td><td></td></tr>
<tr><td>案例讨论完成情况</td><td>5</td><td></td></tr>
<tr><td>学有所思完成情况</td><td>10</td><td></td></tr>
<tr><td>任务工单完成情况</td><td>20</td><td></td></tr>
<tr><td>我的职业态度端正</td><td>20</td><td></td></tr>
<tr><td>我对知识和技能的掌握程度</td><td>20</td><td></td></tr>
<tr><td>我胜任了小组内的任务</td><td>20</td><td></td></tr>
<tr><td colspan="2">合计</td><td></td></tr>
<tr><td rowspan="5">小组评价</td><td>本小组的本次任务完成质量</td><td>25</td><td></td></tr>
<tr><td>A的本次任务完成质量</td><td>25</td><td></td></tr>
<tr><td>A参与小组活动的敬业精神</td><td>25</td><td></td></tr>
<tr><td>A的合作精神和责任感</td><td>25</td><td></td></tr>
<tr><td colspan="2">合计</td><td></td></tr>
<tr><td rowspan="5">教师评价</td><td>A所在小组的任务完成质量</td><td>25</td><td></td></tr>
<tr><td>A的本次任务完成质量</td><td>25</td><td></td></tr>
<tr><td>A所在小组的合作、共享的职业精神</td><td>25</td><td></td></tr>
<tr><td>A对本次任务的贡献度</td><td>25</td><td></td></tr>
<tr><td colspan="2">合计</td><td></td></tr>
<tr><td colspan="4">总评＝自我评价×（　）%＋小组评价×（　）%＋教师评价×（　）%＝</td></tr>
</table>

任务二

农村电商认知

任务工单

<table>
<tr><td>任务名称</td><td colspan="5">各大电商平台助力乡村振兴的模式对比</td></tr>
<tr><td>任务目的</td><td colspan="5">通过对比，总结各大电商平台助力乡村振兴的模式，更好地掌握农村电商的发展和应用情况。</td></tr>
<tr><td>任务内容</td><td colspan="5">结合所学知识，通过查找资料，分析总结淘宝网、京东、拼多多等电商平台助力乡村振兴的模式，并通过实例进行说明。</td></tr>
<tr><td rowspan="4">第（ ）组</td><td>姓名</td><td></td><td></td><td></td><td></td></tr>
<tr><td>学号</td><td></td><td></td><td></td><td></td></tr>
<tr><td>姓名</td><td></td><td></td><td></td><td></td></tr>
<tr><td>学号</td><td></td><td></td><td></td><td></td></tr>
<tr><td rowspan="5">任务实施</td><td>电商平台</td><td colspan="2">模式</td><td colspan="2">应用实例</td></tr>
<tr><td>淘宝网</td><td colspan="2"></td><td colspan="2"></td></tr>
<tr><td>京东</td><td colspan="2"></td><td colspan="2"></td></tr>
<tr><td>拼多多</td><td colspan="2"></td><td colspan="2"></td></tr>
<tr><td>抖音</td><td colspan="2"></td><td colspan="2"></td></tr>
</table>

考核评价

评价说明：在本次任务完成后，由任课教师主导，采用学习过程评价与学习结果评价相结合，综合运用自我评价、小组评价及教师评价三种方式，由教师确定三种评价方式分别占总成绩的比例，并加权计算出学生 A 本次任务的考核评价分。

<table>
<tr><th colspan="4">任务完成考核评价表</th></tr>
<tr><td>项目名称</td><td>电子商务热点应用</td><td>任务名称</td><td>农村电商认知</td></tr>
<tr><td>班级</td><td></td><td>学生姓名</td><td></td></tr>
<tr><td>评价方式</td><td>评价内容</td><td>分值</td><td>成绩</td></tr>
<tr><td rowspan="8">自我评价</td><td>表 8-2 完成情况</td><td>10</td><td></td></tr>
<tr><td>学有所思完成情况</td><td>10</td><td></td></tr>
<tr><td>案例讨论完成情况</td><td>10</td><td></td></tr>
<tr><td>任务工单完成情况</td><td>10</td><td></td></tr>
<tr><td>我的职业态度端正</td><td>20</td><td></td></tr>
<tr><td>我对知识和技能的掌握程度</td><td>20</td><td></td></tr>
<tr><td>我胜任了小组内的任务</td><td>20</td><td></td></tr>
<tr><td colspan="2">合计</td><td></td></tr>
<tr><td rowspan="5">小组评价</td><td>本小组的本次任务完成质量</td><td>25</td><td></td></tr>
<tr><td>A 的本次任务完成质量</td><td>25</td><td></td></tr>
<tr><td>A 参与小组活动的敬业精神</td><td>25</td><td></td></tr>
<tr><td>A 的合作精神和责任感</td><td>25</td><td></td></tr>
<tr><td colspan="2">合计</td><td></td></tr>
<tr><td rowspan="5">教师评价</td><td>A 所在小组的任务完成质量</td><td>25</td><td></td></tr>
<tr><td>A 的本次任务完成质量</td><td>25</td><td></td></tr>
<tr><td>A 所在小组的责任担当意识和创新、发展的职业精神</td><td>25</td><td></td></tr>
<tr><td>A 对本次任务的贡献度</td><td>25</td><td></td></tr>
<tr><td colspan="2">合计</td><td></td></tr>
<tr><td colspan="4">总评 = 自我评价 ×（　）% + 小组评价 ×（　）% + 教师评价 ×（　）% =</td></tr>
</table>

任务三 移动电商认知

任务工单

<table>
<tr><td>任务名称</td><td colspan="5">设计并制作移动二维码</td></tr>
<tr><td>任务目的</td><td colspan="5">通过设计制作移动二维码，加深对二维码的认识，了解二维码在移动商务中的作用。</td></tr>
<tr><td>任务内容</td><td colspan="5">使用“草料二维码生成器”设计并制作专属于自己的移动二维码，内容可以是文本、链接、图片、音频、视频等，二维码的样式、颜色、图案等可以自行设计。</td></tr>
<tr><td rowspan="4">第（ ）组</td><td>姓名</td><td></td><td></td><td></td><td></td></tr>
<tr><td>学号</td><td></td><td></td><td></td><td></td></tr>
<tr><td>姓名</td><td></td><td></td><td></td><td></td></tr>
<tr><td>学号</td><td></td><td></td><td></td><td></td></tr>
<tr><td rowspan="5">任务实施</td><td>设计目的</td><td colspan="4"></td></tr>
<tr><td>设计内容</td><td colspan="4"></td></tr>
<tr><td>生成的二维码</td><td colspan="4"></td></tr>
<tr><td>美化后的二维码</td><td colspan="4"></td></tr>
<tr><td>该二维码的作用</td><td colspan="4"></td></tr>
</table>

考核评价

评价说明：在本次任务完成后，由任课教师主导，采用学习过程评价与学习结果评价相结合，综合运用自我评价、小组评价及教师评价三种方式，由教师确定三种评价方式分别占总成绩的比例，并加权计算出学生 A 本次任务的考核评价分。

任务完成考核评价表			
项目名称	电子商务热点应用	任务名称	移动电商认知
班级		学生姓名	
评价方式	评价内容	分值	成绩
自我评价	表 8－3 完成情况	15	
	案例讨论完成情况	5	
	边学边做任务完成情况	5	
	学有所思完成情况	5	
	任务工单完成情况	10	
	我的职业态度端正	20	
	我对知识和技能的掌握程度	20	
	我胜任了小组内的任务	20	
	合计		
小组评价	本小组的本次任务完成质量	25	
	A 的本次任务完成质量	25	
	A 参与小组活动的敬业精神	25	
	A 的合作精神和责任感	25	
	合计		
教师评价	A 所在小组的任务完成质量	20	
	A 的本次任务完成质量	20	
	A 所在小组的合作、共享的职业精神	20	
	A 所在小组的责任意识和安全意识	20	
	A 对本次任务的贡献度	20	
	合计		
总评＝自我评价×（　）%＋小组评价×（　）%＋教师评价×（　）%＝			

任务四

电子商务的行业应用

任务工单

<table>
<tr><td>任务名称</td><td colspan="5">电子商务热点应用的拓展分析</td></tr>
<tr><td>任务目的</td><td colspan="5">通过对网络资料的检索，结合所学知识，分析电子商务的热点应用，培养分析电子商务在行业中新应用的能力。</td></tr>
<tr><td>任务内容</td><td colspan="5">当前“中国制造”正在向“中国智造”升级，智能制造协同在此过程中发挥了重要的作用。通过资料检索，分析电子商务技术和思维在智能制造协同各环节中的应用。</td></tr>
<tr><td rowspan="4">第（ ）组</td><td>姓名</td><td></td><td></td><td></td><td></td></tr>
<tr><td>学号</td><td></td><td></td><td></td><td></td></tr>
<tr><td>姓名</td><td></td><td></td><td></td><td></td></tr>
<tr><td>学号</td><td></td><td></td><td></td><td></td></tr>
<tr><td rowspan="6">任务实施</td><td colspan="5">电子商务技术和思维在智能制造协同各环节中的应用</td></tr>
<tr><td>协同预测</td><td colspan="4"></td></tr>
<tr><td>协同计划</td><td colspan="4"></td></tr>
<tr><td>协同设计</td><td colspan="4"></td></tr>
<tr><td>协同生产</td><td colspan="4"></td></tr>
<tr><td>协同运作</td><td colspan="4"></td></tr>
</table>

考核评价

评价说明：在本次任务完成后，由任课教师主导，采用学习过程评价与学习结果评价相结合，综合运用自我评价、小组评价及教师评价三种方式，由教师确定三种评价方式分别占总成绩的比例，并加权计算出学生 A 本次任务的考核评价分。

任务完成考核评价表			
项目名称	电子商务热点应用	任务名称	电子商务的行业应用
班级		学生姓名	
评价方式	评价内容	分值	成绩
自我评价	课堂讨论和案例讨论完成情况	10	
	学有所思完成情况	10	
	任务工单完成情况	20	
	我的职业态度端正	20	
	我对知识和技能的掌握程度	20	
	我胜任了小组内的任务	20	
	合计		
小组评价	本小组的本次任务完成质量	25	
	A 的本次任务完成质量	25	
	A 参与小组活动的敬业精神	25	
	A 的合作精神和责任感	25	
	合计		
教师评价	A 所在小组的任务完成质量	25	
	A 的本次任务完成质量	25	
	A 所在小组的职业精神和情怀	25	
	A 对本次任务的贡献度	25	
	合计		
总评 = 自我评价 × (　　) % + 小组评价 × (　　) % + 教师评价 × (　　) % =			

任务五

电子商务创业认识

任务工单

<table>
<tr><td>任务名称</td><td colspan="5">撰写电子商务创业计划书</td></tr>
<tr><td>任务目的</td><td colspan="5">通过电子商务创业计划书的撰写，进一步熟悉电子商务创业类型、创业策划案的要求，提高理论联系实际的能力，培养创新创业意识、团队合作精神和沟通能力。</td></tr>
<tr><td>任务内容</td><td colspan="5">以学习小组为单位，进行电子商务创业选题，选择创业平台和创业项目类型，并撰写电子商务创业计划书。创业计划书以附件形式提交。</td></tr>
<tr><td rowspan="4">第（ ）组</td><td>姓名</td><td></td><td></td><td></td><td></td></tr>
<tr><td>学号</td><td></td><td></td><td></td><td></td></tr>
<tr><td>姓名</td><td></td><td></td><td></td><td></td></tr>
<tr><td>学号</td><td></td><td></td><td></td><td></td></tr>
<tr><td rowspan="7">任务实操</td><td>创业选题</td><td colspan="4"></td></tr>
<tr><td>创业电商平台选择</td><td colspan="4"></td></tr>
<tr><td>所属电商项目类型</td><td colspan="4"></td></tr>
<tr><td>项目的产品（或服务）</td><td colspan="4"></td></tr>
<tr><td>项目的优势</td><td colspan="4"></td></tr>
<tr><td>团队成员的技能和素质要求</td><td colspan="4"></td></tr>
<tr><td>详细的创业计划书</td><td colspan="4">以附件形式提交</td></tr>
</table>

考核评价

评价说明：在本次任务完成后，由任课教师主导，采用学习过程评价与学习结果评价相结合，综合运用自我评价、小组评价、企业评价和教师评价四种方式，由教师确定四种评价方式分别占总成绩的比例，并加权计算出学生 A 本次任务的考核评价分。

任务完成考核评价表			
项目名称	电子商务热点应用	任务名称	电子商务创业认识
班级		学生姓名	
评价方式	评价内容	分值	成绩
自我评价	表 8－5 完成情况	5	
	案例讨论完成情况	5	
	学有所思完成情况	10	
	任务工单完成情况	20	
	我的职业态度端正	20	
	我对知识和技能掌握程度	20	
	我胜任了小组内的任务	20	
	合计		
小组评价	本小组的本次任务完成质量	25	
	A 的本次任务完成质量	25	
	A 参与小组活动的职业精神	25	
	A 的合作精神和创新精神	25	
	合计		
企业评价	A 所在小组的任务完成质量	50	
	A 所在小组的整体职业素养	50	
	合计		
教师评价	A 所在小组的任务完成质量	25	
	A 的本次任务完成质量	25	
	A 所在小组的创新合作、求真务实的职业精神	25	
	A 对本次任务的贡献度	25	
	合计		
总评＝自我评价×（ ）%＋小组评价×（ ）%＋企业评价×（ ）%＋教师评价×（ ）%＝			